Tanja Fittkau

In die neue Welt –
Von Bremerhaven nach Amerika

Atlantiküberquerung im 19. Jahrhundert
und die Bedingungen an Bord der Schiffe

Tanja Fittkau

IN DIE NEUE WELT –
VON BREMERHAVEN NACH AMERIKA

Atlantiküberquerung im 19. Jahrhundert
und die Bedingungen an Bord der Schiffe

ibidem-Verlag
Stuttgart

Bibliografische Information der Deutschen Nationalbibliothek
Die Deutsche Nationalbibliothek verzeichnet diese Publikation in der Deutschen Nationalbibliografie; detaillierte bibliografische Daten sind im Internet über http://dnb.d-nb.de abrufbar.

Bibliographic information published by the Deutsche Nationalbibliothek
Die Deutsche Nationalbibliothek lists this publication in the Deutsche Nationalbibliografie; detailed bibliographic data are available in the Internet at http://dnb.d-nb.de.

Coverabbildung: Abfertigungshalle des Norddeutschen Lloyd in Bremerhaven (um 1870); Quelle: http://de.wikipedia.org/wiki/Datei:Norddeutscher-Lloyd-Bremerhaven.jpg

∞

Gedruckt auf alterungsbeständigem, säurefreien Papier
Printed on acid-free paper

ISBN-10: 3-8382-0151-5
ISBN-13: 978-3-8382-0151-1

© *ibidem*-Verlag
Stuttgart 2010

Printed in Germany

Inhaltsverzeichnis

1. Einleitung 7
2. Die deutsche Amerika-Auswanderung im 19. Jahrhundert 17
   2.1. Vorwort zur Auswanderung 17
   2.2. Verlauf der Auswanderung 24
   2.3. Gründe für die Auswanderung 29
   2.4. Information über die neue Welt 33
   2.5. Deutsche Auswanderungspolitik 35
3. Vom Auswanderersegler zum Luxusliner 39
   3.1. Segelschiffe 39
   3.2. Dampfschiffe 43
   3.3. Schnelldampfer, Ozeanriesen, Kreuzfahrtschiffe 48
4. Bremerhaven 51
   4.1. Gründung und Etablierung als Auswandererhafen 51
   4.2. Transport zum Auswandererhafen 56
   4.3. Unterbringung 58
   4.4. Auswandererbetreuung 61
5. Überfahrt in die neue Welt 65
   5.1. Kosten und Organisation der Reise 65
   5.2. Abschied und Reisebeginn 70
   5.3. Reisen als Zwischendecks- und als Kajütspassagier 72
   5.4. Verpflegung 84
   5.5. Hygiene 108
   5.6. Ärztliche Versorgung, Erkrankungen und Todesfälle 117
   5.7. Alltag an Bord 143
6. Schluss 163
Quellen und Literatur 173

1. Einleitung

Das Thema 'Auswanderung nach Amerika' ist mittlerweile sehr umfangreich und detailliert untersucht worden. Es fällt allerdings auf, dass entweder über den Ausgangspunkt der Auswanderung und die Situation im Heimatland sowie über die Gründe für die Auswanderung geforscht wurde, oder der Endpunkt der Auswanderung, die Ankunft in der neuen Welt und der weitere Lebensweg der Auswanderer im Mittelpunkt, des Interesses stand. Fragt man nach der Zwischenzeit, nach der langen Zeit, die sich die Auswanderer zwischen alter und neuer Welt auf hoher See befanden, bewegt man sich in einer Grauzone. Wer sich auf die Suche nach Untersuchungsergebnissen macht, wird feststellen, dass die Überfahrt selbst kaum zum Gegenstand der historischen Forschung wurde.

Einzelne Aspekte der Bedingungen an Bord der Auswandererschiffe finden lediglich peripher Erwähnung. So finden sich bei Wolfgang Riechmann[1] Passagen über die den Passagieren zustehende Bodenfläche im Zwischendeck und ihre Verpflegung, ausgeführt anhand der Auswanderergesetze. Die Einführung einer Medizinkiste an Bord der Schiffe wird erwähnt, über medizinische Versorgung und Hygiene heißt es aber nur, dass die defizitäre Lage Grund für eine hohe Sterblichkeit gewesen sei. Weiter wird die Todesrate angegeben.

Birgit Gelberg[2] gibt einen Überblick über die Einrichtung des Zwischendecks auf den Segelschiffen, wobei sie sich ebenfalls an die Auswanderergesetze als Richtlinie hält, hier aber zwischen den Städten Hamburg und Bremen springt. Des Weiteren werden einige Gesetze in Bezug auf die Gesundheitsfürsorge angeführt. Zur Dampfschifffahrt wird kurz angemerkt, dass mit ihr eine kürzere Reisedauer und besserer Proviant einhergingen und infolge dessen weniger Tote zu verzeichnen waren.

---

[1] Riechmann, Wolfgang: „Vivat Amerika". Auswanderung aus dem Kreis Minden 1816-1933, Minden 1933

[2] Gelberg, Birgit: Auswanderung nach Übersee. Soziale Probleme der Auswandererbeförderung in Hamburg und Bremen von der Mitte des 19. Jhds. bis zum Ersten Weltkrieg, Hamburg 1973

Engelsing[3] bietet in seinem 11 Seiten langen Kapitel zur Überfahrt einen Abriss über Ausstattung, Größe und Fassungsvermögen von Zwischendeck und Kajüte sowohl auf den Segel- als auch den Dampfschiffen. Auch er erwähnt das Gesetz über die Einführung einer Medizinkiste in Bremen, führt aber ebenfalls nur kurz an, dass die ärztliche Versorgung mangelhaft war.

Armgort[4] gibt in einigen Passagen Auskunft über die Größe und Belegung der Kojen im Zwischendeck sowie einen Überblick über die Mortalitätsrate auf der Überfahrt. Ärztliche Versorgung, so heißt es schlicht, habe es erst auf den Lloyd-Dampfern gegeben.

Der vierte Führer des Bremerhavener Schifffahrtsmuseums[5] bietet ein ganzes Kapitel zum Thema Überfahrt, aber explizit für den Reiseweg in die USA. Auch dieses Kapitel beschränkt sich, mit Ausnahme von zwei Zitaten aus dem Tagebuch Friedrich Gerstäckers (welches im folgenden Führer 5 komplett herausgegeben wurde), auf die Unterbringung und Proviantierung anhand der Bremer Auswanderergesetze.

Es werden in der Sekundärliteratur zur Auswanderung entsprechend den ausgeführten Beispielen Bedingungen der Überfahrt nur oberflächlich erwähnt. Es findet keine eigenständige Untersuchung statt, spezielle Entwicklungen im Laufe der Zeit werden nicht betrachtet, und es wird auch nicht nach Unterschieden im Reiseweg gefragt. In der Regel beziehen sich die Ausführungen auf den Weg in die USA, und hier vorzugsweise auf den Hafen New York.

Sehr gut dokumentiert ist die Entwicklung des Schiffbaus und der Schifffahrt, doch finden sich nur selten Rückbezüge auf die Masse der mit den Schiffen reisenden Auswanderer. Wall bietet immerhin ein Kapitel über die Ausstattung der Ozeanriesen[6].

---

[3] Engelsing, Rolf: Bremen als Auswandererhafen 1683-1880, Bremen 1961
[4] Armgort, Arno: Bremen-Bremerhaven-New York 1683-1960, Bremen 1991
[5] Führer des deutschen Schiffahrtsmuseums Nr. 4. Auswanderung Bremen-USA, Bremerhaven 1976
[6] Wall, Robert W.: Die goldene Zeit der Ozeanriesen, Gütersloh 1977

Unbeachtet bleibt eine Ausführung der Aspekte Hygiene, Krankheit, ärztliche Versorgung, Tod. Volbehr[7] hat zum Bereich Hygiene und Krankheit eine Schrift verfasst, die sich aber nur auf die Bedingungen für Seeleute auf den Schiffen bezieht. Viele der angesprochenen Aspekte sind für die einmalige Reise von Auswanderern nach Amerika nicht relevant. Die Auswanderer selbst werden in dieser Schrift nur in Bezug auf die Nutzung der Medizinkiste und die Konservierungsmethoden des Proviants erwähnt.

Keines der hier angeführten Beispiele bezieht sich auf die Untersuchung von Auswandererbriefen. Bei den Recherchen zu dieser Studie hat sich nur eine einzige Arbeit gefunden, für die Auswandererbriefe als Untersuchungsobjekte herangezogen wurden, und zwar die von Markus Günther[8]. Er bietet ein Kapitel mit einer soliden Untersuchung der Bedingungen der Überfahrt anhand von Auswandererbriefen. Die Aspekte Zwischendeck/Kajüte, Krankheit/Tod, Ernährung und Alltag finden sich hier ebenfalls. Da er für seine Untersuchung aber nur Briefe der damaligen Bochumer Sammlung verwendete, beschränkt sie sich auf die Reisebedingungen in die USA. Die Einbeziehung anderer Dokumente unterbleibt. Da er sowohl Hamburg als auch Bremen als Einschiffungshafen betrachtet, springt er des Öfteren zwischen den Hansestädten und ihren Bedingungen. Auch fällt auf, dass seine Schwerpunktsetzung deutlich in der ersten Jahrhunderthälfte liegt. So werden im Abschnitt Kajüte/Zwischendeck Briefe bis 1867 (eine Ausnahme von 1892) präsentiert, beim Thema Ernährung reichen die Briefe sogar nur bis 1854 (wiederum eine einzige Ausnahme, diesmal von 1873). Überwiegend wird das Zwischendeck betrachtet, da er herausstellt, dass Reisen in der Kajüte selten waren. Der Aspekt Krankheit/Tod wird lediglich mit einigen allgemeinen Aussagen unter Anführung der Gesetze ausgeführt. Krankheiten werden mit Ausnahme der Seekrankheit nicht untersucht, ebenso wenig die medizinische Versorgung. Über die sanitären Bedingungen findet, mit Aus-

---

[7] Volbehr, Klaus: Gesundheit an Bord. Kleine Geschichte der Hygiene und Arzneimittelversorgung auf Schiffen, Bremerhaven 1979
[8] Günther, Markus: Auf dem Weg in die Neue Welt. Die Atlantiküberquerung im Zeitalter der Massenauswanderung 1818-1914, Augsburg 2005

nahme der Erwähnung der mangelnden Wasch- und Toilettengelegenheiten, keine weitere Untersuchung statt.

Die vorliegende Studie hat es sich zur Aufgabe gemacht, die Bedingungen der Überfahrt deutscher Auswanderer im 19. Jahrhundert zu untersuchen. Ziel ist es, die Aspekte Unterbringung, Ernährung, Alltag sowie den bisher außer Acht gelassenen Bereich Hygiene/ärztliche Versorgung/Krankheit/Tod detailliert zu untersuchen. Dargestellt werden soll die Entwicklung der Bedingungen im Laufe des 19. Jahrhunderts, die Unterschiede derselben innerhalb der verschiedenen Reiseklassen, der Reise in verschiedene Zielhäfen innerhalb Amerikas und, wo möglich, soll auch der Frauge nachgegangen werden, ob die Bedingungen auf Schiffen anderer Nationalität, die von Bremerhaven abgingen, variierten.

Im Mittelpunkt steht hierbei die Auswertung der Selbstzeugnisse deutscher Auswanderer, vor allem Briefe, Tagebücher und Reiseberichte. Aber auch Statistiken, Gesetzesblätter und offizielle Untersuchungen des Bremer Senats zu eingegangenen Beschwerden werden herangezogen.

Die Wahrnehmung der Atlantiküberquerung durch die Auswanderer ist notwendigerweise subjektiv, aber sie lässt dennoch, kritisch reflektiert und in Bezug zu anderen Quellen wie Gesetzen, Verordnungen, Untersuchungen usw. gesetzt, Rückschlüsse auf die objektiven Bedingungen und Widrigkeiten der Reise zu.

Die Briefe geben Aufschluss über Erlebnisse, Empfindungen, Ängste, über subjektives Reagieren auf die erfahrene Extremsituation. Sie können somit die in der Sekundärliteratur entstandene Lücke zum risikoreichsten Abschnitt im Übersiedlungsplan ausfüllen. Die Briefe bieten natürlich kein lückenloses Bild, sondern nur Momentaufnahmen. Doch betrachtet man sie in größerer Zahl, bieten sie ein Puzzle, aus dem sich ein Gesamtbild erstellen lässt.

Seit den Arbeiten von Wolfgang Helbich und Walter D. Kamphoefner wurde den Auswandererbriefen, die lange Zeit eher als marginal und von geringem Aussagewert für die Forschung betrachtet wurden, Aufmerksamkeit zugewandt, und sie wurden als Quellentyp erschlossen, der lebendige Zeugnisse über den Wanderungs- und Eingliederungsprozess der vielen Einzelnen ablegt. Besonders interessant macht sie die Tatsache, dass hier auch Menschen der unteren Schichten zur Feder griffen, einer Klasse, von der man selten schriftliche Zeugnisse findet.

Briefe waren für die Auswanderer die einzige Brücke zur Heimat. Helbich[9] veranschlagt für den Zeitraum 1818-1914 eine Zahl von etwa 250-300 Mio Briefen, die allein aus den USA nach Deutschland geschickt wurden, wobei es sich nicht um vereinzelte Schreiben handelte, sondern um einen kontinuierlichen Informationsstrom. Die Briefe waren das einzige Kommunikationsmittel, jede Kleinigkeit aus der Heimat interessierte,

> „… herzlich und vieltausendmal bitten wir, dass sie uns so geschwind, als wie nur möglich ist, wieder Antwort senden, und uns viel Neues melden, alles Vorgefallene, wer noch lebt oder tot ist, wer verheiratet ist, wenn ein Kind geboren, wie es in den Familien steht, wie es geht dem Freund und Anverwandt'im deutschen Vaterland; - ob der glorwürdige Scepter Seiner Mayestät des Königs von Preußen, Euch noch immer beglückt, ob der Friede Euch lacht und nichts Euch Kummer macht! Ob Gottes Wort noch fort und fort Euer Trost und Labsal ist; … Wir bitten, schreibt uns viel Neues und Merkwürdiges, je mehr ihr schreibt, desto lieber ist es uns, und desto mehr werden wir Euer Angedenken segnen!"[10]

jedes Erlebnis aus der neuen Heimat wurde genau berichtet. Detailliert erzählen die Auswanderer über Verdienst- und Lebensmöglichkeiten, Schul- und Kirchenverhältnisse, Land und Leute. Jeder Auswanderer berichtete in der Regel zumindest einmal über die erlebte Überfahrt und die Situation auf dem Schiff, häufig aber auch öfter, denn Freunde und Familie, die nachfolgen wollten, wurden beraten und mit den eigenen Erfahrungen konfrontiert.

Verschiedene Aspekte sind bei der Untersuchung von Auswandererbriefen zu beachten: Vorsicht gilt bei der Benutzung von Briefen, die die

---

[9] Helbich, Wolfgang / Walter D. Kamphoefner / Ulrike Sommer (Hrsg.): Briefe aus Amerika. Deutsche Auswanderer schreiben aus der Neuen Welt 1830-1930, München 1988, S. 31 ff

[10] Macha, Jürgen / Marlene Nikolay-Panter / Wolfgang Herborn (Hrsg.): „Wir verlangen nicht mehr nach Deutschland". Auswandererbriefe und Dokumente der Sammlung Joseph Scheben (1825-1938), Frankfurt a. M. 2003, Johannes Jakob Fritsch (1835), S. 318

Überredung zur Nachfolge beabsichtigen und daher Fakten beschönigen, wie z. B. in folgenden Briefstellen: *„Die Reise ist gar nicht gefährlich, und Du verlierst ja nichts"*[11] oder *„Angst vor dem Wasser brauchst Du Dir nicht zu machen, denn das macht einen Spaß"*[12]. Außerdem ist zu berücksichtigen, dass es sich bei der Seereise besonders in der ersten Jahrhunderthälfte um ein überwältigendes Erlebnis handelte. Die Auswanderer, die häufig nie zuvor ihren Wohnort verlassen hatten, neigten daher manchmal zu Übertreibungen: *„Die kleinste Art von Fischen, die wir gesehen haben, waren so groß wie die Schweine. Die übrigen waren so groß wie die Pferde."*[13] schreibt z. B. Thomas Radermacher 1847 an seine Eltern.

Bei den für diese Arbeit untersuchten Briefen bleibt anzumerken, dass rund ¾ der Schreiber männlich sind. Das kann verschiedene Ursachen haben: Zunächst überwog die männliche Auswanderung das gesamte 19. Jahrhundert die weibliche deutlich. Auch wird bei Familienwanderungen das männliche Oberhaupt der Pflicht zur Information der Zurückgebliebenen in Deutschland nachgekommen sein. Nicht zuletzt blieb die Überlieferung von Briefen dem Zufall überlassen, so dass auch diese zufällige Auswahl zur männlichen Überproportionalität mit beigetragen haben könnte.

Rund 7 Mio Menschen haben zwischen 1818 und 1914 von Bremerhaven aus den Weg nach Amerika angetreten, mehr als 90% gingen in die USA. Dementsprechend ist ein Großteil der überlieferten persönlichen Zeugnisse aus Nordamerika, und entsprechend dieser Quellenlage wird der Schwerpunkt der Studie auf die Reise nach Nordamerika konzentriert sein. Aber auch andere Zielgebiete in Amerika sollen den Möglichkeiten der Quellenüberlieferung entsprechend berücksichtigt werden. Da nur ein kleiner Teil der geschriebenen Briefe erhalten geblieben ist und ein noch kleinerer Teil hier untersucht werden wird, kann keine Garantie auf Vollständigkeit bestehen, aber es wird der Versuch eines umfassenden Einblicks unternommen werden.

---

11 Ebd., Nikolaus Hütter (1859), S. 163
12 Ebd., Franz Udelhofen (188?), S. 45
13 Ebd., Thomas Radermacher (1847), S. 131

Aufgrund der weitreichenden Verbreitung der Auswanderungsbewegung ist eine regionale wie zeitliche Eingrenzung der Thematik nötig: Untersucht werden sollen die Erfahrungen der deutschen Auswanderer auf den Auswandererschiffen, die sich in Bremerhaven im 19. Jahrhundert[14] mit dem Ziel Amerika eingeschifft haben. Räumliche Nähe zu Bremerhaven sowie ideale Zugangsbedingungen zu Staatsarchiven und dem Deutschen Auswandererhaus haben diese Entscheidung getragen. Die zeitliche Einschränkung ist bedingt durch den Wunsch, das Phänomen der deutschen Massenwanderung nach Amerika zu untersuchen, das spezifisch für das 19. Jahrhundert ist.

Die Idee zu dieser Studie entstand in Folge eines Besuches im Deutschen Auswandererhaus in Bremerhaven, das den Besucher durch detailgetreue Nachbildungen und eindrucksvolle Ausstellungsstücke zurück in die Zeit der großen Massenwanderungen versetzt. Hier wurde das Interesse geweckt, mehr über die Bedingungen und Erlebnisse der vielen Schicksale auf See zu erfahren.

Neben dem Hauptthema der Bedingungen der Überfahrt in Kapitel 5 werden weitere wichtige Aspekte, die im Zusammenhang mit dem Untersuchungsthema stehen, angesprochen werden: Motive und Ursachen der Auswanderung im 19. Jahrhundert, soziale und regionale Strukturen und technische, ökonomische und rechtliche Entwicklungen der Auswandererbeförderung im Zeitalter der Massenauswanderung werden berücksichtigt. Dabei geht es z.B. um die Entwicklung der Schiffe, der Häfen und das Reedereiwesen, den Auf- und Ausbau der Liniendienste, die Entwicklung der Gesetzgebung u. ä.

In Kapitel 2 wird mit allgemeinen Hintergrundinformationen zur deutschen Auswanderung im 19. Jahrhundert begonnen. In Kapitel 3 folgt dann ein Überblick über die Entwicklung der Schiffe, denn diese legten als Aufenthaltsort der Überfahrt grundlegende Umstände der Reise fest. Kapitel 4 wirft

---

[14] Untersuchungszeitraum wird sein von 1832 (Gründung Bremerhaven) bis 1914 (Beginn 1. Weltkrieg)

einen Blick auf die Entstehung und die Bedingungen im Einschiffungshafen Bremerhaven, von welchem die zu untersuchenden Reisen ausgingen. Die Reise nach Bremerhaven und der dortige Aufenthalt waren für die Auswanderer schon Teil des bevorstehenden Abenteuers, und daher scheint ein Blick auf die Bedingungen während der Wartezeiten im Hafen wünschenswert.

Grundlegend für den Forschungsansatz dieser Arbeit sind in erster Linie die vielen verschiedenen persönlichen Zeugnisse von Auswanderern, Predigern, Konsuln usw. aus dem 19. Jahrhundert sowie Gesetzesblätter, Aktenstücke u. ä. Doch auch die Sekundärliteratur bietet vielfach Unterstützung in Form von Zahlen, Daten und Fakten.

So sind für das Kapitel über die Grundzüge der deutschen Auswanderung im 19. Jahrhundert vor allem die Werke von Peter Marschalck[15] und W. Mönckmeier[16] von großem Interesse. Reinhard Rürup[17] bietet einen guten Überblick über die Entwicklung in Deutschland im 19. Jahrhundert allgemein.

In dem Kapitel über die Entwicklung der Schiffe stützt sich die Arbeit im Wesentlichen auf die Ausführungen des deutschen Schifffahrtsmuseums[18], aber auch Markus Günther[19] und Herman Wätjen[20] bieten viele Fakten und Zahlen.

Für das Kapitel über Bremerhaven sind vor allem Birgit Gelberg[21] und ihre Ausführungen über die Auswandererfürsorge ausschlaggebend, des Weiteren Arno Armgort[22] und Anja Benscheidt[23].

---

[15] Marschalck, Peter: Deutsche Überseewanderung im 19. Jhd., Stuttgart 1973
[16] Mönckmeier, W.: Die deutsche überseeische Auswanderung, Jena 1912
[17] Rürup, Reinhard: Deutschland im 19. Jhd. 1815-1871, Göttingen
[18] Strohbusch, Erwin: Deutscher Seeschiffbau im 19. und 20. Jhd. Führer des deutschen Schiffahrtsmuseums Nr. 2. Werbedruck Bremen, Bremerhaven 1975
[19] Günther, Markus: Auf dem Weg
[20] Wätjen, Hermann: Aus der Frühzeit des Nordatlantikverkehrs, Leipzig 1932
[21] Gelberg, Birgit: Auswanderung nach Übersee
[22] Armgort, Arno: Bremen-Bremerhaven-New York
[23] Benscheidt, Anja / Alfred Kube (Hrsg.): Brücke nach Übersee. Auswanderung über Bremerhaven 1830-1974, Bremerhaven 2006

Kapitel 5 basiert hauptsächlich auf der Ausarbeitung der verschiedenen Quellen. Allerdings bietet Klaus Volbehr[24] hilfreiche Anregungen zu den Abschnitten Gesundheit und Hygiene.

---

24 Volbehr, Klaus: Gesundheit an Bord

2. Die deutsche Amerika-Auswanderung im 19. Jahrhundert – Grundzüge

2.1. Vorwort zur Auswanderung

Allgemein lässt sich anhand von vorhandenen Berufs- und Vermögens-angaben sagen, dass die meisten Auswanderer im 19. Jahrhundert aus den Unterschichten und den unteren Mittelschichten stammten. Eine genauere berufliche Zuordnung der Auswanderer ist jedoch schwierig, da viele heim-lich auswanderten, es eine weitverbreitete Bindung von Kleinlandwirtschaft und Handwerk gab und fraglich bleibt, welcher der beiden Erwerbssparten als Beruf angegeben wird, sich bei weiblichen Auswanderern in der Regel nur Angaben bei Ledigen finden, und diese dann häufig pauschal als Magd bezeichnet werden, und nur anhand von Briefen der alte Beruf sehr oft nicht feststellbar ist.

Mit einer größeren Zuverlässigkeit lassen sich Aussagen über das Ge-schlecht der Auswanderer machen: Die Zahlen der männlichen Auswanderer lagen im gesamten 19. Jahrhundert deutlich über denen der weiblichen Aus-wanderer. Hierzu bietet Mönckmeier entsprechende Zahlen:

Tabelle 1:   Geschlecht der Auswanderer[25]

Jahr	Von je 100 Auswanderern waren männlich	Von je 100 Auswanderern waren weiblich
1874	53,7	46,3
1875	55,1	44,9
1876	57,2	42,8
1877	58,8	41,2
1878	59,8	40,2
1879	60,2	39,8
1880	60,2	39,8
1881	58,8	41,5
1882	57,2	42,8
1883	56,4	43,6
1884	56,5	43,5
1885	53,8	46,2
1886	54,6	45,2
1887	55,7	44,3
1888	55,1	44,9
1889	54,9	45,1
1890	54,4	45,6
1891	54,6	45,4
1892	55,5	44,5
1893	56,3	43,7
1894	52,7	47,3
1895	53,7	46,3
1896	54,7	45,3
1897	55,8	44,2
1898	55,9	44,1
1899	55,8	44,2
1900	54,5	45,5
1901	57,2	42,8

---

[25] Mönckmeier, W.: Die deutsche überseeische Auswanderung, S. 144

Auch über das Alter lassen sich relativ gesicherte Aussagen machen, was die mit Konsens ausgewanderten Personen betrifft:

Tabelle 2: Alter der deutschen Auswanderer 1872-1910 über deutsche und fremde[26] Häfen[27]

Jahr	Unter 10	10-14 Jahre	14-21 Jahre	21-30 Jahre	30-50 Jahre	50 und älter	Ohne Angabe	Zusammen
1872	28035	97719						125754
1873	26356	81392						107748
1874	10825	34559						45384
1875	6625	24351						30976
1876	6180	22117						28297
1877	4583	17449					47	22089
1878	4965	19430					15	24400
1879	6719	6655		11325	6469	1854	60	33082
1880	24630	20537		35451	20300	4642	78	105638
1881	56729	35732		64124	42629	9708	191	209113
1882	48682	35354		59377	38645	9709	166	191933
1883	40685	33288		51089	32405	8493	159	166119
1884	34685	5188	27878	39820	27963	7882	170	143586
1885	23610	4291	21055	27778	19759	7017	132	103642
1886	15713	2974	15830	22415	14739	5010	6	76687
1887	19015	3741	19849	28939	18109	5937	3462	99052
1888	19723	3538	20535	29331	18357	5771	1262	98517
1889	17711	3450	10313	26179	17149	5540	841	90183
1890	17907	4054	19391	26995	17652	5854	72	91925
1891	24418	5024	22836	33201	22901	6972	40	115392
1892	22792	4992	22411	32223	22596	6324	29	111367
1893	14543	3532	18218	24678	18002	5002	3	83978
1894	5871	1638	19127	11419	7945	2816	12	38828
1895	4752	1299	8306	11248	7374	2257	17	35253

[26] Bis 1886 nur Antwerpen, Rotterdam und Amsterdam 1887-1898. Frankreich erst ab 1899

[27] Zahlen nach Mönckmeier, W.: Die deutsche überseeische Auswanderung, S. 142/143

1896	4303	1162	7512	10369	6781	1959	6	32092
1897	2793	779	5264	7688	5164	1529	3	23220
1898	2447	689	4396	7085	4815	1403	2	20837
1899	2897	726	4971	8004	4984	1532		23114
1900	2889	814	4688	6662	4007	1300	11	20371
1901	3107	827	4276	6675	4113	1172	22	20192
1902	5124	1213	5829	10146	6120	1388	18	29838
1903	6210	1455	6141	11475	6875	1575	11	33742
1904	4360	1024	5342	8958	5467	1378	17	26546
1905	4194	1015	5062	9161	5792	1332	10	26566
1906	4951	1210	5542	10100	6467	1423	27	29720
1907	4847	1222	5485	10275	6766	1331	23	29949
1908	2556	704	3418	6114	4658	1133		18583
1909	2696	749	3612	7214	5010	1104		20385
1910	3210	870	4276	8340	5560	1167		23423

Als Vorbedingungen der Auswanderung müssen, wie Peter Marschalck richtig feststellt, „der Wunsch, die Freiheit und die Möglichkeit auszuwandern"[28] vorhanden sein. Der Wunsch auszuwandern umfasst die Gründe der Auswanderung, die sich grob in religiöse, politische, soziale und wirtschaftliche Faktoren unterscheiden lassen, wobei diese oft eng zusammenhängen oder ineinander übergreifen. Die Freiheit zur Auswanderung war in erster Linie mit den Pariser Verträgen von 1814 und 1815 gegeben. Die Möglichkeit zum Auswandern setzte einen gewissen finanziellen Spielraum voraus, der im vorgegebenen Untersuchungszeitraum häufig mit dem Verkauf der eigenen Habseligkeiten gegeben war, oder aber von Familie oder Freunden vorgestreckt wurde. Die Verbesserung der Verkehrsbedingungen schließlich, wie der Bau von Eisenbahnen und Dampfschiffen sowie der Ausbau der Verkehrswege, erweiterte die gegebenen Möglichkeiten und machte die Menschen im 19. Jahrhundert zunehmend mobiler.

Mit den ankommenden Frachtschiffen in den verschiedenen Häfen der Welt landeten deutsche Auswanderer, denn der Strom der Überseewanderer

---

[28] Marschalck, Peter: Deutsche Überseewanderung, S. 14

folgte den Handelswegen. Auswanderer siedelten sich in Australien, Amerika, Kanada, Afrika und Asien an, doch nur zwischen Europa und Amerika kam es zu einer Massenwanderung. Der Hauptstrom der Auswanderer, etwa 90%, floss ab 1830 nach Nordamerika, in die Vereinigten Staaten. Die Überfahrt hierher war vergleichsweise günstig, und ein großes Angebot an Schiffen bestand aufgrund des florierenden Handels. Darüber hinaus gab es hier fruchtbaren, unbesiedelten Boden zu günstigen Preisen und ab Mitte des 19. Jahrhunderts eine große Nachfrage nach Arbeitern für die wachsende Industrie[29]. Zudem war auch das Klima hier am günstigsten.

In Südamerika war aufgrund der von der Regierung angestrengten Propaganda vor allem Brasilien interessant für Auswanderer. Es war das einzige lateinamerikanische Land mit einem nennenswerten Anteil deutscher Einwanderer, in der Zeit von 1820-1830 lag er sogar bei 50% der gesamten deutschen Auswanderung. Peter Marschalck[30] veranschlagt für die deutsche Auswanderung im Zeitraum 1815-1914 etwa 5,5 Mio in die USA Reisende und 120 000 nach Brasilien Reisende. Die brasilianische Regierung warb mit freiem Land, Freistellung von Steuern, Militärdienst u. ä. Vergünstigungen für Siedlungsgründungen. Insgesamt verlief die Anwerbung aber aufgrund natürlicher Widrigkeiten, Nichteinhaltung von Werbeversprechen seitens der Regierung, zu langen Wartezeiten oder der Vergabe von für Bewirtschaftung ungeeignetem Land und dem für Deutsche schlechten Klima enttäuschend.

Kanada hingegen, trotz seines kalten Klimas, den kurzen Vegetationsperioden und einem Anteil von über 40% Tundrenland, zog Auswanderer durch eine günstige Passage, von England und Auswanderungsgesellschaften finanziert, an. Allerdings sind diese Zahlen mit Vorsicht zu bewerten, denn viele wanderten bald nach ihrer Ankunft weiter über die Grenze in die USA[31], wo günstigere Bedingungen herrschten.

---

[29] Bretting, Agnes: Von der Alten in die Neue Welt, in: Dirk Hoerder / Diethelm Knauf, Aufbruch in die Fremde, Bremen 1992, S. 112
[30] Marschalck, Peter: Deutsche Überseewanderung, S. 49
[31] Bretting, Agnes: Von der Alten in die Neue Welt, S. 153

Das Interesse für Mittelamerika war in Auswandererkreisen durchaus vorhanden, doch ständige politische Unruhen, mangelnde politische Festigung und der überstarke Druck der angelsächsischen Mächte beeinträchtigten die Attraktivität erheblich. Eine (im Vergleich zu Nordamerika verschwindend geringe) Zahl von Auswanderern blieb im Rahmen des kalifornischen Goldrausches in Mittelamerika.[32]

Folgende Tabelle soll die Größenordnungen der Wanderungsbewegung in die verschiedenen Zielregionen noch einmal verdeutlichen:

Tabelle 3: Deutsche überseeische Auswanderung nach Amerika 1847-1914
(1847-1870 nur Auswanderung über Hamburg und Bremen)[33]

Jahrfünft	Deutsche Auswanderung in Tausend	Nach USA in Tausend	In %	Nach Kanada in Tausend	In %	Nach Brasilien in Tausend	In %	Nach Argentinien in Tausend	In %
1847-1850	145,3	129,4	89,1	9,6	6,6	1,1	0,8		
1851-1855	403,1	322,4	80,0	16,4	4,1	8,1	2,0		
1856-1860	268,5	227,3	84,7	10,2	3,8	9,9	3,7		
1861-1865	249,4	208,4	83,6	10,8	4,3	3,9	1,6		
1866-1870	530,2	474,2	89,4	14,8	2,8	9,6	1,8		
1871-1875	394,7	365,1	92,5	0,9	0,2	11,6	2,9	0,7	0,2
1876-1880	228,1	195,3	85,6	0,4	0,2	9,3	4,1	0,8	0,4
1881-1885	857,3	797,0	93,0	2,7	0,3	7,9	0,9	3,0	0,3
1886-1890	485,2	440,1	90,7	1,2	0,2	10,9	2,2	5,3	1,1
1891-1895	402,6	371,5	92,3	11,3	2,8	8,4	2,1	3,6	0,9

---

[32] Schottelius, Herbert: Mittelamerika als Schauplatz deutscher Kolonisationsversuche 1840-1865. Hamburg 1936, S. 73
[33] Zahlen nach Mönckmeier, W.: Die deutsche überseeische Auswanderung, S. 192

1896-1900	127,2	107,4	84,4	1,7	1,3	4,0	3,1	2,8	2,2
1901-1905	146,6	134,9	92,0	1,2	0,8	2,6	1,8	1,8	1,2
1906-1910	133,1	120,3	90,4	2,0	1,5	1,4	1,1	2,8	2,1
1911-1914	78,8	61,3	77,8	3,3	4,2	0,8	1,0	3,6	4,6

Deutsche Auswanderer konnten wählen, ob sie über französische, belgische, holländische, deutsche oder englische Häfen reisen wollten. Für die Menschen in Süd- und Südwestdeutschland lagen Antwerpen, Rotterdam und Amsterdam ideal, denn der Rhein mit seinem hochentwickelten Schiffsverkehr bot einen günstigen Reiseweg. Le Havre war für die Menschen aus Süddeutschland günstig gelegen, denn man konnte es gut zu Fuß oder mit dem Frachtwagen erreichen. Außerdem gab es auf dem Weg nur wenige Zollstationen, und es war daher eine kostengünstige Reiseroute.

Sowohl Antwerpen als auch Le Havre waren aufgrund ihrer laxen Personalkontrollen beliebte Häfen für Menschen, die Deutschland stillschweigend verlassen wollten, weil sie z.b. polizeilich gesucht wurden, vor dem Militärdienst fliehen wollten oder etwaige Schulden oder Steuern nicht zahlen konnten oder wollten. So rät Franz Udelhofen 188(?) seinem Bruder zum Weg über Antwerpen: *„Gedanken über den Pass brauchst Du Dir keine zu machen (…) denn über die Linie wird (…) keiner abverlangt. (…) Nun mache Dich schnell aus dem Staube."*[34]

Bremen und Hamburg kamen erst sehr spät ins Auswanderergeschäft, wobei sich Bremen mit seiner Auswandererfürsorge relativ schnell etablierte und sich schließlich zu dem Auswandererhafen schlechthin entwickelte, so dass Passagiere aus ganz Deutschland hier ihre Reise antraten.

---

[34] Macha, Jürgen: „Wir verlangen nicht mehr…", Franz Udelhofen (188?), S. 45/46

Tabelle 4: Übersicht über die zur Abreise gewählten Häfen deutscher Auswanderer 1859-1863 am Bsp. des Ankunfthafens New York[35]

Abreise von	1859 Schiffe	1859 Deutsche	1860 S	1860 D	1861 S	1861 D	1862 S	1862 D	1863 S	1863 D
Antwerpen	14	583	14	531	10	382	18	760	11	956
Bremen	71	11886	71	13897	72	12128	64	9036	80	16969
Hamburg	46	7553	49	11461	45	7970	58	10033	65	13063
Havre	65	5597	72	9446	57	4623	38	2867	16	2284
Liverpool	138	1253	177	1565	137	1359	143	1092	163	2292
London	40	716	38	1027	35	633	36	352	41	519
Rotterdam	5	36	1	2	4	78			5	147
Andere Häfen	22	234	2	17	2	45	4	32	13	2033
Gesamt	362	27858	425	37946	362	27218	361	24172	399	38263

2.2. Verlauf der Auswanderung

Für die wellenförmig verlaufende Auswanderung aus Deutschland im 19. Jahrhundert lassen sich, dem Schema Peter Marschalcks[36] folgend, drei Hauptphasen feststellen. In der Zeit von 1815-1865 fand überwiegend Familienauswanderung selbständiger Bauern und Handwerker mit dem Zweck der Siedlung statt. 1865-1895 überwog dann die Auswanderung vor allem unterbäuerlicher und unterbürgerlicher Schichten, wobei neben die Familienauswanderung die Einzelwanderung trat, neben die Suche nach freiem Land die nach Arbeit. 1895-1914 dann, nach dem Ende der „Frontier"[37] in den Vereinigten Staaten, überwog die Einzelwanderung aus der Industriearbeiterschaft mit dem Ziel der Arbeitnahme im Einwanderungsland. Insgesamt verlor allerdings die deutsche Auswanderung an Bedeutung.

Dieses Schema bietet zunächst einmal eine Grobeinteilung der zeitlich vorherrschenden Dominanz einzelner Personenkreise. In der Folge gilt es

---

[35] StAB 2-B.13.b.3.
[36] Marschalck, Peter: Deutsche Überseewanderung, S. 12
[37] Die Frontier ist die bis zu ihrer offiziellen Schließung 1890 westwärts „wandernde" Westgrenze.

nun, diese Grobeinteilung zu verfeinern und auf die jeweilige Situation in Deutschland zu blicken.

In den ersten Jahrzehnten des 19. Jahrhunderts plante die deutsche Regierung Reformen, um die Landbevölkerung von ihren drückenden Lasten zu befreien. Doch die sog. „Bauernbefreiung" hatte nicht die gewünschten Ergebnisse. Die Ablösung der bäuerlichen Abgabenpflichten an die Grundherren war für die Mehrheit der Bauern eine enorme Belastung, denn jede Missernte oder wirtschaftliche Krise drohte zum Zwangsverkauf der Höfe zu führen. Den Adligen, die versuchten ihre durch die Ablösungsgesetzgebung gefährdete Stellung durch Vergrößerung ihres Besitzes wieder zu festigen, kam dies sehr entgegen.

Der Wegfall der bäuerlichen Privilegien in der Nutzung der herrschaftlichen Wälder und Weiden beschnitt die Möglichkeiten traditioneller Existenzsicherung, ebenso wie die Aufteilung des dörflichen Gemeindeeigentums. War bisher auch den klein- und unterbäuerlichen Schichten durch die Allmende und das Abweiden der Äcker die Haltung von Vieh und die Versorgung mit Holz ermöglicht, fiel diese Subsistenzgrundlage nach der Gemeinheitsteilung weg.[38] Die Armut in den bäuerlichen Schichten wuchs zunehmend.

Hinzu kam fast überall in Europa ein enormes Bevölkerungswachstum. Zwischen 1750 und 1850 verdoppelte sich die Bevölkerung nahezu, zwischen 1850 und 1930 nahm sie dann noch einmal um etwa 80% zu. Die Bevölkerung des deutschen Gebietes wuchs zwischen 1816 und 1864 um etwa 54%, mit regional unterschiedlicher Ausprägung[39], so dass bereits Zeitgenossen von einer „Bevölkerungsexplosion" sprachen. Die Bevölkerung wuchs dabei schneller als die vorhandenen Erwerbsmöglichkeiten. In Deutschland ver-

---

[38] Nipperdey, Thomas: Deutsche Geschichte 1800-1866, München, S. 166
[39] Zahlen nach Rürup, Reinhard: Deutschland im 19. Jhd., S. 22

breitete sich nach 1815 die Angst vor einer Überbevölkerung, die Thesen des Engländers T. R. Malthus wiesen in eine düstere Zukunft.[40]

Das Missverhältnis zwischen Bevölkerungswachstum und Erwerbsangebot entzog vor allem den abhängigen städtischen und ländlichen Bevölkerungsschichten die Existenzgrundlage. Die Einführung der Gewerbefreiheit und die teilweise rigoros verfolgte Schutzzollpolitik führten viele Handwerker in eine wirtschaftlich unsichere Existenz.

Der Niedergang des Heimgewerbes (vor allem der Leinenweberei) durch maschinelle, oft ausländische Konkurrenz vernichtete viele Formen des Nebenerwerbs, besonders stark traf dies die Menschen im Südwesten Deutschlands. Vor allem landlose Bauernsöhne und -töchter hatten sich auf Heimarbeit verlegt.

Die einzelnen deutschen Staaten waren zu unterschiedlichen Zeiten und in unterschiedlichem Maße von der Abwanderung ihrer Untertanen betroffen. Die erste große Auswanderungswelle im 19. Jahrhundert erfolgte aus dem südwestdeutschen Raum, wo 1816/17 etwa 20 000 Menschen aufgrund einer durch Missernten und Lebensmittelteuerungen hervorgerufenen Hungersnot auswanderten. Diese Region war zudem auch besonders betroffen von den schweren Schäden, die der Wirtschaft durch Napoleons Kriege zugeführt worden waren.

In den zwanziger Jahren betrug die Gesamtauswanderung etwa 22 500 Personen, doch das Massenelend des vormärzlichen Pauperismus[41] ließ die Zahlen rasant steigen. Die Überseewanderung wurde zur Alternative zum Notstand.

Bis etwa zur Mitte des Jahrhunderts wurden auch der Norden und der Nordosten von der überseeischen Auswanderungsbewegung erfasst. In

---

[40] Malthus warnte in einer Arbeit zu Beginn des 19. Jhds. davor, dass bei weiter wachsender Bevölkerung eine ausreichende Lebensmittelversorgung nicht mehr zu gewährleisten sei.

[41] Mit Pauperismus bezeichneten schon die Zeitgenossen die Massenarmut der ersten Jahrhunderthälfte. Er war eine Begleiterscheinung des Auflösungsprozesses der ständisch-feudalen Gesellschaftsordnung und des Übergangs zu einer bürgerlich-kapitalistischen Gesellschaft.

Nordwestdeutschland war in besonderem Maße der Niedergang des Heimgewerbes entscheidend für die Abwanderung, aber auch Erbteilungsgesetze und restriktive Heiratsbestimmungen[42] veranlassten viele, Deutschland den Rücken zu kehren.

Bis Ende 1840 verließen weitere 177 800 Menschen Deutschland. Den Höhepunkt dieser Auswanderung erlebte Deutschland etwa 1847, in Folge der durch eine Kartoffelfäule hervorgerufenen Krise. In den Jahren 1852-54 erreichten die Zahlen dann eine neue Größenordnung mit 566 000 Auswanderern in nur drei Jahren. Beträchtlichen Anteil an dieser Zahl hatte die Revolution von 1848/49, ihr Scheitern und die daraus resultierende wirtschaftliche Beunruhigung[43] und Verfolgung einzelner Aktivisten.

Im Jahr 1857 und dann noch einmal zwischen 1866 und 1870 betrugen die Zahlen erneut mehr als 100 000 Menschen jährlich. Selbst die ab 1856/57 laut werdenden Stimmen, die wegen der Geldverknappung in den USA vor einer Auswanderung dorthin warnten, änderten daran nichts.

Erst der 1861 beginnende amerikanische Bürgerkrieg führte zu einer kurzzeitigen Stagnation der Auswanderung. Gleichzeitig erholten sich in dieser Zeit die wirtschaftlichen Verhältnisse in Deutschland. Sinkende Lebensmittelpreise und steigende Löhne erhöhten für eine kurze Zeit die Zufriedenheit der Bevölkerung.

Der deutsch-französische Krieg 1870/71, die daraus resultierenden Missstände sowie die Militärpflicht veranlassten wiederum viele Menschen zur Auswanderung. Hinzu kam die Zahl derer, die das Ende des amerikanischen Bürgerkriegs abgewartet hatten, um ihren Auswanderungsentschluss in die Tat umzusetzen.

Insgesamt ergab sich für den Zeitraum 1841-1871 eine Auswanderungszahl von etwa 2,47 Millionen Menschen.

---

[42] So bestimmte die gesetzliche Auflage, dass eine Ehe nur dann geschlossen werden dürfe, wenn der zukünftige Unterhalt gesichert sei und die Eheleute über eine eigene Heimstätte verfügten. Damit rückte für viele Paare eine Eheschließung in unerreichbare Ferne.

[43] Zahlen nach Rürup, Reinhard: Deutschland im 19. Jhd., S. 30

Die Gründung des Deutschen Reiches 1871 und die folgenden „Gründerjahre" brachten dann wiederum kurzfristig einen Rückgang der deutschen Auswanderung mit sich.

Nach dem Erlass des Sozialistengesetzes 1878 und den wirtschaftlichen Depressionen infolge des Zusammenbruchs vieler „Gründer" erreichten die Zahlen 1881 erneut einen Höhepunkt. Die expandierende amerikanische Industrie benötigte viele Arbeitskräfte, welche dank der verbesserten und günstigeren Transportmöglichkeiten in großer Zahl kommen konnten. Vermehrt wanderten in dieser Zeit auch alleinstehende Frauen aus. Obwohl die amerikanische Industrie auch ihnen Arbeitsmöglichkeiten bot, nahmen die meisten Auswanderinnen erst einmal eine Beschäftigung im häuslichen Dienst auf, denn hier konnten sie die Sprache lernen und hatten eine Form von Familienanschluss.

Ab 1890 wurde die freie Siedlung auf Regierungsland in den USA für beendet erklärt. Die Preise für Bauland, aber auch für Acker- oder Weideland stiegen an:

„Liebe Eltern, jetzt geht mein Wunsch doch mal in erfüllung, dass ich auch ein Platz kaufen thuhe, und denselben, wo wir jetzt als Renter [Pächter, to rent=mieten, pachten, Anmerkung T.F.] drauf sind. ... der Platz sind 250 Acker (etwa 100ha) und kostet über 8 Tausend Dollars (ein Acker für etwa 32,5 Dollar). Dass konnte ich aber nie alleine bezahlen, und somit machte mir Sander [Verkäufer, Anmerkung T.F.] dass angebot, noch einen Käufer zubringen und dan den Platz teilhen"[44],

schrieb Heinrich Stein 1910. Zum Vergleich: 1832 kostete der Acre noch 1,25 Dollar, man bekam also für 50 Dollar 16ha.[45]

Entscheidender als die Schließung der amerikanischen Siedlungsgrenze war aber die Wirtschaftsentwicklung in Deutschland. Hier stieg der Reallohn und es gab wachsenden Bedarf an industriellen Arbeitskräften. Bis zum Ersten Weltkrieg entwickelte sich Deutschland sogar zum Arbeitskräfteimporteur und kam gleich hinter den USA.

---

[44] Kammeier, Heinz-Ulrich: „Ach, wie schön ist es in diesem gelobten Amerika", Espelkamp 1995, Heinrich Stein (1910), S. 51
[45] Helbich, Wolfgang: Briefe aus Amerika, S. 55

Der 1. Weltkrieg setzte der transatlantischen Wanderung dann allgemein zunächst ein weitgehendes Ende.

2.3. Gründe für die Auswanderung

„Die Migration der Europäer wird in der Regel als Mittel zum Aufbau einer besseren Zukunft betrachtet, als eine gelungene Flucht aus einem Leben von Hunger, Krankheit und politischer Unterdrückung."[46] Diese allgemeine Aussage von Pieter C. Emmer trifft die Kernprobleme der deutschen Auswanderermotivation. Tatsächlich waren Unzufriedenheit, Hoffnungslosigkeit und Not die großen Triebfedern der Auswanderer.

Bei den Gründen für die Auswanderung handelt es sich um Motivationsgeflechte, verschiedene Gründe und Ursachen verschränkten sich, gingen Folgebeziehungen und Abhängigkeiten ein. Oftmals gaben auch individuelle Motive den letzten Ausschlag (Streit, unglückliche Liebe o. ä.). Wichtig für die letzte Entscheidung zur Auswanderung waren auch die erhaltenen Informationen über die neue Welt, über dortige Möglichkeiten und Verhältnisse, die eine Auswanderung dann erst eine Alternative zur aktuellen Situation werden ließen.

Dennoch empfiehlt sich eine grobe Einteilung der Grundmotive, um einen besseren Überblick zu erhalten. Zu diesem Zweck sind die religiösen, politischen, wirtschaftlichen und sozialen Motive zu unterscheiden. Die Auswandererforschung trennt außerdem sogenannte Pull- und Push-Faktoren. Push-Faktoren sind Anlässe zum Verlassen der Heimat, Pull-Faktoren die Erwartungen und Hoffnungen auf ein besseres Leben in der neuen Welt. Hierbei sind sowohl die Situation im Heimatland als auch die im Zielland entscheidend.

Auswanderungen aus religiösen Beweggründen standen vor allem vor 1800 im Vordergrund. Ausschlaggebend waren die Hoffnung auf freie Religionsausübung und/oder gerechte Gesellschaftsordnung; der Aufbau neuer

---

[46] IMIS-Beiträge 20/2002: Migration in der europäischen Geschichte seit dem späten Mittelalter. Artikel Pieter C. Emmer, S. 104

Gemeinwesen vollzog sich oft in großer Isolation und bewusster Abgrenzung. Bei dieser Form der Auswanderung handelte es sich in der Regel um Gruppenwanderungen. Im 19. Jahrhundert waren Auswanderungen mit religiösen Motiven kaum noch von Bedeutung, nur noch Vereinzelte folgten den im 17. und 18. Jahrhundert ausgewanderten Sekten (z. B. den Mennoniten unter Franz Daniel Pastorius). Die letzte größere religiöse Gruppenwanderung war die von knapp 5000 Altlutheranern aus Pommern, Schlesien und Sachsen zwischen 1839 und 1854.[47]

Bei der frühen politischen Auswanderung handelte es sich zumeist um sozialutopische und frühkommunistische Siedlungsexperimente, während die politische Wanderung im 19. Jahrhundert vor allem aufgrund politischer Aktivitäten der Auswanderer[48] stattfand. Politische Auswanderung in dieser Form kam besonders nach dem Scheitern der 1848er Revolution zum Tragen, viele Menschen mussten aufgrund politischer Verfolgung im Anschluss an die gescheiterte Revolution das Land verlassen, andere suchten wirkliche politische Freiheit in der neuen Welt. Allerdings war auch im Vormärz die politische Unfreiheit bereits ein Motiv zur Auswanderung, und spätestens das Scheitern der Revolution machte vielen Menschen klar, dass in absehbarer Zeit keine politischen Änderungen in Deutschland zu erwarten waren. Es wirkte somit als weiterer Motivationsfaktor, das Land zu verlassen. Insgesamt gesehen war der Anteil der politisch bedingten Auswanderung aber gering.

Ab 1815 waren es vor allem wirtschaftliche und soziale Motive, die die Menschen zur Auswanderung veranlassten. Die starke Bevölkerungszunahme seit etwa Mitte des 18. Jahrhunderts war eine wichtige Ursache für die Auswanderung, denn durch die Bevölkerungsexplosion wurden einige der Gründe erst hervorgerufen, andere deutlich verstärkt. Auch wäre die Massenabwanderung ohne die enorme Bevölkerungszunahme wohl nicht denkbar gewesen. In dem Gebiet des späteren Deutschen Reiches lebten 1816 etwa

---

[47] Ebd., S. 50
[48] Armgort, Arno: Bremen-Bremerhaven-New York, S. 12

24 Mio Menschen, 1875 etwa 43 Mio Menschen und 1910 etwa 65 Mio Menschen, was einem Anstieg um etwa 130 % entsprach[49], trotz der großen Abwanderungszahlen.

Die wachsende Bevölkerung rief vor allem in den unteren und mittleren Schichten enorme Probleme hervor. Die Erwerbsmöglichkeiten hielten mit dieser Entwicklung nicht Schritt, und so erhöhte sich der Konkurrenzdruck enorm. Immer mehr Menschen hatten Schwierigkeiten, ihren Unterhalt zu sichern. Der schon erwähnte Niedergang des Heimgewerbes entzog außerdem Nebenerwerbsmöglichkeiten und die Einführung der Gewerbefreiheit in der ersten Hälfte des 19. Jahrhunderts erhöhte den Konkurrenzdruck weiter.

Die Bevölkerungszunahme bedeutete aber auch, dass immer mehr Menschen von der gleichen Menge Land ernährt werden mussten. Die Möglichkeiten zur Ertragssteigerung waren jedoch noch begrenzt, und so bedeutete jede schlechte oder ausgebliebene Ernte zugleich Hunger für viele Menschen. Die Auswanderer hingegen schilderten aus Amerika häufig eine Verpflegung, die den Zurückgebliebenen förmlich das Wasser im Munde zusammenlaufen lassen musste: *„Des Morgens krichten wir ausgebratenen Speck, Kaffe des Morgens; frisches Fleisch, Kartoffel des Abends; Kaffe, Zierrup und Weißbrod den ganzen Tag zu bei der Mahlzeit"*[50], schreibt Johann Friedrich Wilhelm Windel 1836 aus Cincinnati, und Wilhelmine Dunker berichtet 1854 aus Ohio: *„Sonntags kocht man Thee und Kaffe; und da hat man allerlei schöne gebackene Kuchen dazu. Unser täglich Brod ist als das beste Weitzen Brod bei euch beim Bäcker; alle Tage 3mal sat Speck und Fleisch."*[51]

Darüber hinaus bewirkte das Realteilungsrecht im Südwesten Deutschlands die Zersplitterung des Besitzes in immer kleiner werdende Teile, so dass selbst Bauern mit Grundeigentum häufig nicht mehr in der Lage waren,

---

[49] Zahlen nach Brück-Winkelmann, Heike: Die kirchliche Betreuung evangelischer Auswanderer nach Nordamerika im 19. Jahrhundert, Hannover 1992, S. 29

[50] Kammeier, Heinz-Ulrich: „Halleluja, jetzt sehen wir Amerika", Espelkamp 1994, J. F. W. Windel (1836), S. 3

[51] Ebd., Wilhelmine Dunker (1854), S. 25

ihre Familien ausreichend zu ernähren. Beinahe ¾ der Bauern besaßen um die Mitte des 19. Jahrhunderts nicht ausreichend Land, um davon leben zu können. Allerdings war auch das Anerbenrecht nicht unproblematisch, denn den Nichterbenden setzte es unter großen Druck nach Erwerbssuche. Freies[52] bzw. kostengünstiges Land und die Aussicht auf eine eigene Farm in der neuen Welt hatten dementsprechend eine hohe Anziehungskraft. In Amerika erhoffte man sich die Erschließung von Land zu günstigen Preisen, um so zu Selbständigkeit und relativem Wohlstand zu gelangen. Franz Hinze berichtet 1862 seinem zurückgebliebenen Freund, dass er nach 2 Jahren Aufenthalt in Texas bereits 300 Acres eigenes Land besitze[53] – in der alten Heimat war das in etwa die Größe eines Rittergutes und geradezu unvorstellbar für die einfache bäuerliche Schicht.

Außerdem hatte Amerika ein höheres Wirtschaftswachstum und ermöglichte, sofern man kein eigenes Land erwerben konnte, zumindest den Verdienst höherer Löhne als im Mutterland. Der Goldrausch in Kalifornien wirkte ab 1849 kurzzeitig als zusätzlicher Magnet.

Emmert thematisiert die gängigen, mit der neuen Welt verbundenen Vorstellungen: „Im Durchschnitt hatten europäische Einwanderer in Übersee eine niedrigere Todesrate, ein höheres Einkommen, mehr Land, bessere Wohnungen, mehr Kinder und ein längeres Leben als in Europa."[54] In der Realität fielen die Bedingungen allerdings weniger rosig aus – auch in Amerika musste man für sein Geld arbeiten, auch hier gab es Armut und Krankheit, und nur wenige erlebten den berühmten Aufstieg vom Tellerwäscher zum Millionär. Ein bescheidenes, aber in der Regel besseres Leben als in der alten Heimat war hingegen mit einigem Fleiß und Sparsamkeit mit großer Wahrscheinlichkeit zu erreichen, oder mit den Worten der Auswanderer: „…

---

[52] Der Homestead Act, der Siedlern freies Land bot, trat erst 1862 in Kraft.
[53] Kammeier, Heinz-Ulrich: „Halleluja…", Franz Hinze (1862), S. 79
[54] IMIS-Beiträge 20/2002: Artikel Pieter C. Emmer, S. 104

hier kann man eher zu etwas kommen als wie in Deutschland"[55] und *„Mit Fleiß, Ordnungsliebe, fern halten von Verführern, ist bald ein Kapital gewonnen"*[56].

Deutliche Worte hierzu sind auch bei Wätjen[57] zu lesen: „Die meisten deutschen Auswanderer glichen Kindern, die ins Schlaraffenland zu ziehen glaubten und in der Vorstellung lebten, dort Verhältnisse anzutreffen, die hundertmal einfacher, hundertmal bequemer waren, als in der Enge daheim. Daß jeder Deutsche sofort Arbeit, und zwar gutbezahlte Arbeit bekommen würde, stand fest." Auch er verweist auf die keineswegs rosige Realität. Viele Hoffnungen endeten letztlich in den amerikanischen Armenhäusern. Joseph Willms warnt 1883 seinen Freund: *„Es wird manch einem gut von hier heraus geschrieben, aber wenn er hier anlangt, sieht er zu seiner größten Verwunderung, dass alles gestunken und gelogen ist."*[58]

Nachdem die Massenauswanderung eine ständige Erscheinung wurde, entstand ein weiteres Phänomen: das der Kettenwanderung. Bereits Ausgewanderte holten ihre Familien nach, Freunde und Bekannte folgten den Auswanderern. Risiko und Ängste waren dadurch geringer, dass man jemanden in der neuen Welt kannte und mehr Informationen besaß über das, was einen erwartete. Der Schritt zur Auswanderung wurde so deutlich erleichtert.

Natürlich darf auch die Gruppe der abenteuerlustigen Auswanderer nicht vergessen werden, in der Regel junge Leute, die den Drang verspürten, in die Welt hinaus zu ziehen, etwas zu erleben und die vorgezeichneten Bahnen des Heimatlandes mit all ihren unüberbrückbaren Klassen-, Berufs- und Standesunterschieden einfach hinter sich zu lassen.

2.4. Information über die neue Welt

Die früheste Form von Informationsübermittlung ist in den Briefen der bereits Ausgewanderten an die alte Heimat zu sehen. Der Gang der Verbrei-

---

[55] Macha, Jürgen: „Wir verlangen nicht mehr…", Joseph Willms (1883), S. 21
[56] Ebd., Nikolaus Hütter (1867), S. 76
[57] Wätjen, H.: Aus der Frühzeit, S. 173
[58] Macha, Jürgen: „Wir verlangen nicht mehr…", Joseph Willms (1883), S. 21

tung dieser Berichte ist nicht nachvollziehbar, doch werden sie gerade im dörflichen Bereich, wo man Freunden und Nachbarn berichtete oder gar Briefe vorlas, nicht unerheblichen Einfluss gehabt haben, zumal bereits zur Auswanderung Entschlossene ausführlich über Reiseweg, Verpflegung etc. informiert wurden.

Mit zunehmender Intensität der Auswanderung entwickelten sich dann spezielle Schriften zur Auswanderung. Diese hatten verschiedene Ausrichtungen, von Ratschlägen und Tipps für Auswanderer über die Darstellung von Auswandererschicksalen, teils mit informierendem (z. B. E. Brauns 'Praktische Belehrungen für Reisende und Auswanderer nach Amerika'), teils mit werbendem Charakter (wie z. B. E. Youngs 'Spezieller Bericht über Einwanderung in die Vereinigten Staaten'), aber auch die rein fiktive Literatur sprach diesem neuen Themengebiet reichlich zu[59] und weckte die Reise- und Abenteuerlust vor allem jüngerer Leser. Die Spanne des Informationsgehaltes dieser Schriften reichte von ungenügend bis gut, wobei nur die wenigsten Werke den Auswanderern wirkliche Hilfestellung geben konnten.

Etwa um die Mitte des 19. Jahrhunderts entstanden dann spezielle Auswandererzeitungen, die Marschalck treffend als „Sprachrohr der öffentlichen Meinung" bezeichnet und die „als meinungsbildendes Instrument weitaus bessere Wirkungsmöglichkeiten auch in der Informationsvermittlung hatten"[60], wie z. B. die Allgemeine Auswandererzeitung (erschienen 1846/47-1871) oder die Deutsche Auswandererzeitung (erschienen 1848)[61]. Die „Deutsche Auswanderer-Zeitung" aus Bremen existierte von 1852-1875. Insgesamt erschienen im deutschen Raum acht solcher Organe mit unterschiedlicher Erscheinungsdauer. Dass sie bis zu drei Mal die Woche erschienen, ist ein Zeugnis für das große Interesse der deutschen Bevölkerung an dem Thema Auswanderung.

Ebenfalls um die Jahrhundertmitte wurden verschiedene Vereine gegründet, deren Ziel die eingehende Beratung der Auswanderer und ihre

---

[59] Für weiterführende Informationen siehe ebd.
[60] Marschalck, Peter: Deutsche Überseewanderung, S. 19
[61] Eine detaillierte Auflistung siehe ebd., S. 19

Lenkung in bestimmte Länder war.[62] Dies galt vor allem für die Kolonisationsgesellschaften, die bestimmten Projekten verbunden waren, besonders in Südamerika.

Die Auswanderungsagenten, die von fremden Staaten oder Reedereiagenten dafür bezahlt wurden, Passagiere anzuwerben, versuchten mit allen Mitteln, Menschen zur Auswanderung zu bewegen und vor allem, Auswanderern ihre Passagen aufzudrängen. Dass sie seit etwa 1849 in unbeschränkter, oft scharfer Konkurrenz untereinander standen, verschärfte ihre Skrupellosigkeit noch. Trotz der unschönen Methoden kann man den Agenten aber einen Beitrag zur Informationsverbreitung nicht absprechen, denn nicht alle Auskünfte waren erfunden oder übertrieben. Außerdem besuchten die Agenten auch kleinste, abgelegene Dörfer und verbreiteten dort die Kunde von der neuen Welt.

2.5. Deutsche Auswanderungspolitik

Die deutsche Auswanderungspolitik im 19. Jahrhundert war von ambivalenter Natur: Restriktionen und Hemmungen standen staatlicher Förderung und Subvention gegenüber.

Alle deutschen Staaten hatten über Jahrhunderte eine restriktive Auswanderungspolitik betrieben. Auswanderung, mit Ausnahme der religiösen, unterlag Verboten und war im Fall der Genehmigung an ein langes und kostspieliges Verfahren gebunden. Erst im 19. Jahrhundert wurde das Recht auf Auswanderung, ausgehend von der 1789 in Kraft getretenen französischen Verfassung, allmählich akzeptiert.[63]

Grundsätzlich war Auswanderung am Anfang des 19. Jahrhunderts in keinem der größeren deutschen Staaten verboten. Allerdings gab es weiterhin eine ganze Reihe von Hindernissen, die eine übermäßige Auswanderung unterdrücken sollten – Einschränkungen, bürokratische Erschwernisse und rechtliche Hindernisse.

---

62 Eine detaillierte Auflistung bietet auch hierzu ebd., S. 21
63 Bretting, Agnes: Von der Alten in die Neue Welt, S. 75

Die meisten Restriktionen betrafen nach M. Günther[64] „den Wehrdienst, anhängige Straf- oder Zivilprozesse, Schulden und das Zurücklassen unversorgter Familienangehöriger. Mittelbar restriktiv wirkten aber auch offizielle Warnungen vor der Auswanderung, die Androhung des Verlustes des Heimatrechtes samt etwaiger Ansprüche aus der Armenkasse und bürokratische Auflagen wie die Verpflichtung zur Vorlage eines Auswanderungskonsenses."

Im Laufe des 19. Jahrhunderts wurden dann allgemein in allen deutschen Staaten die bestehenden Beschränkungen nach und nach gelockert, entweder in der jeweiligen Verfassung oder durch Gesetze. Baden machte bereits 1803 den Anfang, gefolgt von Württemberg 1815, Preußen 1818, Hessen 1821 und Sachsen 1831. Bayern bildete das Schlusslicht, hier erfolgte der offizielle Wandel erst 1868.[65]

War Auswanderung nicht direkt verboten, so kam es andererseits aber auch i.a. nicht zu einer aktiven Auswanderungspolitik, zu Siedlungs- oder Kolonisationsplanungen.[66] Die Missstände im Auswanderungswesen führten lediglich zu einer Reihe von Erlassen bezüglich des Beförderungs- und des Agentenwesens.

Maßnahmen zum Schutz der deutschen Auswanderer wurden getroffen, und eine aktive Anwerbung durch die Auswanderungsagenten wurde unterdrückt, vielfach sogar strafrechtlich verfolgt.

Schließlich erkannte man jedoch die Notwendigkeit von Kontrolle und Organisation. In den Auswanderungsagenten sah man nun nicht mehr nur die Verführer der Untertanen, sondern man sah in ihnen die Möglichkeit umfassender Organisation. Daher erhob man sie in den regulären Berufsstand

---

[64] Günther, Markus: Auf dem Weg, S. 40
[65] Bretting, Agnes: Von der Alten in die Neue Welt, S. 76
[66] Spätestens seit dem Scheitern des Mainzer Adelsvereins, der in den 1840ern versuchte Texas zu kolonisieren und vielen seiner Gefolgsleuten ein katastrophales Ende bescherte, wurde Kolonisationsgesellschaften äußerst skeptisch begegnet.

und versuchte sie durch behördliche Kontrollen und die Vergabe von Lizenzen in ihrer Arbeit zu kontrollieren.[67]

Auswanderung wurde schließlich sogar subventioniert, denn viele Staaten sahen in der Auswanderung eine kostengünstige Lösung, sich mittelloser Untertanen zu entledigen, die andernfalls über Jahre der Armenkasse zur Last gefallen wären. Erklärten diese Untertanen den Verzicht auf ihr Niederlassungsrecht und damit ihre Rückkehr, wurden sie mit öffentlichen Mitteln unterstützt. Auf diesem Wege entledigte man sich im Übrigen auch vieler Strafgefangener, ohne auf die zunehmenden Proteste seitens der USA[68] zu reagieren.

Trotz aller Bemühungen seitens der deutschen Auswanderungsvereine kam keine Zusammenarbeit der deutschen Staaten bezüglich einer Gesetzesinitiative zur Auswanderung zustande. Pläne hierfür waren mit dem Scheitern der 48/49er Revolution vernichtet. Auswanderung unterlag weiterhin den Einzelstaaten[69], und das jeweilige Bemühen des Staates zielte hauptsächlich auf die Durchsetzung eigener Ansprüche: Steuern erheben, Militärpflichtige halten, Gläubiger schützen.

Nach der Verfassung des Deutschen Reiches von 1871 sollten die Bestimmungen über die Auswanderung zwar der Beaufsichtigung des Reiches unterliegen, doch wurde vorerst nur ein „Reichskommissar für das Auswanderungswesen" bestellt, der lediglich beaufsichtigende Funktion ohne tatsächlichen Einfluss auf den Geschäftsbetrieb des Auswanderungswesens hatte.

Ein einschlägiges Gesetz wurde dann 1897 erlassen: das Reichsauswanderungsgesetz. Es kam aber zu spät, um noch relevante Auswirkungen zu

---

67 Bretting, Agnes: Von der Alten in die Neue Welt, S. 76

68 In Bremen kam es im Gegensatz zu anderen deutschen Ländern eher selten zu derartigen Vorgängen, und in der Regel bemühte man sich um Heimlichkeit. Dennoch finden sich auch Bremer Ratsakten über Verschiebungen, z. B. 2-D.18.O Nr. 6 „Acta betreffend Transport bzw. Verschiebung nach Bahia 12.5.1582".

69 Bretting, Agnes: Von der Alten in die Neue Welt, S. 77

haben, denn zu dieser Zeit waren die deutschen Auswandererzahlen bereits
stark rückläufig.

3. Vom Auswanderersegler zum Luxusliner

Die Entwicklung der Schiffe hing eng zusammen mit der Entwicklung der Auswanderung. Die Auswanderung nach Amerika war nur mittels der Schiffe möglich. Die zunehmenden Auswandererzahlen brachten steigende Einkünfte, die wiederum große Investitionen in die Entwicklung der Schiffe erlaubten, um durch Größe und Geschwindigkeit Konkurrenten auszustechen und mehr Gewinne einzufahren. Für die Auswanderer bedeutete größere Geschwindigkeit eine schnellere Reise, weniger Strapazen und weniger Verdienstausfall. Der größere Raum bedeutete weniger Wartezeit auf Passageplätze und lockte wiederum mehr Auswanderer in die Häfen. So bedingten sich die beiden Entwicklungen gegenseitig.

3.1. Segelschiffe

Die Schiffe im frühen 19. Jahrhundert ähnelten noch denen des Entdeckungszeitalters. Es waren mehrmastige Segelschiffe, mit einer Mischung von Rah- und Lateinsegeln. Da sie aus Holz bestanden, war der Ausbau in Länge und Tonnage begrenzt. Dafür führten eine Vergrößerung der Segelfläche sowie eine Verschlankung des Schiffsrumpfes zu größeren Geschwindigkeiten, und auch die Steuerungsmöglichkeiten wurden dadurch besser. Schiffe für den Atlantikverkehr wurden zunächst in Amerika und England gebaut, in Deutschland fehlten entsprechende Kapazitäten. Erst ab 1830 erlebte der Schiffbau hier einen beginnenden Aufschwung.[70]

Im frühen 19. Jahrhundert war zunächst nicht der Passage-, sondern der Frachtverkehr Haupteinnahmequelle der Reeder. Es gab aber noch keine richtigen Handelsflotten; Kaufleute ohne ein eigenes Schiff charterten für ihren Frachttransport einzelne Schiffe. Da die Kapitäne dieser Schiffe bemüht waren, mit möglichst großer Rentabilität und entsprechend voll beladen die Reise anzutreten, fuhren sie zumeist verschiedene Häfen an, um mehrere Charterverträge für eine Reise zu erhalten. Dementsprechend entzog sich

---

[70] Günther, Markus: Auf dem Weg, S. 63

dem Auftraggeber die Kontrolle über tatsächliche Abfahrt und etwaige Liefertermine. Hinzu kamen Unwägbarkeiten wie das Wetter, die eine solche Fahrt völlig unkalkulierbar machten.

Die Auswandererzahlen waren zunächst so niedrig, dass es noch keine speziellen Auswandererschiffe gab. Reiselustige mussten deshalb mit Passagen auf den Frachtschiffen vorlieb nehmen. Nähere Absprachen über Kosten, Unterbringung usw. mussten sie mit dem Kapitän treffen, der die Bezahlung zumeist für sich behalten durfte. Die Passage auf einem Frachtschiff bedeutete für die Reisenden eine notdürftige Unterbringung, bei der sie häufig wie Frachtgut behandelt wurden. Während dem Kapitän das Zusatzeinkommen durch den Passagier sehr willkommen war, führte die mangelnde Erfahrung im Umgang mit Personentransporten häufig dazu, dass die Reisenden von der Besatzung auf dem engen Raum als Störfaktor empfunden wurden und es zu Streitigkeiten oder sogar Handgreiflichkeiten kam. Auch die Tatsache, dass durch die Beförderung von Auswanderern Frauen auf den Schiffen mitfuhren, fand nicht bei allen Seeleuten Zustimmung. Für die Auswanderer bedeutete die Reise mit dem Frachtschiff außerdem, dass die Reisedauer nicht planbar war und die Zeit ohne Verdienst entsprechend unklar blieb. Die unvorhersehbaren Bedingungen auf dem Schiff brachten große psychische Belastungen mit sich, die durch jeden Tag, den die Reise länger dauerte, verstärkt wurden.

Entsprechend dem Bedürfnis des Kapitäns, möglichst voll beladen seine Reise anzutreten, waren Abfahrten nach Fahrplan undenkbar. Außerdem wurden Fahrten in den Wintermonaten aufgrund der hohen Belastung des Schiffsmaterials und der dadurch entstehenden Kosten sowie der schwierigeren Wetterbedingungen vermieden.[71] Für die Auswanderer waren damit zunächst bestimmte Reisemonate vorgegeben. Unklare Abfahrtszeiten konnten dennoch zu langen, kostspieligen Wartezeiten im Hafen führen.

Isaac Wright, Benjamin Marshall sowie Jeremias und Francis Thompson, Gründer der Black-Ball-Linie, wagten erstmals die Zusicherung eines

---

[71] Ebd., S. 61

festen Abfahrtermins. Ihr Schiff „James Monroe", ein Kauffahrer mit 424 t, legte am 5. Januar 1818 das erste Mal nach Fahrplan von New York ab. Das Unternehmen erwies sich als derart erfolgreich, dass weitere Liniengründungen folgten.

Für die Bremer schien die Linienschifffahrt zunächst nicht umsetzbar, da das Frachtaufkommen zu sehr schwankte. Vor allem die mögliche Ladung für die Rückfahrt war völlig ungewiss, zumal die Amerikaner ihre eigenen Schiffe bevorzugten. Doch 1828 richteten die beiden Häuser der Brüder Meier[72] die erste Paketfahrt zwischen Bremen und New York ein. Die kontinuierlich steigende Auswandererzahl bot schließlich ein regelmäßiges „Ladeangebot", das die Aufnahme eines rentablen Linienverkehrs ermöglichte; kürzere Wartezeiten auf die Abfahrt und ein fester Reiseplan bedeuteten für die Auswanderer eine Verkürzung der gesamten Fahrt und entsprechend weniger Zeit ohne Verdienstausfall. Auch die kostspieligen Wartezeiten im Hafen verkürzten sich. Dementsprechend bevorzugten sie die Linienschiffe und zwangen somit wiederum nach und nach die Reeder zur Aufnahme von Linienschifffahrt, um nicht außer Konkurrenz zu geraten.

Die Zahl der Auswanderer wurde schließlich derart groß, dass ihr Transport immer mehr in den Mittelpunkt des Reedereibetriebs geriet. Der Grundstein der Passagierschifffahrt war damit gelegt.

Die ersten Investitionen in die Entwicklung der Schiffe galten neben der stetigen Vergrößerung des Laderaums vor allem der größeren Laufruhe und zunehmenden Geschwindigkeit der Schiffe. Größere Laufruhe war auch für die Auswanderer von großer Bedeutung, denn das Schlingern des Schiffes war ein Auslöser für die weit verbreitete und die Auswanderer stark belastende Seekrankheit. Durch den Einbau von Flachbaurümpfen auf amerikanischen Seglern wurden zwar eine größere Stabilität und ein erhöhter Schutz vor dem Kentern erreicht, die Schaukelbewegungen wurden aber eher noch verstärkt. Höhere Geschwindigkeit hingegen erlangten zunächst die amerikanischen Klipper mit ihrem schärfer geschnittenen Bug und enger Rahbese-

---

[72] C. und H. H. Meier in New York und H. H. Meier & Co in Bremen

gelung, die Spitzengeschwindigkeiten von 20 Knoten schafften, sich aber wegen des geringen Ladevolumens für die Linienschifffahrt nicht bewährten. Außerdem waren sie ausgesprochen schwer zu segeln und benötigten für die Bedienung ihrer großen, komplizierten Takelage[73] eine sehr starke Besatzung. Aber sie inspirierten den Schiffsbau; die neuen Segelschiffe, die ab Mitte der 50er Jahre gebaut wurden, bekamen einen eleganteren, langgestreckten Schiffsrumpf.

Um die Mitte des Jahrhunderts wurden die Schiffe im Passagierverkehr größer, an die Stelle der zweimastigen Briggs traten dreimastige Vollschiffe und Barken. Das bis zu 120m lange Vollschiff mit schnittigem Schiffsrumpf war das schnellste Segelschiff, das selbst den Dampfschiffen zunächst Paroli bieten konnte. Es hatte bis zu fünf Masten und eine Rahtakelung mit einer Führung aus feinen Stahldrähten zur einfacheren Bedienung. Auch waren die Rümpfe meist schon aus Eisen.[74] Durch den Eisenschiffbau konnte die Verstärkung des Rumpfes wesentlich kleiner ausfallen, und der Laderaum wurde dadurch größer. Für die Auswanderer bedeutete dies, dass sich nun noch mehr Menschen im Zwischendeck drängten, aber es bedeutete auch mehr Passageplätze und kürzere Wartezeiten auf Ausfahrt. Barken und Vollschiffe führten neben den Rahsegeln auch Gaffelsegel, die das Kreuzen erleichterten und dadurch schnellere Fahrten erlaubten.

Bekannt für ihre schnellen Überfahrten war z. B. das Bremer Vollschiff „Orpheus", das 1854 für die Strecke New York-Bremerhaven 18 Tage und 6 Stunden brauchte. Die Hinreise war laut Zeitungsmeldungen in 12 ½ Tagen erfolgt.[75] Diese Leistung war allerdings nicht die Regel[76], doch wurden die Atlantiküberquerungen deutlich schneller, und die Mannschaften hatten

---

[73] Nicht weniger als 57 Segel hingen an den drei Masten.

[74] Günther, Markus: Auf dem Weg, S. 65

[75] Führer des deutschen Schiffahrtsmuseums Nr. 4, S. 35

[76] Wätjen, Hermann: Aus der Frühzeit, S. 103 gibt für das Jahr 1856 noch eine durchschnittliche Reisedauer von 45 Tagen für bremische Segelschiffe auf der Strecke nach New York an.

mittlerweile mehr Erfahrung im Umgang mit Passagieren. Es fand ein Wandel statt vom Mensch als Fracht zum Mensch als Passagier.

Die Segelschiffe hatten gegenüber den Dampfschiffen zunächst noch den Vorteil, dass eine Überfahrt deutlich billiger war; 40 Taler im Zwischendeck eines Segelschiffes standen 55-65 Talern im Zwischendeck eines Dampfers gegenüber. Sowohl im Bau als auch in den Personalkosten (weniger Besatzung nötig) war ihr Unterhalt günstiger. Daher wurden die Segelschiffe von den Auswanderern bevorzugt. Außerdem hielt sich hartnäckig der Glaube, die Segelschiffe seien sicherer als die Dampfer. Dies ist wohl zum einen darauf zurückzuführen, dass die Dampfschiffe mehr Menschen transportierten und Unglücke entsprechend mehr Tote forderten.[77] Zum anderen gab es im Segelschiffbetrieb jahrhundertelange Erfahrung, und die Loslösung von Altbewährtem erwies sich als schwierig.

Es gelang den Bremer Reedereien bis in die 70er Jahre, sich mit Segelschiffen im kombinierten Passagier- und Warenverkehr zu halten, aber während 1866 noch rund 2/3 der Auswanderer auf Segelschiffen reiste, waren es 1871 nur noch 16%; 1874 verschwanden Segelschiffe dann endgültig aus dem Passagierverkehr.[78]

3.2. Dampfschiffe

1837 wagte die englische Linienschifffahrt den nächsten revolutionären Schritt: sie führte die Dampfkraft in ihren überseeischen Schifffahrtsbetrieb ein. Die ersten Dampfer waren zunächst kombinierte Dampf-Segelschiffe. Die Maschinen boten zwar eine deutliche Beschleunigung, auf die Beibehaltung der Segels konnte aber nicht verzichtet werden, da die Maschinen noch unzuverlässig waren und häufig ausfielen. Wie Günther feststellt[79], konnte sich in den 30er Jahren noch niemand vorstellen, dass die Dampfkraft einmal

---

[77] Engelsing, Rolf: Bremen als Auswandererhafen, S. 162: Die Mehrzahl der Auswanderersegler beförderte 1834 50 – 150, 1854 150 – 200 und 1871 wiederum 50 – 150 Personen, während die Dampfer 1871 bereits 600 – 800 Passagiere transportierten.
[78] Gerstenberger, Heide / Urich Welke: Vom Wind zum Dampf, Münster 1996, S. 104
[79] Günther, Markus: Auf dem Weg, S. 75

mehr als ein Zusatzantrieb werden und die Segelschifffahrt sogar überholen könnte.

Angetrieben wurden die Dampfer zunächst durch Schaufelräder. Diese sogenannten Raddampfer waren sehr anfällig für Defekte, bei starkem Seegang zerschlugen leicht einzelne Schaufeln oder gar die ganze Mechanik; bei hoher See war die Tauchtiefe der Räder nicht optimal, und Unkontrollierbarkeit, vor allem bei Schräglage des Schiffes, war die Folge. Auch mussten regelmäßig die Salzablagerungen des Meerwassers aus den Dampfkesseln entfernt werden, und zu diesem Zweck mussten die Maschinen über Stunden ruhen.

Zu Beginn waren die Dampfschiffe kaum eine Konkurrenz im Frachtverkehr. Sie hatten nur eine geringe Ladekapazität aufgrund platzraubender Maschinen und Kohlenbunker und waren teurer im Unterhalt, vor allem durch den Mehrbedarf an Seeleuten, die zum Betrieb nötig waren. Auch die Kosten für den enormen Kohlenverbrauch waren sehr hoch. Doch die Maschinen wurden effektiver, der Antrieb entwickelte sich weiter, Passagepreise fielen und die Dampfer entwickelten ihre Konkurrenzfähigkeit.

Überzeugt von der Dampfschifffahrt auf dem Atlantik gründete Samuel Cunard 1838 mit mehreren Geschäftspartnern die Cunard-Linie, die ihren Dienst auf der Strecke Liverpool-Boston am 04. Juli 1840 begann.[80] Der Cunard-Dienst war der erste zuverlässige Dampfliniendienst auf dem Atlantik. Cunards Raddampfer von je 1155 t mit 750 PS brauchten etwa 14 Tage für die Strecke, Segler hingegen 30-45 Tage. So begannen selbst die deutsche Post und deutsche Speditionen die Cunard-Schiffe zu bevorzugen.

Bremen erkannte zwar den Nutzen einer Dampfschifflinie, aber es fehlte das Geld. Nötig waren Subventionen, ähnlich denen der Cunard-Linie durch die britische Admiralität. Dem Bremer Senator Arnold Duckwitz, der mit unermüdlichem Einsatz um die Zustimmung der amerikanischen Postverwaltung für eine Dampferlinie New York-Bremerhaven mit entsprechender finanzieller Beteiligung der USA warb und schließlich einen Vertragsab-

---

[80] Ebd., S. 75

schluss erreichte, ist die Gründung der Ocean Steam Navigation Company 1847 zu verdanken. Mit 350 000 Dollar pro Jahr, als „Postbeförderungszuschuß" deklariert, beteiligten sich die USA an diesem Unternehmen.[81] Die Linie fuhr allerdings unter amerikanischer Flagge. Am 19. Juni 1847 lief die „Washington" als erster Dampfer der Linie nach 17 Tagen Überfahrt in Bremerhaven ein. Als zweiter Dampfer wurde die „Hermann" eingesetzt. Die beiden Dampfer gehörten zu den größten des Nordatlantiks, 75m lang, 12m breit, 1960 t Ladevolumen. Allerdings gab es nur Platz für 182 Passagiere, die nur die 1. (112 Plätze) oder 2. Klasse (70 Plätze) belegen konnten, ein Zwischendeck existierte nicht. Daher waren sie uninteressant für die große Masse der Auswanderer, nur zahlungskräftige Auswanderer konnten hiervon zunächst Gebrauch machen. Eine Überfahrt in der 1. Klasse kostete 150 Dollar, in der 2. 60 Dollar, eine rentable Bewirtschaftung war nicht möglich. Zudem litten die Schiffe unter einer unausgereiften Technik (häufige Ausfälle, hohe Reparaturkosten) und das Unternehmen verfügte nur über wenig Kapital; ihr Erhalt war nur durch die Subventionen der US-Postverwaltung gesichert. Als dieser Postvertrag 1857 nicht verlängert wurde, bedeutete das das Ende der Linie.

Zu einer dauerhaften Einrichtung kam es erst 1857 durch die Gründung des Norddeutschen Lloyd (NDL) unter H. H. Meier; es war zunächst schwierig, das Startkapital aufzubringen; immerhin konnten aber schließlich vier Schiffe für den überseeischen Dienst finanziert werden. Die Schiffe hatten je 60 Passageplätze in der 1. Klasse, 110 in der 2. Klasse und 400 im Zwischendeck.[82] Bei diesen Schiffen (wie bei allen bis 1881 folgenden) handelte es sich um Glattdeckschiffe mit vier Decks, die beiden untersten für Ladung, das nächste als Zwischendeck für Auswanderer oder Ladung und das oberste für Kajüten und Besatzung. Die Decks waren im Gegensatz zu den Seglern erstmals nicht durchgängig, sondern unterbrochen von Maschinenraum, Kohlenbunker usw., was für die Zwischendeckler eine angenehmere Aufteilung

---

[81] Ebd., S. 7
[82] Bessell, Georg: Norddeutscher Lloyd 1857-1957, Bremen, S. 193

der großen Räume bedeutete. Passagiere der 1. und 2. Kajüte hingegen erwarteten angenehm luxuriöse Kabinen. Die „Bremen" ging am 29. Juni 1858 als erster Lloyddampfer von Bremerhaven nach New York in See, mit 22 Kajütspassagieren und 93 Zwischendecklern.[83]

Auch der NDL hatte unter Startschwierigkeiten wie Ausfall und Verlust von Schiffen zu leiden, und der geplante 14tägige Dienst wurde erst 1863 möglich. Zur Zeit der Wirtschaftskrise 1857 war die finanzielle Lage bedrohlich, doch 1860 bekam der NDL das Beförderungsrecht für die englische und amerikanische Post, und das Tief war überstanden. Bereits 1867 ging der NDL von 14-tägigen auf wöchentliche Fahrten nach New York über, neue Linien nach Baltimore, New Orleans und Südamerika wurden eingerichtet und 1871 fuhren schon 20 Dampfer für den Lloyd im Transatlantikverkehr. Spätestens seit 1876 konnte er sich als konkurrenzlos in Bremen rühmen.[84] 1913 beförderte er mit 660 000 Menschen die größte Anzahl Reisender unter allen Reedereien der Welt.[85]

1862 ermöglichten die Gewinne aus dem Auswanderertransport eine Vergrößerung der Schiffe durch Umbau und ihre Ausstattung mit eleganten Kajüten. Davon profitierten aber hauptsächlich die reichen Passagiere, an der Enge im Zwischendeck und an den wenig komfortablen Kojen, in denen noch immer mehrere Menschen zusammen Platz finden mussten, änderte sich zunächst nichts.

Immerhin brachten die Dampfschiffe auch für die Zwischendeckspassagiere eine kürzere Reisedauer, bessere hygienische Bedingungen und frische Lebensmittel (sogar Milch für Kinder), die durch den Einbau von Eisräumen mitgeführt werden konnten.

Die Dampfer waren zur Konkurrenz für die Segler geworden, vor allem ihre Schnelligkeit und Zuverlässigkeit in der Reisedauer waren ein großer

---

[83] Wätjen, Hermann: Aus der Frühzeit, S. 68
[84] Bretting, Agnes: Von der Alten in die Neue Welt, S. 98
[85] Flügel, Dr. H.: Der Seehafen Bremen. Musterbetriebe Deutscher Wirtschaft, Berlin 1931, S. 54

Vorteil. Dementsprechend war die Weiterentwicklung des Schiffsantriebs von großer Bedeutung.

Dem Radantrieb der Anfangszeit folgte der Einschraubenantrieb, der zwar bereits 1829 erfunden wurde, sich aber erst in den 1860er Jahren durchsetzen konnte. Der Schraubenantrieb war ein großer Fortschritt, denn er bot einen hohen Wirkungsgrad, seine Lage tief unter Wasser schützte ihn vor Beschädigungen und ließ ihn auch im Seegang einigermaßen ungestört arbeiten. Zudem war sein Gewicht relativ gering.[86]

1880 kam dann der Zweischraubenantrieb und machte die Rahtakelung endgültig überflüssig; dennoch verzichtete man noch nicht ganz auf die Segel, denn der Winddruck verminderte die Schlingerbewegungen des Schiffes und erleichterte seine Steuerung. Für die Auswanderer bedeuteten weniger Schaukelbewegungen, wie bereits oben erwähnt, ein geringeres Ausmaß an Seekrankheit.[87] Erst um 1885 verzichtete man dann ganz auf die Segel.

Waren bis 1850 nur drei der 32 in Dienst gestellten Dampfer aus Eisen, nahm ihre Zahl nach 1850 schnell zu; Vorteile wie gewichtsparende Bauweise, die einen entscheidenden Zuwachs an Tragfähigkeit und somit Wirtschaftlichkeit versprach, und Formbarkeit des Materials setzten sich durch.[88] Erst das Eisen erlaubte ein fast beliebiges Anwachsen der Größe der Schiffe. Ab 1870 wechselte man dann zum Stahl als Schiffsbaumaterial.

Ab 1880 begann man mit der Elektrifizierung der Schiffe, und mit dem Übergang zur Dampfschifffahrt waren auch die technischen Voraussetzungen für den Einbau von Heizungsanlagen an Bord geschaffen. Das Heizen der Schiffsräume konnte endlich die Feuchtigkeit aus den Räumen vertreiben und brachte eine Verbesserung der hygienischen Bedingungen. Die Elektrifizierung ermöglichte u.a. eine ordentliche Beleuchtung und die Nutzung von Kühlgeräten. Beide Errungenschaften wurden zunächst allerdings nur den Kajütspassagieren zu Nutzen gebracht.

---

[86] Strohbusch, Erwin: Deutscher Seeschiffbau, S. 10
[87] Günther, Markus: Auf dem Weg, S. 68
[88] Ebd., S. 85

Bis etwa 1880 erhielten die Ozeandampfer meist eine Tonnage von 2500-4000 BRT, eine Länge von 100-125m und ihre Geschwindigkeit war auf 12-13 kn begrenzt. In der Zeit etwa von 1860-1880 kam es in erster Linie zu technischen Verbesserungen, etwa beim Antrieb. Weniger Kohlenverbrauch und erhöhte Betriebssicherheit der Maschinen waren weitere Erfolge.

3.3. Schnelldampfer, Ozeanriesen, Kreuzfahrtschiffe

Um 1880 war die Steigerung der Geschwindigkeit zum Hauptaugenmerk der Schiffsbauer geworden. „Zeit ist Geld" war das Motto vor allem von Geschäftsreisenden beider Kontinente, die nun vermehrt als Passagiere auftraten, aber auch für die Auswanderer bedeutete jeder Tag Zeitersparnis nach wie vor eine finanzielle Ersparnis und weniger Belastung.

Der erste Schnelldampfer war 1878 die englische „Arizona". Der NDL stellte in den 80ern seine ersten Schnelldampfer ein, die insgesamt 11 Schiffe der Elbe-Klasse. Die Schnelldampfer verkürzten Ende des Jahrhunderts die Reisedauer Bremerhaven-New York auf 8-9 Tage. Allerdings ging der Kohlenverbrauch auch enorm in die Höhe. Liborius Gerstenberger, der die Maschinen des Dampfers „Bremen" 1904 besichtigte, berichtet, dass diese täglich 140-150 Tonnen, ca. 3000 Zentner, Steinkohle verbräuchten; die „Kronprinz Wilhelm", ein Schnelldampfer, mehr als das Dreifache, und der größte Schnelldampfer, die „Wilhelm II", sogar 750 Tonnen. Erstaunt resümiert er:

> „Soviel fährt ein Eisenbahnzug in 75 Kohlenwägen a 200 Zentner,- 10 Eisenbahnzüge mit durchschnittlich 52 Wagen a 200 Zentner müssen vor jeder Abreise nach Amerika diesem Seeungeheuer die schwarze Nahrung zuführen."[89]

Um 1890 erlebte der Transatlantikverkehr, der fast das ganze 19. Jahrhundert hindurch von der Auswandererbeförderung bestimmt gewesen war, einen tiefgreifenden Wandel. Es kam zur Erfindung der „Seereise", einer Reise mit vergnüglichem Selbstzweck und nicht mehr einer unvermeidlichen Strapaze auf dem Weg nach Amerika. Für die ersten Reisen gab es noch nicht einmal

---

[89] Gerstenberger, Liborius: Vom Steinberg zum Felsengebirg. Ein Ausflug in die Neue Welt im Jahre der Weltausstellung von St. Louis 1904. Würzburg 1905, S. 43

einen richtigen Begriff, man nannte sie noch etwas unbeholfen „Excursionen" oder auch „Vergnügungsfahrten zur See". Der Begriff „Kreuzfahrt" kam erst viel später auf.[90]

Fortan galt die Aufmerksamkeit immer mehr der Ausstattung, eine immer reichere Entfaltung von Prunk und Luxus sollten den zahlungskräftigen Passagier der 1. und 2. Klasse vergessen lassen, dass er auf einem Schiff war.[91] Während sich der Lloyd mit dem Aufkommen der Schnelldampfer von der traditionellen Ausstattung der Kajüten trennte und in den Schlafkabinen nur noch je zwei Fahrgäste unterkommen mussten, zwängte sich die Mehrzahl der Auswanderer immer noch in großer Enge in das Zwischendeck. Wurden für die zahlungskräftigen Passagiere Bäder, Rauchsalons, Damenzimmer und Wintergärten gebaut und mit üppigem architektonischen Beiwerk versehen, besaßen die Zwischendeckspassagiere gerade einmal den Luxus eines eigenen Speisesaales mit einfachen Bänken und Tischen sowie ausreichend Toiletten.

Stahl erlaubte den Bau von Schiffen in bisher undenkbaren Dimensionen. 1896 wurde erstmals die „Barbarossa-Klasse" gebaut, der erste Lloyddampfer war die „Friedrich der Große" mit 10 800 BRT und 13,5 kn. Sie hatte Platz für 226 Passagiere in der 1. Klasse, 235 in der 2. Klasse und 1671 im Zwischendeck.[92] 1897 kam dann die „Kaiser Wilhelm der Große", die als erster moderner Luxusozeanriese (14 349 BRT, 199,5m Länge) bezeichnet werden kann. Hier war Platz für 332 Passagiere in der 1. Klasse, 343 in der 2. Klasse und 1074 im Zwischendeck.[93] Sie besaß auch erstmals eine Marconi-Funkstation, eine Neuerung, die ab der Jahrhundertwende für erheblich mehr Sicherheit sorgen sollte.

Alle Ozeandampfer des 19. Jahrhunderts wurden von Kolbendampfmaschinen angetrieben; mit wachsender Größe der Schiffe veranlasste die Forderung nach mehr Kraft die Konstrukteure, ihre Maschinen gewaltig zu

---

[90] Günther, Markus: Auf dem Weg, S. 98
[91] Bessell, Georg: Norddeutscher Lloyd, S. 59
[92] Ebd., S. 199
[93] Ebd., S. 200

vergrößern. Die Expansionsdampfmaschine war jedoch am Ende ihrer Entwicklungsfähigkeit angelangt. Um weitere Leistungssteigerungen zu erreichen, bedurfte es eines anderen Antriebssystems. Ein solches bot sich mit der Erfindung der Dampfturbine, deren Verwendbarkeit zum Schiffsantrieb ihr Erfinder Parsons schon 1897 mit einem Versuchsboot bewiesen hatte. Die beiden ersten Dampfer mit dem neuen Antrieb kamen wiederum aus England: die Schwesternschiffe „Lusitania" und „Mauretania", 68 000 PS, 31 938 BRT, 240,8m Länge.

Fortan waren nur noch Größe und Luxus Ziel der Schiffsbauer. Die neuen Luxusdampfer besaßen große Kabinen, Gesellschafts- und Speiseräume in eleganter Ausführung, Brokat- und Plüschpolster, Promenaden und Sonnendecks, Bordkapellen, Frisiersalons, Schwimmbäder, manchmal sogar ein eigenes Bordrestaurant, Wassertoiletten statt Nachttöpfe, Kühlgeräte ersetzten die Eisräume u.ä.

Die Luxusdampfer bekamen zusätzliches Hotelpersonal, um die Fahrgäste der 1. und 2. Klasse entsprechend aufwendig zu versorgen, während die Masse der Auswanderer weiter im Zwischendeck reiste und den neu entstehenden Luxus nur von weitem bewundern konnte. Dieser Luxus, der den besser gestellten Passagieren zu Gute kam, wurde letztlich finanziert durch die große Masse der Zwischendeckspassagiere, die für lange Zeit die Haupteinnahmequelle der Reeder waren.

4. Bremerhaven

4.1. Gründung und Etablierung als Auswandererhafen

Im 18. Jahrhundert beschränkte sich die bremische Handelsschifffahrt zunächst auf den Transport von Waren in der Nord- und Ostsee. Der Nordatlantikverkehr mit Amerika war aufgrund der englischen Navigationsakte auf Schiffe beschränkt, die unter britischer Flagge segelten. Erst das Ende des amerikanischen Unabhängigkeitskrieges 1783 brachte zum Teil eine Aufhebung und eröffnete Bremen weitreichende Möglichkeiten.[94] Der Aufschwung begann, neue Geschäftshäuser in den USA wurden eröffnet und Verbindungen geknüpft. Die gegen England gerichtete Kontinentalsperre durch Napoleon unterbrach die Entwicklung dann noch einmal kurzfristig, aber nach dem Wiener Kongress 1815 wurde der Aufschwung unaufhaltsam.

Die zunächst nur auf europäische Küstenfahrt ausgerichtete Bremer Flotte wurde für transatlantische Fahrten umgerüstet. Doch behinderten die engen Grenzen des eigenen wirtschaftlichen Umfeldes diese gewinnversprechende Geschäftstätigkeit: Das Hinterland bot zu wenig Exportgüter, um ausreichend Lieferung in den britischen Kolonien abzusetzen. Schiffe mussten daher häufig in Ballast die Hinreise nach Amerika tätigen, um Importe einzuholen, was Frachtsätze enorm verteuerte. Dies minderte Bremens Attraktivität als Anlaufhafen beträchtlich und hatte zudem eine Dominanz amerikanischer Reeder zur Folge. Unter diesen Umständen versprach die Beförderung des zunehmenden Auswandererstroms eine lukrative Ausschöpfung der leeren Kapazitäten. Daher waren Reeder und Kapitäne gerne bereit, sich der Auswanderer anzunehmen. Da diese ihre Passage im Voraus bezahlen mussten, wurde die Überfahrt vorfinanziert und dadurch rentabel. Außerdem erlaubte sie Rückfrachten zu günstigen Konditionen und somit eine Unterbietung der amerikanischen Konkurrenten.

Die fortschreitende Versandung der Weser in den 1820er Jahren gefährdete allerdings Bremens Position als Seehafen. Als man schließlich sogar

---

[94] Endgültig wurde die englische Navigationsakte erst 1849 aufgehoben.

auf oldenburgische Häfen an der Weser angewiesen war, trat der Bremer Bürgermeister Johann Smidt in Verhandlungen mit dem Königreich Hannover und erwarb 88,7ha Weideland an der Geestemündung.[95] Hier begannen am 01. Juli 1827 die Arbeiten zum Bau eines neuen Bremer Hafens unter Leitung des Holländers Jacobus Johannes van Ronzelen. Dieser hatte den Entwurf eines Binnenhafens mit Vorhafen und moderner Schleusenanlage ausgearbeitet. Das erste künstliche Hafenbecken (heute der sogenannte Alte Hafen) mit Umschlagsanlagen sollte 750m lang und 57,5m breit sein, die durchschnittliche Wassertiefe etwa 5,25m betragen.[96]

Auch schwebte ihm die Anlage einer planmäßigen Hafenstadt vor, doch der Bremer Senat war von Anfang an darauf bedacht, lediglich den Hafen funktionsfähig zu machen. Konkurrenz für die Bremer Kaufmannschaft war unerwünscht, weswegen man das Hafenbecken auch unmittelbar hinter den Deich legte. Somit hoffte man, das Entstehen großflächigen Gewerbe- und Siedlungsraumes vermeiden zu können.

Nach dreijähriger Bauzeit wurde am 12. September 1830 der neue Bremer Hafen eröffnet, gerade rechtzeitig, um ein Einreiseverbot für größere Auswanderergruppen seitens der Häfen Hamburg, Rotterdam und Antwerpen zur eigenen Auswandererwerbung zu nutzen.

Die meisten Süd- und Westdeutschen jedoch bevorzugten die Auswanderung über Le Havre, Antwerpen oder Rotterdam, da die Verkehrsanbindungen günstiger waren und die Seeschiffe direkt bestiegen werden konnten. Bei der Reise über Bremen mussten die Auswanderer hingegen eine strapaziöse Fahrt nach Bremerhaven auf einem Weserkahn auf sich nehmen. Der Hafen besaß zudem keine festen Kajen, und Warenumschlag und Personenfracht mussten über Transportkähne zu den an Bojen vertäuten Schiffen gebracht werden.

Daher musste Bremen versuchen, mit seinem Hafen mehr zu bieten. Der stärker werdende Verkehr von Amerikaauswanderern – etwa 10 000-

---

[95] Angaben siehe Benscheidt, Anja: Brücke nach Übersee, Bremerhaven 2006, S.13
[96] Ebd., S. 14

15 000 zwischen 1820 und 1830 – führte dann schon 1832 zur gesetzlichen Regelung des Auswandererwesens in Bremen, zur Kodifizierung der Rechte der Auswanderer und der Pflichten der Reeder, Makler und Agenten. Am 01. Oktober 1832 wurde die Bremer „Verordnung wegen der Auswanderer mit hiesigen oder fremden Schiffen"[97] erlassen, die versuchte, die weit verbreitete materielle Ausbeutung der Auswanderer zu unterbinden. Darüber hinaus legte sie Mindeststandards für den Transport der Auswanderer auf den Überseeschiffen unter bremischer Flagge fest, wie z.b. die Mitnahme von genügend Proviant im Gegensatz zur Selbstverpflegung in den westeuropäischen Häfen. Auch wurde von den Expedienten der Nachweis der Tüchtigkeit der Schiffe verlangt, sowie die Anfertigung von Verzeichnissen der für jedes Schiff angenommenen Auswanderer. Dieselben waren dann der zuständigen Aufsichtsbehörde – der Inspection für das Auswanderungswesen – zu übergeben.

In Europa war das die erste gesetzliche Regelung, durch die den Unternehmern Richtlinien für den Fahrgastverkehr erteilt wurden. Sie besaß Gültigkeit für alle Schiffe, die mindestens 25 Zwischendeckspassagiere transportierten. In den USA allerdings gab es bereits seit 1819 ein entsprechendes Passagiergesetz. Mit diesem ersten Auswanderungsgesetz begann für Bremen die Periode der deutschen überseeischen Auswanderung.

Doch die Bremer Verordnung war nicht nur ein Schutzgesetz für die Auswanderer, sondern sollte auch den Bremer Staat vor verarmten Auswanderern und damit der Zahlung von Unterstützungsgeldern bewahren. Verschiedene Bestimmungen, wie die Androhung der Ausweisung bei mangelndem Kapital, sollten hierzu dienen. Auch musste jeder Auswanderer spätestens am Tage nach seiner Ankunft bei der örtlichen Polizeidirektion vorstellig werden, um einen Erlaubnisschein für den Aufenthalt zu bekommen. Die Bremer Verordnung wurde später weiter ergänzt und war ein sehr werbewirksames Mittel, das vielen Auswanderungswilligen Bremerhaven als besonders fürsorglichen Einschiffungshafen erscheinen ließ. Auch wenn diese

---

[97] StAB 2-P.8.B.8.a

Verordnung nur für Bremer Schiffe galt, führte doch der Konkurrenzdruck dazu, dass sich auch Schiffe anderer Nationen dieser Verordnung weitestgehend fügten.

Gleich 1834 erging ein Erweiterungsgesetz. Durch die Strandung des amerikanischen Seglers „Shenandoah" in der Außenweser fragte man sich staatlicherseits, ob sich die Verpflichtungen des Reeders über Fahrgelderstattung hinaus auch auf die einstweilige Versorgung der Reisenden erstreckten. Fortan mussten der Fahrpreis plus 18 Taler für Seenotrettung und Versorgung im Unglücksfall vom Unternehmer versichert werden. Dieser Erlass diente vor allem dem Schutz des Staates vor etwaigen Kosten.

Durch Gewinnmöglichkeiten aus dem Auswanderergeschäft angelockt, ließen sich nach und nach zahlreiche Gewerbetreibende in Bremerhaven nieder. Die Belieferung der vielen tausend wartenden Auswanderer mit Waren des täglichen Bedarfs und ihre Versorgung mit spezieller Reiseausrüstung[98] versprachen ein einträgliches Geschäft. Reedereien und Werften kurbelten das Geschäft kräftig an. Die einkalkulierten Standortnachteile des Bremer Senats erwiesen sich als wenig abschreckend.

Am 19. Juni 1847 lief erstmals ein amerikanischer Raddampfer, die „Washington", in Bremerhaven ein. Dies war nicht nur der Start für die erste regelmäßige Dampfschiffsverbindung zwischen dem neuen Auswandererhafen und New York, sondern bedeutete für Bremerhaven die Aufnahme in den Kreis der internationalen Überseehäfen. Von den Auswanderern wurde diese Verbindung aber aus finanziellen Gründen zunächst kaum genutzt, denn der Preis einer Überfahrt lag deutlich höher als auf einem Segler.

Am 08. April 1840 erging erneut eine Verordnung des Bremer Senats. Sie beschränkte das Ausführen des Passagiergeschäftes nach Übersee zunächst auf Personen, die das „bremische Bürgerrecht mit Handlungsfreiheit"

---

[98] Es gab regelrechte Spezialgeschäfte für Auswandererbedarf wie Essgeschirr, Matratzen usw.

besaßen, und legte ihnen die Bürgschaft von 5000 Talern auf.[99] Wiederum schützte der Senat mit dieser Verordnung vor allem das Bremer Geschäft.

Die Zahl der Auswanderer wuchs und erreichte 1845 erstmals 30 000 Personen. Der Hafen konnte die vielen Segel- und Dampfschiffe nicht mehr fassen, und die Schleuse erwies sich als zu klein für die neuen Raddampfer mit ihren breiten Radkästen. Daher wurde ab 1847 der „Neue Hafen" etwas weiter nördlich mit bedeutenden Erweiterungen gebaut. Er wurde im Sommer 1852 fertig gestellt und besaß mit 22m die breiteste Dockschleuse Europas.[100] Ab 1857 siedelte sich hier der Norddeutsche Lloyd an.

Doch auch dieser Bau erwies sich als nicht ausreichend. Bereits 1858 und dann noch einmal 1862 wurden aufgrund der zunehmenden Größe der Schiffe und der Zunahme des Hafenumschlags Hafenerweiterungen notwendig. In den ersten 30 Jahren hatte Bremerhaven es vom Hafenbecken neben Weideland zum anerkannten Auswandererhafen mit einer zunehmend wachsenden Hafenstadt gebracht.

1872 erreichten die Auswandererzahlen mit 80 418[101] einen neuen Höchststand, so dass der Bremer Senat sich zu einer erneuten Investition drängen ließ: er bewilligte 2 Mio Taler zum Bau eines dritten Hafenbeckens, des Kaiserhafens, der eine Kammerschleuse zur Weser erhielt und 1875 fertig gestellt wurde.

Die größte Baumaßnahme in der Geschichte des Hafens jedoch war die 1890 durch die Bremische Bürgerschaft beschlossene Erweiterung. Anlass war die Abwanderung der Lloyd-Passagierschiffe nach Nordenham, denn Bremerhaven war wieder einmal zu klein geworden. In der Zeit von 1891 bis 1897 wurden ein 300m langer Vorhafen, die 200m lange „Kaiserschleuse", ein 14 ha großes Hafenbecken und ein Dockvorbassin gebaut. Außerdem kam ein Pier an der Landzunge zwischen neuem Vorhafen und der Weser hinzu, wo der Lloyd auch seine neue, größere Halle gebaut hatte, den „Bahnhof am

---

[99] Lindemann, Moritz: Gesetzgebung und Einrichtungen im Interesse des Auswanderungswesens in Bremen. Leipzig 1892, S. 419
[100] Benscheidt, Anja: Brücke nach Übersee, S. 18
[101] Ebd., S. 34

Meer".[102] 1897 verlegte der Norddeutsche Lloyd seinen Passagierbetrieb dann zurück nach Bremerhaven. 1899 kamen noch das Kaiserdock, das der Lloyd vom Senat pachtete, und 1913 ein zweites Trockendock am Kaiserhafen hinzu.

4.2. Transport zum Auswandererhafen

Der Transport nach Bremen erfolgte entweder über Frachtfuhrwerke zu Land oder auf der Weser. Erst 1847 erfolgte die Anbindung Bremens an das entstehende Eisenbahnnetz. Die Weiterbeförderung nach Bremerhaven geschah dann mittels Weserkähnen, sofern die Weser schiffbar war: *„Den 20. März sind wir von Bremen nach Bremer Hafen gefahren, den die Weser war froren, deshalb mußten wir fahren"*, schrieb Wilhelmine Dunker 1855.[103] Die Weserkähne waren kleine, offene Flusskähne mit einem Segel, die eigentlich für den Warenverkehr vorgesehen waren. Diese Fahrt war sehr anstrengend, denn die Kähne waren meist deutlich überfüllt und die Reise konnte drei Tage und länger dauern. Nur bei sehr günstigem Wind und zeitiger Abfahrt war der Weg in einem Tag zu schaffen. Dauerte die Fahrt länger, mussten die Auswanderer entweder zusätzliche Kosten für Übernachtungen an Land tragen oder aber die Nacht über an Bord kampieren, ohne ausreichenden Schutz vor der Witterung. Auch zusätzliche Kosten für Verpflegung fielen an, wenn bei Sturm oder ähnlichen Widrigkeiten Nothäfen angesteuert werden mussten, denn die Weserkähne hatten nur Proviant für einen einzigen Tag an Bord. Dennoch wurde dieser Transportweg bevorzugt, denn er war erheblich billiger als eine Reise auf dem Landweg. Jette Bruns beschreibt die Reise 1836:

> „Samstag Morgen um 3 Uhr waren wir bei Ordemanns, um in einem Kahn nach Bremerhafen zu fahren (…) Der fatale Westwind ließ uns nur eine kurze Strecke zurücklegen; am Abend waren wir nicht weit hinter Vegesack. Wer guten Appetit gehabt hätte, wäre schlimm weg gekommen; und wer sich auf den Kisten ein in etwa erträgliches Lager bereitet hatte, konnte froh sein, dabei war es auf dem Deck so kalt. Gegen Abend stiegen Einige worunter auch wir, in einen Nachen, um in einem einzelnen Hause Obdach zu suchen, und bis 12 Uhr auszuruhen, da Ebbe

---

[102] Armgort, Arno: Bremen-Bremerhaven-New York, S. 61
[103] Kammeier, Heinz-Ulrich: „Halleluja…", Wilhelmine Dunker (1855), S. 23

eingetreten war. (…) 12 Uhr standen wir wieder auf und endlich um halb 2 ruderte unser Wirth mit uns dem Kahn zu. Das war dann wieder eine Nacht! Der Wind hatte sich erhoben, es wurden einige Segel gespannt, und von der Fluth begünstigt, langten wir 8 Uhr Morgens unter starkem Regen hier an."[104]

Mitte der fünfziger Jahre hatte sich der Transport auf Leichtern durchgesetzt, die aneinandergehängt und von Dampfschiffen nach Bremerhaven geschleppt wurden. Diese verkürzten die Fahrt zuverlässig auf einen Tag. Bei Christiane Haun klingt die Fahrt 1853 dann schon recht vergnüglich, allerdings fuhr sie auch bei gutem Wetter und anscheinend ohne Überfüllung des Bootes:

„Montag, den 3. Oktober, brachte uns ein Dampfboot nach Bremerhaven, dem letzten Orte auf dem Festlande. Die Fahrt dauerte ungefähr fünf Stunden und war sehr angenehm, da der Dampfer mit Riesenschnelligkeit das ruhige Wasser der Weser durchschnitt. Das reizende Vegesack und Brake konnten wir deutlich zur Linken liegen sehen, an unzähligen Booten flogen wir vorüber, andere, die mit uns gingen, weit hinter uns lassend, bis wir nachmittags vier Uhr im Hafen einliefen."[105]

Eine Verordnung vom 26. März 1858 ließ dann die Weserkähne als Transportmittel für Auswanderer gänzlich ausscheiden.

1862 wurde schließlich die Eisenbahnlinie eröffnet und die Auswanderer wurden mit Sonderzügen zum Hafen transportiert. Wie Liborius Gerstenberger berichtet, gab es sogar einen eigenen Fahrplan für die Auswanderer. Zuerst fuhren die Zwischendeckspassagiere, sie kamen in der Regel drei Stunden vor der geplanten Abfahrt des Dampfers an. Eine Stunde später fuhren der Sonderzug für die Passagiere der 2. Kajüte und wiederum eine Stunde später der 1. Kajüte-Sonderzug, bestehend aus komfortablen Waggons. Die Bahnfahrt bis zur Lloydhalle in Bremerhaven dauerte etwa eine Stunde. Dort angekommen, ging es entweder direkt vom Zug auf das Schiff, wenn der Dampfer an der Pier lag, oder große Tender, wie im Fall Gerstenbergers

---

[104] Schütter, Silke (Hrsg.): Ein Auswanderinnenschicksal in Briefen und Dokumenten. Quellen und Forschungen zur Geschichte des Kreises Warendorf, Bd. 21., Warendorf 1989

[105] Pohl-Weber, Dr. Rosemarie (Hrsg.): Mit dem Paketsegler 1853 nach Texas. Reisebericht der Christiane Haun, Bremen 1980, S. 6

die „Glückauf", die mehr als tausend Personen auf einmal transportieren konnten, beförderten die Passagiere und ihr Gepäck zum Überseedampfer.[106]

4.3. Unterbringung

Ein großes Problem erwuchs dem jungen Auswandererhafen mit der Unterbringung der zunehmenden Zahl der Auswanderungswilligen. Da die Schiffe nach Übersee zunächst nur unregelmäßig verkehrten, entstanden lange Wartezeiten bis zur Einschiffung nach Amerika, oft über mehrere Wochen. Insbesondere Reisende nach Mittel- und Südamerika mussten lange warten, da in diese Regionen deutlich weniger Schiffe nur unregelmäßig verkehrten. Auch die unsichere Anreise mit den Weserkähnen trug zur Verzögerung bei. Dadurch sammelten sich oft mehrere hundert Auswanderer in Bremerhaven, für deren Unterbringung es keine geeigneten Räumlichkeiten gab, während die Stadt selbst nur etwa 200 Einwohner zählte. Die Reisenden mussten dann in behelfsmäßigen Unterkünften, in Ställen, Scheunen u. ä. untergebracht werden.

Ende 1840 nahm sich der Bremerhavener Kaufmann und Spediteur Johann Georg Claussen dieses Problems an. Er gründete eine Aktiengesellschaft und erwarb ein Areal von ca. 2900 Quadratmetern.[107] Dort errichtete er mit einem Kostenaufwand von 70 000 bis 80 000 Talern eine mehrstöckige Herberge, das sogenannte Auswandererhaus. Hier bot er bis zu 2000 Menschen Möglichkeiten zur Übernachtung, Verpflegung und sogar Krankenversorgung zu günstigen Preisen[108] und unter guten hygienischen Bedingungen. Der Bremer Senat gewährte ihm eine preiswerte Überlassung des Baugrundes, übernahm dafür aber auch die Oberaufsicht über den lukrativen Betrieb.

Die Herberge besaß neun Schlafsäle, mit Schlafmöglichkeiten für 1500-2000 Personen, allerdings mit ähnlich beengten Verhältnissen wie auf den Zwischendecks der Auswandererschiffe. Die Räume waren 60 Fuß lang

---

[106] Gerstenberger, Liborius: Vom Steinberg, S. 5/6
[107] Benscheidt, Anja: Brücke nach Übersee, S. 15
[108] Für Beherbergung und Verpflegung waren nur 66 Pfennig zu zahlen

(17,4m), 40 Fuß breit (11,6m) und 12 Fuß hoch (3,48m).[109] Auch Matrosen und Hafenarbeiter fanden hier Unterkunft. Die Großküche der Herberge hatte die Möglichkeit, bis zu 3500 Menschen zu verpflegen, also auch Auswanderer, die in der Herberge keine Bleibe fanden. Ihr angeschlossen waren eine Reihe von Vorratsräumen. Das dazugehörige kleine Hospital ermöglichte mit einer Kapazität von 35 Betten eine vernünftige Krankenversorgung. Sogar eine kleine Kapelle, in der abwechselnd katholische und evangelische Gottesdienste abgehalten wurden, gehörte zur Herberge.

Im April 1850 bezogen die ersten Auswanderer ihre Unterkünfte. Durch das Auswandererhaus stieg Bremerhaven endgültig zum beliebtesten Auswandererhafen für Deutsche auf. Von den 473 271 eingeschifften Auswanderern im Zeitraum zwischen 1850 und 1862 stiegen 283 415 im Auswandererhaus ab.[110]

Die Eröffnung der Eisenbahnlinie zum schnelleren Transport der Auswanderer in die Häfen und rückläufige wirtschaftliche Gewinne riefen einen folgenschweren Erlass der Bremer Stadtväter hervor: Künftig sollten die Auswanderer bis zu ihrer Einschiffung in Bremen bleiben und nicht wie bisher in Bremerhaven. Das hatte 1865 die Schließung des Auswandererhauses zur Folge. Das Herbergswesen in Bremen wurde durch Verträge des Nachweisungsbureaus mit den Auswandererwirten geregelt. Preise und Leistungen wurden ausgehandelt und schriftlich festgelegt. So kostete laut Gelberg[111] ein gutes Bett und vollständige Verpflegung in der 1. Klasse 15 Silbergroschen (1856 auf 17,5 erhöht), während in der 2. Klasse ein Strohlager, ein warmes Mittagessen und morgens Kaffee oder Tee 10 Silbergroschen (1856 auf 12,5 erhöht) kosten sollten. Bestanden seitens der Auswanderer keine konkreten Herbergswünsche, verteilte das Nachweisungsbureau turnusmäßig die Auswanderer auf die verschiedenen Herbergen. Die Wirte garantierten ihrerseits Schutz vor den sogenannten „Litzern". Hielt sich ein Herbergsvater nicht an die getroffenen Vereinbarungen, wurde er vom Ver-

---

[109] Lindemann, Moritz: Gesetzgebung und Einrichtungen, S. 421
[110] Benscheidt, Anja: Brücke nach Übersee, S. 16
[111] Gelberg, Birgit: Auswanderung nach Übersee, S. 30

trag ausgeschlossen und bekam fortan keine Auswanderer mehr zugeteilt. Dennoch spotteten die Unterkünfte manchmal jeder Beschreibung. Der Norddeutsche Lloyd ging in den sechziger Jahren dazu über, seinen Kunden bei Vertragsabschluss Gasthöfe zu empfehlen.

Reichte die Anzahl der Unterkünfte bei größeren Auswandererzahlen nicht aus, behalf man sich mit Notunterkünften. Immer wieder mussten Auswanderer in Schuppen, Tanzsälen oder einem leeren Bahnhof Unterkunft nehmen. Diese Unterkünfte glichen modernen Kuhställen, in denen die Menschen dicht an dicht gedrängt auf dem Boden schliefen. Diese Masseneinquartierung ohne Waschgelegenheiten und ohne ein Minimum an sanitären Einrichtungen waren ideale Krankheitsherde. Läuse, Flöhe und anderes Ungeziefer verbreiteten sich in rasanter Schnelligkeit. Große Ängste bestanden vor dem Ausbruch von Epidemien, wie z.B. der Cholera, bei der jeglicher Eindämmungsversuch ohne Erfolg bleiben musste. Außerdem bestand die Gefahr, das nicht entdeckte Keime und Ungeziefer mit an Bord der Schiffe geschleppt wurden und dort verheerende Ausmaße annehmen konnten. Das Bremer Medizinalamt drang daher auf den Bau geeigneter Auswandererunterkünfte außerhalb der Stadt, in denen zumindest grundlegende sanitäre Einrichtungen in ausreichender Menge zur Verfügung stehen sollten. Doch erst 1907 sollte dieses Ersuchen mit dem Bau von Auswandererhallen Erfolg haben. Diese Auswandererhallen, die nach dem Hauptagenten des Lloyd benannten „Missler"-Hallen, wurden im Stadtteil Findorff errichtet und boten Quartiere für mehr als 2700 Menschen. Hier sollten die nichtdeutschen Auswanderer für 1,70 Mark pro Kopf unterkommen. Das ebenfalls von Missler betriebene „Hotel Stadt Warschau" wurde fortan ausschließlich für jüdische Auswanderer genutzt. Hier bekamen sie für 1,50 Mark pro Kopf Unterkunft und koschere Küche.[112] Die normalen Auswanderergaststätten mit erheblich mehr Komfort hingegen blieben den deutschen Auswanderern vorbehalten, die dafür bis zu 3 Mark zu zahlen hatten.

---

[112] Armgort, Arno: Bremen-Bremerhaven-New York, S. 57

In Bremerhaven unterdessen waren mit dem drastischen Wiederanstieg der Auswandererzahlen nach dem Ende des Amerikanischen Bürgerkrieges die logistischen Kapazitäten der nun unter freiem Himmel abgefertigten Auswanderer schnell an ihren Grenzen angelangt. Die Menschenmassen mussten oft stundenlang im Freien warten, es gab weder Unterstände noch sanitäre Einrichtungen. Daher beschloss 1869 der Norddeutsche Lloyd den Bau einer Wartehalle am Neuen Hafen. Dieses einfache Backsteingebäude, architektonisch einem Hafenschuppen sehr ähnlich, bot den Wartenden zumindest ein Dach über den Kopf. Eine zweite Wartehalle folgte 1897. Die Wartehallen, in denen auch die Abfertigung erfolgte, waren in Passagierklassen unterteilt. Vorteil war zunächst die unmittelbare Nähe der wartenden Schiffe, doch später, als die Schiffe mit zunehmender Größe an einer provisorischen Stromkaje anlegen mussten, bedeutete dies einen erheblichen Fußmarsch von der Wartehalle hin zum Schiff.

4.4. Auswandererbetreuung

Zur Betreuung der Auswanderer von ihrer Ankunft in Bremen bis zu ihrer Abfahrt wurde 1851 das bereits erwähnte staatlich konzessionierte Auswanderungsbureau eingerichtet. Es kümmerte sich um den Schutz der Auswanderer vor Übervorteilung und Betrug hinsichtlich der Unterkunft, der Beköstigung, der Ausstattung mit Reisebedarf, des Geldumtausches u. ä. Ziel dieser Institution war neben dem humanitären Schutz die wirtschaftliche Funktion, denn das Bureau sollte Bremens Attraktivität steigern und helfen, sich gegen die Konkurrenz anderer Häfen zu behaupten.

Der Schutz der Auswanderer war nötig, da viele aus dem dörflichen Bereich kamen und noch nie zuvor aus dem heimatlichen Umfeld gereist waren. Dementsprechend unsicher waren sie in der Großstadt, und ihre Hilflosigkeit wurde nur zu gerne von sogenannten „Litzern", d.h. Scharlatanen und Betrügern, die auf Provisionsbasis für lokale Geschäftsleute arbeiteten, ausgenutzt. Diese versuchten den Reisenden überteuerte Übernachtungen, nutzlose Utensilien u. ä. aufzuschwatzen, um möglichst viel Geld an ihrem Aufenthalt zu verdienen.

Finanziert wurde das Nachweisungsbureau durch Zahlungen der Reeder und Expedienten, deren Höhe sich nach der Anzahl der von ihnen beförderten Passagiere richtete, nämlich 3 Groten pro Kopf, so dass jährlich 1000 bis 2500 Taler zur Verfügung standen.

In den Kontoren des Bureaus wurden den Auswanderern die Adressen sämtlicher Bremer Schiffsmakler und Schiffsexpedienten ausgehändigt, sowie eine Liste der Bremer Durchschnittspreise für Artikel wie Matratzen, Decken, Blechgeschirre usw. Außerdem bekamen sie Verhaltensmaßregeln für den Aufenthalt in Bremen, in Bremerhaven, auf dem Schiff und für die Ankunft am überseeischen Bestimmungsort erteilt. Ferner wurden Gastwirtschaften nachgewiesen und die vereinbarten Taxpreise für Kost und Wohnung sowie für die Beförderung des Gepäcks der Auswanderer mitgeteilt.[113] Im Übrigen konnten auch Beschwerden seitens der Auswanderer hier zu Gehör gebracht werden. Die Beamten dieser Einrichtung wurden mit einigen polizeilichen Befugnissen ausgestattet, wie z.b. der eigenständigen Verhaftung von Ruhestörern. Des Weiteren hatten sie die vertraglich gebundenen Gastwirte regelmäßig zu kontrollieren. Wichtige Informationen und Berichte über Übelstände machten sie der Öffentlichkeit durch den Druck von Jahresberichten bekannt.

Neben dem Auswandererbureau kümmerten sich zunehmend auch private und kirchliche Institutionen um die Auswanderer in Bremerhaven. In der ersten Hälfte des 19. Jahrhunderts beschränkte sich die kirchliche Auswandererfürsorge auf Abschiedsgottesdienste im Einschiffungshafen und die Entsendung von Geistlichen in die neue Welt. Diese sollten dort die christliche Betreuung der Ausgewanderten sicherstellen und einem möglichen Abfall von der Kirche durch fremde Glaubenseinflüsse vorbeugen.

Doch schließlich sahen auch die Kirchen die Notwendigkeit, praktische Bereiche mit ihrer Arbeit abzudecken. Neben die Seelsorge trat nun die Hilfe in weltlichen Fragen. Die Auswanderer wurden mit Verbindungsadressen in der neuen Welt versorgt, Auskünfte über Reise, behördliche Anlaufstellen u.

---

[113] Lindemann, Moritz: Gesetzgebung und Einrichtungen, S. 418/419

ä. wurden nun erteilt und sogar die Erledigung des Geldverkehrs wurde besorgt. Eine finanzielle Unterstützung wurde, mit Ausnahme von der jüdischen Betreuung, nicht gewährt.

Bereits 1839 begann der Evangelische Verein für deutsche Protestanten in Nordamerika seine Arbeit in Bremen, 1881 wurde die evangelische Auswanderermission gegründet. Zum Schutz katholischer Auswanderer wurde 1871 der St-Raphaels-Vereins gegründet[114], benannt nach dem Erzengel Raphael, der als Beschützer der Reisenden gilt. Seine Mitglieder waren besonders aktiv in ihrem Bemühen um die Auswanderer. Sie besichtigten sogar die Auswandererunterkünfte und Schiffe und prangerten vorgefundene Mängel vehement an. Sie setzten sich auch nachdrücklich für eine Trennung der Geschlechter auf der Überfahrt ein.

Der jüdische Einsatz für die Auswanderer begann unmittelbar mit dem Einsetzen der jüdischen Massenauswanderung 1881, betraf aber in erster Linie die von den Progromen 1881 und den Maigesetzen 1882 verfolgten russischen Juden.[115] Allgemeine Arbeit leistete das Bremer Komitee für hilfsbedürftige durchreisende Juden. Die jüdische Auswandererbetreuung organisierte Reisezuschüsse, Kleidung, Unterkunft und kostenlose ärztliche Betreuung für ihre Angehörigen.

Seit 1850 gab es auch eine Auswandererbetreuung für Methodisten, und selbst die Bahnhofsmission beteiligte sich schließlich an der Betreuung der Auswanderer, allerdings überwiegend an der allein reisender Kinder und Frauen.

Die privaten Hilfsgesellschaften verteilten Merkzettel mit Informationen über Reiserouten, Preise, Klima, Wirtschaft u. ä. in den angestrebten Regionen. Sie halfen den Auswanderern im Falle von Betrug und sorgten für eine weite Verbreitung derartiger Fälle über die Presse.[116]

In den Bereich privater Bemühungen fallen außerdem Geldsammlungen für auf der See oder der Weser verunglückte Auswanderer, wie z.B. die

---

[114] Führer des deutschen Schiffahrtmuseums Nr. 4: Auswanderung Bremen-USA, S. 13
[115] Gelberg, Birgit: Auswanderung nach Übersee, S. 37
[116] Bretting, Agnes: Von der Alten in die Neue Welt, S. 117

in diversen Zeitungen erschienenen Spendenaufrufe für die Überlebenden der „Johanne", die am 06. November 1854 vor Spiekeroog strandete.

5. Überfahrt in die neue Welt

5.1. Kosten und Organisation der Reise

Die Reisekosten für den Auswanderer hingen von verschiedenen Variablen ab: Anreise zum Hafen, Wahl der Transportmittel, Menge des Gepäcks, Alter der auswandernden Person, Zielort der Auswanderung, Reiseweg, Reiseklasse u. ä. In jedem Fall waren sie aber nicht gering, denn während der Reise wurde kein Geld verdient, entstehende Kosten mussten aber bezahlt werden.

Bis zur Mitte des Jahrhunderts unterlagen die reinen Überfahrtspreise je nach Andrang der Auswanderer und zur Verfügung stehender Plätze im Zwischendeck der Segelschiffe großen Schwankungen, obwohl die Bremer Reeder bereits 1832 Absprachen über die Höhe getroffen hatten.[117] Armgort gibt z.b. folgende Werte für die Reise von Bremerhaven nach New York an: 1839: 30-40 Taler, 1840: 27-35 Taler, 1841: 21-28 Taler, 1842: 21-25 Taler und 1843: 20-23 Taler je Erwachsenem, Kinder unter 15 Jahren mussten die Hälfte zahlen, Säuglinge bis zu einem Jahr fuhren umsonst.[118] Kapitäne mit Schiffen anderer Nation passten sich den Gegebenheiten in Bremen in Bezug auf die Fahrpreise weitestgehend an.

Auch innerhalb des Jahres schwankten die Preise erheblich, besonders teuer waren in der Regel die bevorzugten und entsprechend vollen Reisemonate April bis Juni, von denen man sich ein angenehmes Reisewetter und wenig Stürme versprach. Engelsing[119] gibt für das Jahr 1846 folgende Preise an: Februar: 27 Taler, März: 25 Taler, April: 28-31 Taler, Mai: 36-40 Taler, Juni: 30-35 Taler, Juli: 28-30 Taler, August bis Oktober: 27 Taler. Ein Passagepreis von 30 Talern entsprach laut M. Günther[120] in etwa dem Jahresgehalt eines ganzjährig beschäftigten Knechtes oder aber drei Jahresgehältern eines Dienstmädchens.

---

[117] Engelsing, Rolf: Bremen als Auswandererhafen, S. 117
[118] Armgort, Arno: Bremen-Bremerhaven-New York, S. 37
[119] Engelsing, Rolf: Bremen als Auswandererhafen, S. 117
[120] Günther, Markus: Auf dem Weg, S. 32

In den 50er Jahren des 19. Jahrhunderts zogen die Preise bis auf über 50 Taler an. Johann Bauer berichtet 1854:

„Als wir in Bremen abreisten war der Andrang von Auswanderer so groß daß der Preis des Ueberfahrtgeldes auf 106-108 f für den schlechten Platz & f 120 für den Besseren stieg, allein da ich schon aküordiert hatte so kam ich für f 96 fort."[121]

Erst durch die aufkommende Dampfer-Konkurrenz sanken die Preise wieder. Während des Amerikanischen Bürgerkrieges fielen sie sogar wieder bis auf 25 Taler. Nach Beendigung des Krieges pendelten die Preise im Zwischendeck dann zwischen 23 und 30 Talern.

Die Überfahrtspreise von Bremerhaven nach New York im Zwischendeck eines Dampfschiffes waren zunächst für die meisten Auswanderer viel zu hoch. Während man im Jahr 1854 für einen Platz auf einem Segler zwischen 30 und 40 Talern (60-80 rheinische Gulden) einplanen musste, so zahlte man für die gleiche Klasse auf einem Dampfschiff noch fast das Doppelte.[122]

Doch die Dampfschifffahrt entwickelte sich, und auch die Fahrpreise fielen. 1859 kostete laut einer Zeitungsanzeige des Lloyd dieselbe Reise Bremen-New York nur noch 55 Taler.[123]

Um die Jahrhundertwende hingegen waren die Preise angestiegen auf 130-180 Taler. Insgesamt wurde die Reise aber nicht teurer, denn während um die Jahrhundertmitte 60 Tage und mehr Verdienstausfall einzuplanen waren, hatte sich die Reisedauer zuverlässig auf 7-10 Tage verkürzt. Das heißt, die Zeit, in der der Auswanderer von seinen Ersparnissen leben musste, war deutlich kürzer. Auch wurde weniger Aufwand für Proviant nötig. 1914 kostete dieselbe Passage im Zwischendeck dann etwa 132 Mark.

Ganz anders hingegen entwickelten sich die Preise für die Kajütspassagiere. Bis zur Jahrhundertmitte lagen sie relativ stabil bei 75-85 Talern. Danach begannen sie unaufhörlich zu steigen. Zunehmender Prunk und Luxus ließen die Schere zwischen Arm und Reich auch in den

---

[121] Forschungsbibliothek Gotha: Bauer-Reinhardt / Johann Bauer (1854)

[122] Steinhardt, Friedrich (Hrsg.): Windstärke 8. Das Auswandererschiff. Wemding 2005, S. 41

[123] Stölting, Dr. Wilhelm: Bremerhaven und die USA, S. 46

Passagepreisen immer mehr auseinanderklaffen. Nach einer Zeitungsanzeige des Lloyd[124] kostete die Reise Bremen-New York 1859 bereits 140 Taler in der 1. Kajüte, 85 Taler in der 2. Kajüte. Dennoch findet Liborius Gerstenberger 1904 die Preise zu niedrig:

> „Der Überfahrtspreis für die mehr als 10tägige Reise samt Verköstigung betrug damals 140 Mark. Das ist an und für sich, mit den Eisenbahnfahrtspreisen verglichen, nicht teuer; aber mit den Preisen für die Kajütfahrer verglichen, scheint er doch zu hoch. Wenn man bedenkt, was die Leute der 2. Kajüte an Essen bekommen, und daß wohl der 2-3fache Raum, den ein Zwischendeckspassagier hat, auf sie trifft, so sind die 260 Mark für die 2. Kajüte, oder gar die 400 Mark für die Passagiere 1. Kajüte zu billig. Es geht eben auch hier, wie bei der Eisenbahn: die 2. und 1. Klasse rentiert sich nicht in gleicher Weise, wie die 3. Klasse. Die ‚misera contribuens plebs‘, ‚das arme zahlende Volk‘ muß auch hier, wie überall, zwar nicht durch die Höhe, wohl aber durch seine Menge zur Erhaltung des ganzen am meisten beitragen!"[125]

Zunehmend verlangten die Reeder aber höhere Preise für den gebotenen Luxus. 1914 kostete die beste Kajüte des Lloyd bereits 6800 Mark, via 132 Mark im Zwischendeck.

Die Preise für eine Reise nach Baltimore und meistens auch nach Philadelphia waren identisch mit denen nach New York. Ging die Reise weiter nach Süden, stiegen die Passagepreise. Nach Charleston musste man etwa 3 Taler mehr für einen Platz im Zwischendeck einplanen. Kapitän Wieting berichtete 1854 über folgende Preise: Bremen-New York 40/45/80[126], Charleston 43/48/80.[127]

Galveston und New Orleans beinhalteten dann die nächste Preisklasse, in der Regel 5-10 Taler mehr als nach New York. Engelsing gibt an, die Fahrt nach New York habe 1846 28-31 Taler gekostet, während sie nach Galveston

---

[124] Ebd., S. 46
[125] Gerstenberger, Liborius: Vom Steinberg zum Felsengebirg, S. 39/40
[126] Angabe Zwischendeck/Steerage/Kajüte; Steerage oder Abkleidung bezeichnen Bretterverschläge, die zur Erzielung höherer Passagegelder als abgetrennte Bereiche im Zwischendeck eingebaut wurden.
[127] Bullerdiek, Jörn / Daniel Tilgner: „Was ferner vorkömmt werde ich prompt berichten". Der Auswanderer-Kapitän Heinrich Wieting. Briefe 1847-1856. Bremen 2008, S. 190

und New Orleans etwa 40 Taler gekostet habe. Louisa Hansen hatte 1880 auf dem Dampfer „Nürnberg" für die Reise Bremerhaven-Galveston im Zwischendeck 65 Dollar zu zahlen.[128]

Unterdessen kostete die Reise in der 1. Kajüte zu all diesen Häfen zwischen 75 und 85 Talern. So musste Justina Tubbe 1855 z.b. auf dem Segler Tuisco für die Reise Bremerhaven-New Orleans 60 Taler in der 2. Kajüte bezahlen, während die 1. 75 Taler und das Zwischendeck 40 Taler kosteten.[129]

Ging die Reise noch weiter südlich, stiegen auch die Kosten weiter. Nach Peru kam man im Zwischendeck 1849 für 65 Taler.[130] Eine Reise nach Colon, Savanilla, Curacao, Puerto Cabello und La Guayra kostete laut einer Annonce in der Deutschen Auswandererzeitung 1874 in der 1. Kajüte 300 Taler und 200 in der 2 Kajüte. Bremen-Rio im Zwischendeck kostete bereits um 1825 für Erwachsene 120 rheinische Gulden, für Kinder von 6-10 Jahren 60 Gulden, Kleinkinder unter 6 Jahren waren frei.[131]

Über die Kosten einer Reise nach Kanada finden sich in den vorliegenden Dokumenten keine Angaben.

Am günstigsten war für alle Routen die indirekte Reise über England. Diese wurde allerdings von Bremen aus nur selten genutzt, vermutlich wegen der allgemein schlechten Bedingungen auf den englischen Schiffen, wie sie z. B. bei K. W. Metz angedeutet werden: *„Wir waren die einzigen Deutschen auf dem Schiffe und möchte ich jedem rathen welcher diese Tour macht vorher etwas englisch zu lernen, sonst muß man Haare lassen!"*[132] oder auch bei Friedrich Müller: *„Die Lokalitäten dieser Londoner Schiffe sind für die Passagiere sehr schlecht eingerichtet ...."*[133]

---

[128] Hansen-Rollfing, Louisa Christina: Lebenserinnerungen einer Auswanderin. Holstein 1982, S. 44

[129] Laudi, Gisela: Justina Tubbe. Der weite Weg einer Brandenburgerin vom Oderbruch nach Texas. Bad Münstereifel 2000, S. 158

[130] Engelsing, Rolf: Bremen als Auswandererhafen, S. 114

[131] Wätjen, Hermann: Die deutsche Auswanderung nach Brasilien in den Jahren 1820-1870. 1923. S. 600

[132] Forschungsbibliothek Gotha: Metz / K. W. Metz (1862)

[133] Ebd., Krützfeld / Friedrich Müller (1853)

Im Verhältnis zu anderen Häfen war Bremen relativ günstig, denn bei den Passagekosten war der Proviant von Anfang an bereits inbegriffen. Auf der Strecke Le Havre-New York hingegen bezahlte 1843 ein Erwachsener 46 Gulden, ein Kind von 7-10 Jahren 46 Gulden, ein Kleinkind von 1-6 Jahren 42 Gulden, Säuglinge unter 1 Jahr 35 Gulden ohne Verpflegung.[134] Laut Weser Zeitung[135] vom 3. Februar 1844 waren es auf der Strecke Antwerpen-New York sogar 73 Taler ohne Verpflegung, während man auf der Strecke Bremen-New York nur 50 Taler inkl. Verpflegung zu zahlen hatte.

Im ersten Drittel des 19. Jahrhunderts war es üblich, den Passagevertrag erst am Abfahrtsort abzuschließen. Das bedeutete, dass die Auswanderer weder wussten, auf welchem Schiff sie reisen würden, noch an welchem Tag die Abfahrt erfolgen würde. Daher ergaben sich in der Hafenstadt lange Wartezeiten, die oftmals dazu führten, dass den Auswanderern verfrüht das Geld ausging und sie sich am Ende die Fahrkarte nicht mehr leisten konnten. Mit zunehmendem Auswandererstrom organisierten die Reeder das Annahmegeschäft und schickten Agenten in die Dörfer und Städte, um gegen Provision Schiffskontrakte zu vermitteln und Reisen zu organisieren.

Ihre Arbeit bestand in Auskunft und Beratung, der Entgegennahme von Meldungen und dem Einziehen des Handgeldes, eines Vorschusses. Für gewöhnlich waren sie lediglich Hilfspersonen und durften nicht auf eigene Verantwortung Verpflichtungen eingehen.[136] In der Regel waren mehrere Makler und Agenten an der Belegung eines Schiffes beteiligt. Sie arbeiteten auf Provision: Bei einem Fahrpreis von 25-30 Talern erhielten die Expedienten etwa 5 Taler, die Agenten 3-4 Taler.[137]

Es gab verschiedene Möglichkeiten, die Überfahrt nach Amerika zu finanzieren. Bei Einzelwanderung bezahlten häufig die Angehörigen in der alten Heimat den Reisepreis oder zumindest Teile davon. Oftmals wurde die-

---

[134] Maltitz, R. v.: Hand und Reisebuch für Auswanderer nach den Vereinigten Staaten von Nord-Amerika. Bremen 1843, ohne Seitenangaben

[135] 2-P.8.B.8.b

[136] Engelsing, Rolf: Bremen als Auswandererhafen, S. 45

[137] Armgort, Arno: Bremen-Bremerhaven-New York, S. 31

ses Geld dann auf die Abfindungssumme z. B. des elterlichen Hofs angerechnet. Manchmal bezahlten aber auch bereits in Amerika ansässige Freunde oder Verwandte den Überfahrtspreis:

> „... das beste ist Lieber Bruder da es nun dein u deiner Frau Wunsch ist zu uns zu komen da es aber durch deine eigene Mittel nicht seyn kann sondern du eine Unterstützung von nothwendig hast so sind wir gesonnen Euch solche bis nächstes Frühjahr zu komen zu lassen und zwar nehmlich auf solche Weise wir lösen vor Euch schiffscheine daß ihr von Bremen bis Newyork und Detroit ohne einen Kreuzer Geld komen könnt Sondern bloß die Reißekosten von Blaubeuren bis Bremen zu bestreiten Hast und ich denke so viel wird dir auch noch bleiben"[138]

Wurde das Geld nur vorgestreckt, verpflichtete sich der Auswanderer häufig dazu, die Summe bei dem Verleiher abzuarbeiten. Dieses Vorgehen ähnelte dem früher bei sehr armen Auswanderern üblichen Redemptioneer-System[139], allerdings verpflichtete sich der Auswanderer nun einem ihm bekannten Menschen unter festen Absprachen und musste sich nicht in ein Sklavenverhältnis mit oft lebenslanger Abhängigkeit begeben.

Hatte die ganze Familie vor auszuwandern, wurde der gesamte Besitz verkauft. Dies geschah häufig in einer öffentlichen Auktion.

5.2. Abschied und Reisebeginn

Die untersuchten Briefe zeigen, dass alle Auswanderer im letzten Moment mit etwas völlig unkalkulierbarem konfrontiert wurden – dem Abschied, den jeder anders erfuhr und allein mit sich ausmachen musste. Oft war es das Sich-Bewusst-Werden, dass nun eine radikale Trennung und Abkehr vom Land der Herkunft bevorstand, ohne Aussicht auf Rückkehr.

Stoßseufzer und überwältigte Gefühle geben hiervon Ausdruck:

> „Ich weinte still vor mich hin und fror sehr, wickelte mich in mein wollenes Umschlagtuch noch fester und nahm meine braunglänzende Kastanie [Andenken an die Heimat, Anmerkung T.F.] aus der Tasche und drückte sie sehr sehr fest. Ich

---

138 Forschungsbibliothek Gotha: Schwarz / Johann Schwarz (1854)

139 Bei diesem System, das aber bereits Anfang des 19. Jhds. ausgelaufen war, gingen mittellose Auswanderer mehrjährige Arbeitsverträge in der Neuen Welt ein und verkauften sich wie Sklaven, um ihre Passage vor Ort zahlen zu können.

hatte Angst... und sah gar nichts. Denn mein Herz zog sich plötzlich furchtbar zusammen und ich heulte auf: ‚August! Ludwig! Nein! Es geht nicht... bitte, noch ist Zeit... lasst uns zurück... ich halte es nicht aus. Mein Herz... Oh mein Herz... Oderberg!'"[140]

Beim Gang aufs Schiff und dem damit verbundenen Abschied vom Heimatland machte sich manchmal ein letztes Zögern breit. Besonders in der ersten Jahrhunderthälfte hieß dieser Abschied nicht „Auf Wiedersehen", sondern mit größter Wahrscheinlichkeit „Lebe wohl", denn eine Rückkehr war sehr unwahrscheinlich. In der Segelschiffzeit bis etwa zur Mitte des Jahrhunderts war eine Überfahrt derart strapaziös und gefährlich, dass nur die wenigsten sie ein zweites Mal wagen wollten. Außerdem waren die Kosten für die Überfahrt sehr hoch. Ein Gefühl von Trauer, Einsamkeit und Verlassenheit beschlich viele Auswanderer:

> „Seit ich Euch verlassen ist die Heimath fern! Was kümmert mich die fremde Erde, was fesselt mich Bremen?!- Nur Westphalen entlockte mir Thränen, die nie mehr trocknen. Ich habe nun kein Vaterland mehr, die weite Welt steht mir offen."[141]

> „Den 6. Oktober schafften wir den Vormittag unser letztes Gepäck an Bord; (...) begaben wir uns (...) aufs Schiff. Wie wehe mir bei dem allen zumute war, mag ich Euch nicht schildern! Nur das sage ich, daß mich in dem Augenblicke eine unendliche Kleinmut überfiel, die fröhliche Menschenmenge, welche der Ausfahrt unseres Schiffes zusah, ärgerte mich ordentlich, und ich fühlte mich unendlich verlassen."[142]

Oft wurde der Abschied auch mit der Sterbestunde assoziiert. Die Hoffnung auf ein Wiedersehen nach dem Tod konnte manchmal über den gespürten Verlust hinweg trösten. Auch Mathias Bläser gibt der Hoffnung auf ein Wiedersehen im Jenseits Ausdruck:

> „Liebe Agnes, ich wollte, ich könnte Dich einmal sehen, dann könnten wir uns persönlich aussprechen, wie es uns von Herzen kommt. Ueberhaupt, ich wollte, ich könnte alle meine Verwandte noch einmal sehen. Ich habe immer gehofft, ich würde meinen Taufpaten noch einmal sehen, aber jetzt ist der auch schon in die Ewig-

---

[140] Laudi, Gisela: Justina Tubbe, S. 161
[141] Schütter, Silke: Ein Auswanderinnenschicksal, Jette Bruns (1836), S. 73
[142] Pohl-Weber, Dr. Rosemarie (Hrsg.): Mit dem Paketsegler, S. 7

keit gegangen. So geht einer nach dem andern, bis die Reihe auch an uns kommt, dann werden wir hoffentlich in einer schönen Heimat (uns) wieder sehen."[143]

In der zweiten Jahrhunderthälfte, mit zunehmender Sicherheit und Schnelligkeit der Schiffe, gab es dann schon häufiger Hoffnungen oder gar Pläne auf ein Wiedersehen. Die Dampfschifffahrt bewirkte, dass die Reisedauer sich verkürzte, die Fahrzeit planbar und die Kosten geringer wurden. Dadurch entschlossen sich Auswanderer nun eher zu einem Besuch in der alten Heimat: *„Martha wird der Verlust (Tod des Vaters) besonders schwer werden. Ich freue mich, dass sie letzten Sommer (zu Hause) war: sie hat ihn doch wenigstens noch mal gesehen."*[144]

5.3. Reisen als Zwischendecks- und als Kajütspassagier

Bis zur Mitte des 19. Jahrhunderts reisten etwa 90 % der Auswanderer im Zwischendeck eines Segelschiffes. Diese waren fast ausschließlich Frachtschiffe, die für die Personenbeförderung nur provisorisch umgerüstet wurden. Das Zwischendeck entstand durch Einbau zwischen Oberdeck und Laderaum. Die gesamte Einrichtung beschränkte sich auf einfache Holzverschläge, die kritische Zeitgenossen spöttisch mit Apfelborten und Schweinekoben verglichen. Justine Bachmann etwa schreibt, die Schlafstellen sähen *„gerade so aus, wie bei uns in Pferdeställen die Betten"*[145].

Für den Reeder war es wichtig, dass durch den Einbau möglichst wenig Kosten entstanden, denn nach erfolgter Überfahrt wurden die Kojen häufig sofort wieder herausgerissen, um Platz für neue Fracht zu schaffen. *„Das Zwischendeck lasse ich jetzt von meinem Zimmermann fertig machen und wird's nur wenig Kosten"*[146], berichtet Wieting 1848 an seine Vorgesetzten. Die Holzverschläge wurden in zwei Abteilungen übereinander entlang der Bordwän-

---

[143] Kammeier, Heinz-Ulrich: „Ach, wie schön…", Mathias Bläser (1913), S. 28
[144] Ebd., Rudolph Vogeler (1902), S. 34
[145] Forschungsbibliothek Gotha: Piehler / Justine Bachmann (1853)
[146] Bullerdiek, Jörn: „Was ferner vorkömmt…", (1848), S. 68

de angebracht und mussten zugleich als Wohn- wie als Schlafstätte dienen. Zeitweise wurde sogar eine dritte Reihe mittschiffs aufgeschlagen[147]:

> „Die Kojen-Einrichtung längst der Seiten sind fertig und habe 18 Längen, also Platz für 144 erwachsene Personen, sollten wir übrigens über diese Zahl hinauskommen, dann lassen sich in der Mitte des Zwischendecks noch Kojen genug zusammen schlagen…"[148]

Je nach Bauart des Schiffes wurden im Zwischendeck etwa 100-250 Menschen zusammengedrängt nach Amerika befördert.

Die nordamerikanischen Gesetze vom 02. März 1819 schrieben vor, dass ein Segelschiff nur 2 Menschen auf 5t transportieren durfte. Bei Überbelegungen musste eine Geldstrafe von 150 Dollar pro überzähligen entdeckten Passagier bezahlt werden. Überschritt die Zahl der Überzähligen 20, wurde das Schiff konfisziert. Nach dieser Vorschrift durfte ein durchschnittlicher Bremer Segler offiziell nur etwa 100 bis 130 Menschen transportieren.[149]

Doch die Kapitäne und Reeder hielten sich häufig nicht an diese Regelung oder aber sie beengten den Raum der Fahrgäste umso mehr mit zusätzlicher Ware, damit möglichst hoher Gewinn eingefahren werden konnte. Da die Verordnung keine Aussagen machte über den Platz, der einem Passagier zur Verfügung stehen sollte, konnte der zusätzlichen Beengung durch Ware zunächst kein Einhalt geboten werden. Daher wurde 1847 beschlossen, die Passagierzahl an die Größe des Zwischendecks zu binden: jedem Auswanderer sollten nun wenigstens 14 Quadratfuß freier Fläche zur Verfügung stehen, auf Reisen nach New Orleans oder Galveston sollten es sogar 20 Quadratfuß sein. Aber diese neue Regelung brachte kaum Besserung, denn nun begannen die Reeder, einfach ein zweites Deck auf ihren Schiffen einbauen zu lassen, um so die Fläche der Auswanderer zu vergrößern. Auf einigen Schiffen kam es sogar zum Bau eines 3. Zwischendecks, des Orlopdecks, das wegen seiner schlechten Bedingungen (absolute Dunkelheit, Feuchtigkeit, fehlende Belüftung und Getier) und der hohen Sterblichkeitsrate bei den Auswanderern be-

---

[147] Engelsing, Rolf: Bremen als Auswandererhafen, S. 161
[148] Bullerdiek, Jörn: „Was ferner vorkömmt…", (1855), S. 250
[149] Wätjen, Hermann: Aus der Frühzeit, S. 144

rüchtigt war. Auf bremischen Schiffen kam dieses Orlopdeck aber, soweit bekannt, nicht zum Einsatz. Seine Benutzung für den Auswanderertransport wurde am 09. Juli 1866 in Bremen generell verboten.

1855 gab es dann eine weitere amerikanische Einschränkung: Nun sollte auf 2t nicht mehr als ein Passagier kommen, und er sollte eine garantierte Fläche von 16 Quadratfuß zugestanden bekommen.[150] Wiederum änderte sich real kaum etwas an der Enge im Zwischendeck. Erst 1908 erging ein wirkungsvolles Gesetz durch Amerika: nun wurde die Anzahl der Passagiere pro Schiff durch die Fläche des Oberdecks begrenzt, denn für jeden Passagier musste eine Mindestfläche von 0,46 qm zur Verfügung stehen. So sollte sichergestellt werden, dass im Falle eines Brandes oder ähnlicher Katastrophen alle Passagiere Platz im Freien fanden.

Bis dahin blieben Überfüllungen der Schiffe die Regel, besonders in Zeiten großer Auswanderungsschübe. Noch 1880 berichtete eine amerikanische Zeitung von einer Überfüllung des Zwischendecks auf dem Lloyd Dampfer „Strassburg" mit Auswanderern.[151]

Deutlich mehr als die oben ausgeführten Bestimmungen traf die Schiffseigner die amerikanische Verordnung vom 3. März 1855, die besagte, dass für jeden Todesfall an Bord 10 Dollar an die Einwanderungsbeamten der USA zu zahlen waren. Da die Führung von Passagierlisten Pflicht war, konnten die Kapitäne sich dieser Kontrolle und etwaiger Strafen nicht entziehen. Bei vielen verbesserte dies die Zustände im Zwischendeck.

Im Zwischendeck gab es nur die bereits erwähnten Bretterverschläge, für Matratzen und Schlafzeug hatte jeder Auswanderer bis 1891 selbst zu sorgen, danach wurden diese vom Expedienten geliefert. Allerdings kamen die gekauften Sachen gelegentlich nicht rechtzeitig an Bord:

> „Die Schlafkojen wurden eingenommen, ein Jeder machte sichs so bequem wie möglich, jedoch mußte der meiste Mann ohne Bett ohne Strohsack und ohne Decke die Nacht auf den bloßen Brettern rangiren da unsere Kissen noch im Nebenschiffe

---

[150] Zahlen nach Gelberg, Birgit: Auswanderung nach Übersee, S. 40/41
[151] 2-p.8.B.8.c.1.c. (0045)

lagen und wir nicht in unsre Betten (welche sich jeder Zwischendeckspassagier selbst holen muß) nicht kriegen konnten."[152]

Es gab bis in die 80er Jahre keine Tische und Bänke im Zwischendeck, auch Blechgeschirr mussten die Auswanderer selbst mitbringen. Gegessen wurde entweder an Deck oder in den Kojen. Der erste richtige Speisesaal für die Zwischendeckspassagiere befand sich auf dem 1900 in Dienst gestellten Lloyd-Dampfer „Berlin".

Friedrich Gerstäcker beschreibt das Zwischendeck auf der Bremer Bark „Constitution" 1837 folgendermaßen:

„... denke Dir einmal einen Raum von ungefähr 11 Schritt Länge 9 Schritt Breite, 8 Fuß hoch, an beiden Seiten mit den Schlafstellen oder Coyen versehn, von denen immer 2 von Brettern genagel übereinander sind, (...) wo in jeder Coye 10 Mann liegen, 5 oben und 5 unten, denke Dir nun diesen Raum zwischen den Reihen Coyen in der Breite von Schritten, in dessen Mitte aber noch die Kisten und Koffer der Auswanderer aufgestapelt sind, die aber auch noch an den Coyen entlang stehen, und Du wirst einsehen dass gerade noch soviel Platz ist dass man mit einiger Vorsicht rund um die Kisten ein Mann hoch gehen kann! – Denke Dir nun in diesem Raum bei schlechter Witterung 100 und ungefähr 10 bis 15 Auswanderer eingeschlossen, denke Dir ihre Ausdünstung das Lachen Toben, Uebergeben, Lamentiren, Kinderschreien etc., etc., und Du wirst dann ein ziemlich treues Bild dieses Raumes haben!"[153]

Die Beschreibung des Zwischendecks durch Christoph Richter klingt 1867 kaum anders:

„Das Zwischendeck ist nur 5 Fuß hoch, in der Mitte ist ein schmaler Gang und an den Seiten sind die Schlafkojen, immer zwei übereinander, und jede ist für fünf Personen eingerichtet, ist nun die Familie größer, so kommen einige Mitglieder derselben, zu andern fremden Leuten – es müssen immer fünf in einen Kasten."[154]

Selbst noch 1882 kommt Entsetzen auf:

„Sobald das Schiff im Gang ist, drängen alle Zwischendecks-Passagiere in den genannten Raum, um sich einen Platz für die Nachtruhe zu gewinnen u. ihr Gepäck

---

[152] Forschungsbibliothek Gotha: Vogt / unbekannter Schreiber (1859)

[153] Führer des deutschen Schiffahrtsmuseums Nr. 5: Auf Auswandererseglern. Berichte von Zwischendecks- und Kajütpassagieren. Friedrich Gerstäcker (1837), S. 15/16

[154] Ebd., Minna Praetorius (1846), S. 58

daselbst unterzubringen. (...) Es war das 1. Mal wo wir ihn betraten, doch dies erste Mal flöste uns Beiden gleich ein solches Grauen ein, dass wir uns vornahmen, nicht wieder hinunterzugehen!"[155]

Aufgrund vieler Beschwerden über Unzüchtigkeiten an Bord wurde durch eine Bremer Verordnung vom 09. Juli 1866 die Trennung der Geschlechter vorgeschrieben. Zunächst kamen die Frauen nach hinten, die Männer ganz nach vorne, und Familien legte man sozusagen als Puffer dazwischen. Schließlich wurde dann eine besondere „Frauenabteilung" vorgeschrieben. Sofern es die Bauart des Schiffes erlaubte, sollte diese im hinteren Teil untergebracht und mit einer schließbaren Tür versehen werden. Untergebracht werden sollten hier alle weiblichen Passagiere ab 10 Jahren. Einen Schutz vor Unzucht bot aber auch diese Maßnahme nicht, wie ein Brief von 1869 beweist:

> „Es hatte sich nähmlich ein Mann aus der 2 Kajitte die Frechheit bedient deß Nachts in das Zwischendeck geschlichen u. bei einem Böhmischen Mädchen geschlafen, der erste Steuermann hatte zufällig die Nachtwache und hatt den Beischläfer erwischt, den Nachmittag mußte er zum Kaptein komen, er wurde verurtheilt eine halbe Stunde an den Obersten Mastbaum die Hände über dem Kopf mit Segelstricken an Mastbaum so die Füße fest gebunden so zu stehen von allen Matrosen verlacht und verspottet wurde."[156]

Doch offensichtlich kam es nicht nur zu Vorfällen unter den Passagieren. Christoph Richter warnt seine Eltern 1867 bezüglich möglicher Übergriffe an Bord durch die Mannschaft: *„und vor allem verwahr Euer Geld gut und seht nacht meine Schwester, den ihr könt wohl denken, wie die matrosen machgen auf Schiffe, Das es sicht nicht verfürn läßt."*[157] Seine Warnung deutet darauf hin, dass er auf seiner eigenen Überfahrt Zeuge solcher Unzüchtigkeiten geworden war.

Das Zwischendeck diente nicht nur als Schlafraum, sondern war Aufenthaltsraum, Essraum und Lebensraum in einem. Selbst das Gepäck der Auswanderer musste hier Platz finden, was im Übrigen bei Sturm zu lebens-

---

155 Forschungsbibliothek Gotha: Wehrmann / unbekannter Schreiber (1882)
156 Ebd., Stöver / unbekannter Schreiber (1869)
157 Kammeier, Heinz-Ulrich: „Halleluja...", Christoph Richter (1867), S. 56

gefährlichen Situationen führte, denn immer wieder kam es vor, dass sich vertäute Gepäckstücke losrissen und durch das Zwischendeck flogen:

> „Den 12 Nov. erhob sich ein orkanähnlicher Sturm welcher ziemlich 2 Tage dauerte und im Schiff große Unordnung, man kann sagen Verwüstung hervorbrachte. Das Schiff schaukelte der Art, daß die Leute aus ihrem Kojen in die Gänge zwischen den Kisten geschlagen sind. Die Kisten rasselten durcheinander, wie man sich kaum denken kann."[158]

> „Den 19. war so großer Sturm, daß Alles auf dem Verdeck herumstürzte, und die Kisten im Zwischendeck eine über die andere fielen."[159]

Bei schlechtem Wetter konnten die Passagiere nicht auf das Deck ausweichen, und da die Luken geschlossen wurden, blieb der Raum ungelüftet und ohne Tageslicht, denn für Licht und Luft im Zwischendeck sorgten lediglich ein oder zwei Aufgänge zum Oberdeck. Erst 1868 schrieb Bremen den Einbau von Ventilatoren vor. Hingegen wurden Auflagen zur Beleuchtung schon deutlich früher gemacht: Bereits seit April 1849 war vorgeschrieben, dass wenigstens zwei Laternen vom Dunkelwerden bis Sonnenaufgang im Zwischendeck zu brennen hatten. Bedenkt man die Räumlichkeiten und die vielen Menschen, dürfte der Effekt von zwei Laternen allerdings nur gering gewesen sein. Bei einer Reisedauer von 6-13 Wochen, 1856-1865 immerhin noch mindestens 45 Tage bei gutem Wetter, war die psychische Belastung unter diesen Verhältnissen enorm. Die häufig rohe Behandlung der Passagiere durch die Schiffsbesatzung sowie die Verpflegung im Zwischendeck, die keineswegs immer den in der Bremer Auswanderergesetzgebung festgelegten Kriterien in Bezug auf Quantität und Qualität und den Versprechungen in den Passagekontrakten entsprach, gaben häufig Anlass zu Klagen.

Immer wieder wurde auch der Schmutz und mangelnde Körperpflege bei den Passagieren des Zwischendecks angeprangert:

> „sehr gerne hätte ich gehabt Ihr hättet in der 2ten Cajütte sein können den im Zwischen-Deck ist erstens der Schiffsgeruch und der gestank von alle den Menschen die da zusammen gedrängt sind kaum auszuhalten, und 2. ten das Rohe benehmen

---

[158] Forschungsbibliothek Gotha: Vogt / unbekannter Schreiber (1859)
[159] Ebd., Piehler / Justine Bachmann (1853)

der gewöhnlichen Menschen und die Sauerei das einer bei der großen Vorsicht und Reinlichkeit voller Läuse wird"[160]

Der raue Umgangston und rohes Benehmen unter den Auswanderern finden ebenfalls häufig Erwähnung:

> „Ängstliche, Zartfühlende mögen ja nicht als Deckpassagier eines Segelschiffs fahren; denn da ist oftmals eine rohe Klasse von Menschen aller Stände zusammen gesteckt die den Besseren, wenn sie in geringerer Zahl sind, oder sich einander selbst das Leben sehr beschwerlich machen"[161],

schreibt A. W. Senne z. B. von der Reise nach New York, und auf dem Weg nach New Orleans schreibt Wilhelm Hübsch:

> „Die Leute auf dem Schiff, gemeine und s.g. gebildete, sind nicht sehr friedlich gegen einander gesinnt, was sich am Lichte betrachtet wegen der allen Begriff überschreitenden Enge an Raum nicht anders zu Erwarten, da ja im Innern alles unter einander steht"[162]

Wie Wilhelm Hübsch richtig feststellt, ist die Enge, auf der so viele Menschen für Wochen zusammenleben mussten, sicher ein Faktor. Ein anderer ist die Zusammensetzung dieser Gesellschaft; es finden sich alle Altersgruppen, Familien und Alleinreisende, verschiedene Sprachen bzw. Dialekte:

> „Nun denkt Euch ein ‚Durcheinander': Greise in schneeweißen Haaren, Männer u. Jünglinge, alte u. junge Weiber, Kinder die Menge, kurz, die Altersstufen vom Säugling bis zum Greis und beiderlei Geschlechts und- aus allen Gauen Deutschlands. Mir hat es nicht wenig Unterhaltung verschafft, die verschiedenen Dialekte anzuhören wo man jedoch oft in Zweifel ist, ob das, was gesprochen wird, wirklich ‚Deutsch' ist."[163]

Das Zwischendeck erfuhr auch im Zeitalter der Dampfschiffe und sogar zu Beginn der großen Luxusliner in seinem Aufbau und seiner Bemessung nur geringe Änderungen. Noch bis ins 20. Jahrhundert gab es Kojen von nur 1,78m Länge. 1891 wurde in Bremen eine Kojenlänge von 1,83m vorgeschrieben, allerdings mit einer gravierenden Einschränkung – für bereits vorhan-

---

[160] Helbich, Wolfgang: „Alle Menschen…", W. Zimmermann (1859)
[161] Forschungsbibliothek Gotha: Gebhardt / A. W. Senne (undatiert, nach 1843)
[162] Ebd., Hübsch / Wilhelm Hübsch (1833)
[163] Ebd., Wehrmann / unbekannter Schreiber (1882)

dene, in Eisen ausgeführte Einrichtungen konnte man auf Antrag Minderlängen bis 1,78m genehmigen lassen, falls eine Verlängerung derselben unverhältnismäßig große Kosten verursachen würde. Durch diese Ausnahmeregelung war das Gesetz wirkungslos.

Gerstenberger besichtigte 1904 auf seiner Reise mit dem Dampfer „Bremen" das Zwischendeck. Die Verhältnisse dort wirken immer noch sehr beengt und die Ausstattung einfach. Speisereste auf dem Boden sowie Gestank und schlechte Luft verweisen auf ungenügende hygienische Bedingungen und mangelnde Reinlichkeit. Er erwähnt auch erstmals die Gruppentrennung nicht nur nach Geschlecht, sondern auch nach Nationalität:

> „Nun geht es eine Stiege tiefer ins eigentliche Zwischendeck. Den besten Raum, unmittelbar bei den Luftschächten, haben die Deutschen. Die Schlafräume sind, v.a. durch die Bemühungen des Rafaelvereins, nach Geschlechtern getrennt. Aufschriften wie ‚für deutsche Männer', ‚für Israeliten', ‚für Familien' bezeichnen die einzelnen Abteilungen. Die einzelstehenden Frauen und Mädchen haben ihren gesonderten Schlafraum, ebenso die Männer und jungen Leute. Außerdem gibt es eine Abteilung, in welcher ganze Familien zusammen kampieren können. Es stehen ungefähr 1500 eiserne Bettstellen da unten, je zwei übereinander. Schmale Gänge führen durch je eine Lagerabteilung, breitere außen herum und quer durch. An den eisernen Trägern der Decke hängen die Blechgefäße, mit denen die Leute ihr Essen holen. In jedem Bett liegt am Fußende der Rettungsgürtel. Kleider und Handgepäck legen die Passagiere auf ihr Bett, das übrige Gepäck ist in einem besonderen Raume aufbewahrt.- An den Schiffswänden entlang ziehen sich schmale Tische, auf die die Auswanderer ihre Eßgefäße stellen können. Die Zudecken, Blechgefäße und Löffel liefert die Schiffahrtsgesellschaft, Messer müssen die Passagiere sich selber beschaffen."[164]

Noch eine Stiege weiter unten seien die zahlreichen russischen Polen und Juden mitsamt ihrer reichlichen Kinderschar untergebracht, wie er weiter berichtet:

> „Die Luft ist dort schon dicker, die Wärme größer; die kleinen Schiffsluken sind näher am Wasser und können seltener geöffnet werden. Speisereste liegen auf dem Boden. (...) Es gehört ein guter Magen und gute Nerven dazu, bei schlechtem Wetter in diesen Räumen sich aufzuhalten. Die Schwankungen des Schiffes sind dort – im Bug des Schiffes – viel stärker wie im Mittelraum, daher auch die Seekrankheit

---

[164] Gerstenberger, Liborius: Vom Steinberg, S. 38

viel häufiger, heftiger und länger andauernd. Das beste Mittel dagegen ist das ruhige Liegen auf der Klappe. Davon machen die meisten Passagiere auch Gebrauch. Wo sollen sie auch alle hingehen? Das Verdeck faßt nicht zu gleicher Zeit die 1064 Zwischendeckspassagiere, die diesmal mitfahren."[165]

Schon im frühen 19. Jahrhundert gab es außer der Passage im Zwischendeck die Möglichkeit, als Kajütspassagier zu reisen. Damit war zunächst nichts anderes gemeint als die Unterbringung in den Räumen des Kapitäns: *„Am Tage kann ich vor Hitze selten schlafen, denn in der Coje ist's zu heiß und in der Cajüte schläft Nachmittags der Capitän."*[166] Später waren auf dem Oberdeck eigene Kajütplätze errichtet worden. Diese boten deutlich mehr Komfort als ein Platz im Zwischendeck. Es gab vollständig eingerichtete Kabinen für je zwei Personen, einen Aufenthaltsraum und die Möglichkeit, Bücher oder Spiele zum Zeitvertreib auszuleihen. Auch wenn diese nicht immer für gut befunden wurden, war dies doch Luxus im Vergleich zu den Verhältnissen im Zwischendeck: *„er (Gatte)… langweilt sich gar zu sehr. Victor Hugo's Werke hat er durchgelesen und die Bibliothek des Capitän's ist klein und schlecht, sie besteht aus Räubergeschichten."*[167] Das Essen wurde gemeinsam mit dem Kapitän in einem separaten Raum eingenommen.

Viele Auswanderer, die eine Reise im Zwischendeck erlebt hatten, rieten in ihren Briefen dazu, das Mehrgeld für die Kajüte nicht zu scheuen und dort zu reisen, wie Johann Bauer: *„Es ist wirklich keine Kleinigkeit in einem finstern Raume bei ca. 160-200 Menschen 40-50 Tage zu leben darum rathe ich Jedem auf einige Gulden nicht zu sehen und in die Cajüte zu gehen."*[168] Doch die Mehrzahl der aus den unteren Schichten kommenden Auswanderer konnte dieses Mehr an Passagegeld nicht aufbringen. Die Kajütplätze blieben den besser gestellten Reisenden vorbehalten.

---

[165] Ebd., S. 38/39
[166] Führer des deutschen Schiffahrtmuseums Nr. 5: Auf Auswandererseglern, Minna Praetorius (1846), S. 57
[167] Ebd., S. 54
[168] Forschungsbibliothek Gotha: Bauer-Reinhardt / Johann Bauer (1854)

Selbst ein Platz im Steerage, einem abgeteiltem Bereich des Zwischendecks, bekam nicht unbedingt bessere Bewertung. Der Bruder von William Haak empfand diese Einrichtung vielmehr als Betrug:

> „Wer Stearage fährt hat vor den Deckpassagieren keinen einzigen Vortheil als 5 rh Gold mehr zu zahlen und sich abermals geprellt Zu wissen. Ein Pfiff der Agenten, womit vieles Geld sie erschnappen. Oft sind 40, 60 u. mehr im Loch, das Stearage genannt wird."[169]

Seit 1840 gab es dann auch eine 2. Kajüte als Zwischenklasse. Der Unterschied zwischen 1. und 2. Klasse lag lediglich in der einfacheren Ausführung der zweiten Klasse und einem geringeren Fahrpreis. Kurz vor dem 1. Weltkrieg wurde dann noch eine 3. Klasse auf den Auswandererdampfern eingeführt, die in der Regel aus Kabinen für zwei bis sechs Personen bestand und nur geringfügig mehr kostete als die Überfahrt im Zwischendeck. Der erste Lloyddampfer mit 1., 2., 3. Klasse und Zwischendeck war 1909 die „George Washington".

Christiane Haun beschreibt in ihrem Reisebericht von 1853 genau ihre Reisegefährten aus der Kajüte: die erste Kammer bewohnten ein 72 Jahre alter Oberst aus Berlin und ein junger Mann von 20 Jahren aus Braunschweig, die zweite Kammer sie selbst und eine Kaufmannsfrau mit ihrer zweijährigen Tochter, die dritte Kammer ein Ehepaar von einem Rittergut in Weibeck, die vierte (und letzte) Kammer umfasste die Schlafstelle von deren 15-jähriger Tochter sowie einer 42 Jahre alten Dame mit ihrer Nichte.[170] Weiter beschreibt sie detailliert die Kajüte, die sich um einiges von den Beschreibungen des Zwischendecks unterscheidet:

> „Die Kajütsstube, in welcher wir uns zum Essen und sonst nur bei schlechtem Wetter zusammenfinden, ist ganz nett und ungefähr so groß, daß wir alle gerade Platz darin finden. In der Mitte der Decke befindet sich ein großes Fenster, an der hinteren Seite zwei kleinere, wodurch es ganz schön hell ist; als Möbel befinden sich darin nur eine ziemlich lange Tafel, an jeder Seite ein Sofa, einige Feldstühle und ein schöner Spiegel. Unter der Kajüte befindet sich die Vorratskammer für unseren Tisch. Neben dem Wohnzimmer die Schlafkammer des Kapitäns, ziemlich geräu-

---

[169] Ebd., Wehrmann / unbekannter Schreiber (1882)
[170] Pohl-Weber, Dr. Rosemarie (Hrsg.): Mit dem Paketsegler, S. 8

mig, rundherum befinden sich unsere Kammern, die durchaus näherer Beschreibung bedürfen. Jede derselben ist ungefähr 4 ½ Ellen lang und höchstens 3 Ellen breit (ca. 2,25m x 1,50m). In diesem Raume befinden sich die beiden Kojen übereinander so niedrig und eng, daß es ein Jammer ist. Madam Kaufmann schläft unten, ich in der oberen Koje, vorn ist ein Vorhang vorgezogen und an den Enden kleine Börde, wo man Kleinigkeiten hinlegen kann. Beim Aufstehen passiert es fast jeden Morgen, daß man sich an den Kopf einen tüchtigen Stoß versetzt, und das Hinein- und Heraussteigen in mein Oberbett muß für den Zuschauer, der mich sehen könnte, höchst amüsant sein. Einiges Licht bekommen wir durch ein schmales Fensterchen in der Decke und ein eben solches an der Seite, zu welchem ich neulich, da es nicht fest zugeschraubt war, eine Sturzwelle in mein Bett bekam. Der kleine Raum, welcher zum Anziehen übrig bleibt, wird am oberen Ende durch ein Brett, welches das Waschgeschirr umfaßt und einen Koffer der Madam Kaufmann, auf eine Weise beengt, daß man sich kaum drehen kann, und da es sehr selten ist, daß das Schiff nicht ungebührlich wackelt, so kann ich, so wie die übrigen Passagiere, eine gehörige Anzahl braun und blauer Flecken an Füßen, Armen und Seiten aufweisen. (…) Beim Austritte aus dem Gesellschaftszimmer findet sich links die Kammer der Steuerleute, rechts das Boudoir unserer beiden Diener Jan und Erich, zugleich der Ort, wo unser Eß- und Trinkgeschirr verwahrt wird. Die äußere Tür führt auf das große Verdeck, von welchem zwei steile Treppen uns zu unserm besonderen Deck bringen, unmittelbar über der Kajüte, welche am hinteren Teil des Schiffes ist. Ziemlich am anderen Ende desselben befindet sich die zweite Kajüte, dann kommt die Küche, ein Hühner- und Gänsestall und ganz vorn, in die Tiefe gehend, der sogenannte Matrosenstall. Das Zwischendeck befindet sich unter diesem und ist ein schauerlicher Aufenthalt, (…) Hier stehen in der Mitte eine Menge Kisten, und zu den Seiten wohnen und schlafen in Buchten, je zu vier Menschen, 164 Männer, Weiber und Kinder. (…) Zum Glück sind fast alle ohne Ausnahme recht nette Leute und darunter fast alle Handarbeiter vertreten."[171]

Im Laufe der Zeit folgten weitere Räumlichkeiten für die Kajütspassagiere. Carl und Bina Kleene sind besonders von dem Rauchzimmer angetan, in dem sie sich wegen der frischen Luft vorzugsweise aufhalten. Störend empfinden sie nur die Tatsache, dass man auf dem Weg dorthin einen kurzen Gang passieren musste, der an Bäckerei und Küche vorbeiführt und immer voll mit auf Essen wartenden Zwischendecklern ist[172].

Wenn man bedenkt, dass es für die Zwischendeckspassagiere im Gegensatz zu den Kajütspassagieren überhaupt erst seit 1900 einen einfachen

---

[171] Pohl-Weber, Dr. Rosemarie (Hrsg.): Mit dem Paketsegler, S. 9/10
[172] Forschungsbibliothek Gotha: Bekker / Carl und Bina Kleene (1873)

Speisesaal mit Tischen und Bänken gab, klingt die Beschreibung desselben für die Kajütspassagiere 1904 geradezu phantastisch:

„... ich sitze während des Frühstücks allein und habe so Muse, den Speisesaal gründlich zu beaugapfeln. An zwei Längstischen zähle ich zusammen 90 Plätze. An den beiden Seiten stehen nochmals 7 Quertische, so daß im ganzen 228 bequeme Plätze vorhanden sind. Der Speisesaal hat also eine ganz respektable Größe. Das Oberlicht, das inmitten des Saales durch zwei Stockwerke hinaufführt, bildet eine prächtige Galerie, aus deren Nischen beim Diner die Weisen der Tafelmusik ertönen. Das durch die gemalten Oberfenster und durch die 28 großen Schiffsluken einfallende volle Licht läßt die zahlreichen vergoldeten Stäbchen der Kasettendecke erglänzen, und bricht sich an den weißlackierten Wänden und Deckbalken. Die Füllungen der Decke sind mit Blumenstücken bemalt, während die Füllungen der Wände abwechselnd Ansichten der Stadt Bremen und Bilder aus dem Bremer Volksleben enthalten. 12 große elektrisch getriebene Windflügel an der Decke sorgen im Notfalle für die nötige Kühlung. Die schlanken eisernen Säulen, mit gepreßter und geschnitzter Lederarbeit umhüllt, heben sich im Verein mit den braunpolierten Drehstühlen und den dunkelroten, gestreiften Plüschsofas an den Wänden in angenehmer Weise ab von dem hellen Hintergrund."[173]

Es gab sogar einen eigenen Anrichteraum, und eine Weißzeugverwalterin gab Tischtücher und Servietten aus, die täglich erneuert wurden.[174]

Gegen Ende des 19. Jahrhunderts hatten der Wettbewerb der Gesellschaften und die Anwendung neuer Erfindungen auf See dazu geführt, dass die Schiffsinnenausstattung der Kajütplätze auf Schiffen aller Nationalität derart luxuriös war, dass es prinzipiell keinen Unterschied mehr machte, mit welchem Schiff man reiste, sieht man einmal von Dingen wie z. B. Geschmacksrichtungen ab. Während die amerikanische Collins-Linie 1858 noch wegen nicht zu finanzierender kostspieliger Einrichtungen den Zusammenbruch erfahren hatte, erhielten die Passagierdampfer spätestens in den 80er Jahren alle die Annehmlichkeiten eines erstklassigen Hotels.

Für die Kajütspassagiere wurde schon früh ein Teil des Oberdecks abgetrennt, so dass sie bei einem Aufenthalt an Deck nicht mit den Passagieren des Zwischendecks zusammenkommen mussten. So berichten Kajütspassa-

---

[173] Gerstenberger, Liborius: Vom Steinberg, S. 20
[174] Ebd., S. 25

giere auch immer wieder über Spaziergänge an Deck, wie Carl und Bina Kleene *„nachdem wir auf dem Deck spaziert hatten"*[175], während die Zwischendeckspassagiere eng gedrängt in ihrem Teil des Deckes die Zeit zubringen mussten:

> „... wimmelte es auf Deck, d. h. nur auf den Raum, der den ,Zwischendecklern' angewiesen ist zum Aufenthalt, und dieser Raum erstreckt sich vom Bugsprit bis zum Schornstein des Schiffes, eng genug für 800 oder mehr Passagiere."[176]

> „An Raum fehlt es zwar nicht, wenn man nicht verlangt, ungestört und ganz weg von aller Gesellschaft zu sitzen oder zu stehen zu wollen, denn obgleich das Verdeck des Schiffes nicht kleiner als unser Hof ist, (...), so kann man sich denken, dass die mit den Matrosen 400 betragende Menschenzahl, welche bey diesem Wetter gewöhnlich darauf herumwimmelt, keinen Überfluss an abgesonderten Ecken zulässt."[177]

Liborius Gerstenberger berichtet 1904 sogar, dass die meisten Passagiere in ihren Kojen blieben, denn *„Wo sollen sie auch hingehen? Das Verdeck faßt nicht zu gleicher Zeit die 1064 Zwischendeckspassagiere, die diesmal mitfahren".*[178]

Die Klassen blieben in der Regel streng voneinander getrennt, denn *„Im weiteren Verlauf meines Schreibens bin ich ,Zwischendeckler'!- Zwischen denen und Cajüte-Reisenden ist eine weite Kluft!"*[179], wie William Haak feststellt.

5.4. Verpflegung

Bremen hatte mit seiner Auswanderungsgesetzgebung den Reedern von Anfang an die Verantwortung für die Ernährung der Passagiere übertragen. Die Schiffe mussten mit genügend Proviant versehen werden, um eine ausreichende Verpflegung während der Überfahrt nach Amerika sicherzustellen. 1832 wurde für eine Reise zu den nordamerikanischen und kanadischen Hauptlandungsplätzen Verproviantierung für eine Reisedauer von 91 Tagen vorgesehen. Die Ausrüstung und die Verproviantierung eines Schiffes sollten

---

[175] Forschungsbibliothek Gotha: Bekker / Carl und Bina Kleene (1873)

[176] Ebd., Wehrmann / unbekannter Schreiber (1882)

[177] Ebd., Hübsch / Wilhelm Hübsch (1833)

[178] Gerstenberger, Liborius: Vom Steinberg, S. 39

[179] Forschungsbibliothek Gotha: Wehrmann / unbekannter Schreiber (1882)

nach der wahrscheinlich längsten Dauer einer Reise erfolgen. 1849 wurden für die verschiedenen Reiseziele folgende Zeitfristen angenommen:

> „a) Für Reisen nach einer Gegend nördlich vom Äquator die Zeit von 13 Wochen.
> b) Für Reisen nach einer Gegend, wobei der Äquator passiert wird, jedoch nicht über Kap Horn und Kap der Guten Hoffnung hinaus die Zeit von 17 Wochen.
> c) Für Reisen nach einer Gegend über Kap Horn und Kap der Guten Hoffnung hinaus, wenn der Äquator nicht zum zweitenmal passiert wird, die Zeit von 26 Wochen.
> d) Für Reisen nach einer Gegend, wobei der Äquator zweimal passiert wird, die Zeit von 30 Wochen."[180]

Für die Dampfer wurde dann aufgrund der schnelleren Überfahrten die Mitnahme von Proviant für nur 40 Tage vorgeschrieben. Sollte die Reise nach New Orleans oder in texanische Häfen gehen, wurde Ausrüstung für 60 Tage vorgesehen.

Es wurden Listen über Art und Umfang der mitzunehmenden Lebensmittel festgelegt. Als Wochenration galt pro Kopf: 2 ½ Pfund gepökeltes Rindfleisch, 1 Pfund gepökeltes Schweinefleisch oder ¾ Pfund Speck, 5 Pfund Brot und ⅜ Pfund Butter; dazu für die gesamte Reisezeit pro Passagier 34 Pfund Mehl, Hülsenfrüchte, Graupen, Reis, Backpflaumen und Sauerkraut, ¾ Scheffel Kartoffeln, 1 ½ Pfund Melasse, 1 ½ Pfund Kaffee, ¼ Pfund Zucker, ⅓ Pfund Tee und zwei Liter Essig; außerdem Sago, Wein und Medikamente sowie Wasser.[181]

Dennoch waren Hunger und Durst ständige Bedrohungen der Reisenden, vor allem in der ersten Jahrhunderthälfte. Entscheidend waren die Dauer der Überfahrt und das Verantwortungsbewusstsein des Kapitäns. Dessen Einstellung hing vor allem, wie Pawlik verdeutlicht, davon ab, was der Kapitän über die Fracht „Auswanderer" dachte, ob sie ihm eher eine Last war, oder ob er sich menschlich für sie verantwortlich fühlte.[182] Es gab durchaus Schiffsführer, die den Proviant extra knapp bemaßen, um Geld einzusparen

---

180 Lindemann, Moritz: Gesetzgebung und Einrichtungen, S. 420
181 Angaben nach Günther, Markus: Auf dem Weg, S. 176
182 Genealogie und Auswanderung: Über Bremen in die Welt, Beitrag Peter-Michael Pawlik, S. 13-24, Clausthal-Zellerfeld 2002, S. 16

oder um während der Überfahrt durch den Verkauf von Sonderrationen zusätzlichen Profit zu erzielen.

Daher wurden seit 1848 Proviantbeaufsichtiger vom Bremer Senat beauftragt, den Proviant der Schiffe zu kontrollieren. Da sie aber nur kurze Zeit an Bord waren und keine Kontrolle darüber hatten, was nach ihrem Besuch mit dem Proviant geschah, oder ob heimlich mehr Auswanderer mitgenommen wurden, war ihre Aufsicht nur mäßig erfolgreich. Ein kritisierender Artikel zum Thema Proviant auf Auswandererschiffen findet sich in der Allgemeinen Auswandererzeitung vom 05. September 1848:[183]

„Einen recht schlagenden Beweis dafür, daß die bisherige obrigkeitliche Ueberwachung der Verproviantirung von Auswandererschiffen eine noch immer ungenügende sei, um der Gewissenlosigkeit keinen Spielraum mehr übrig zu lassen, liefert uns soeben die Beschwerde eines uns persönlich bekannten, achtbaren Mannes dessen Zeugnis wir als vollkommen glaubwürdig hinstellen müssen. Wir entlehnen dieselbe einem Briefe, welcher aus Texas vom 2. Februar 1848 datiert ist und seines allgemein interessanten Inhalts und seiner Zuverlässigkeit willen von uns demnächst noch außerdem benutzt werden wird. Der Schreiber des Briefs, Oekonom M. Voigt aus Wilhelmsdorf bei Pösneck, schiffte sich Ende September 1847 mit seiner zahlreichen Familie in Bremerhaven auf der ,Franziska‘, Cpt. Hagedorn, expediert von H. A. Heineken, nach Galveston ein. Hören wir den Berichterstatter selbst: ,(…) denn die Beköstigung auf unserer ,Franziska‘ war so unter aller Kritik schlecht, daß man eine solche Schiffsexpedition geradezu eine Menschenquälerei (Einwand der Zeitung: Urteil wohl nur für einzelne Fahrten, nicht für Firma insgesamt gültig) nennen kann, und den Bremer Schiffsrhedern und dem Bremer Senat nicht zu viel geschieht, wenn man die ganze Gesellschaft sammt und sonders für … (Sperrung der Zeitung, der Verfasser sei in der Ausdrucksweise zu weit gegangen) declariert. Viermal wöchentlich wurde Rindfleisch gegeben von einer Qualité, wie mir in meinem Leben keines so schlecht vorgekommen ist, und zweimal Schweinefleisch, welches nicht besser war; Sonnabends wurde á Person ein halber verfaulter Hering verabreicht, dessen bloßer Anblick zum Brechen reizte. Dieses erbärmliche Fleisch wurde in Seewasser gekocht, und zwar nur halb gar, daß es mit einem scharfen Messer nicht zu schneiden, geschweige denn zu kauen war. Das wenige Fett, was es auskochte, wurde von dem Koch sorgfältig abgeschöpft und in einer Tonne unterm Bugspriet gesammelt. Die Gemüse bestanden in Erbsen, wöchentlich dreimal, einmal Bohnen, einmal Sauerkraut, einmal Graupen und einmal Reis. Von diesen Gemüsen waren blos Bohnen, Sauerkraut und Reis für

---

183 2-P.8.B.8.

Menschen genießbar. Erbsen und Graupen (wenn man überhaupt Gerste, von welcher die Hülse halb abgeschält ist, so nennen kann) hingegen waren höchstens für Schweine oder anderes Vieh brauchbar; denn die Erbsen blieben hart wie Kieselsteine und die Graupen waren mulstig und voller Würmer. (…)'"

Sämtliche Verordnungen bezüglich des Proviants konnten nicht verhindern, dass bei den langen Überfahrten der Segelschiffe und den unzureichenden Konservierungsmethoden an Fleisch nur Speck und Salzfleisch gereicht werden konnten, dass das Brot oft schimmelig wurde, die Butter ranzig und das Wasser brackig.[184] Natürlich waren auch hier häufig Willkür und Profitsucht mit am Werk, denn statt z. B. das alte Brot nach erfolgter Überfahrt zu vernichten, wurde es aus Kostengründen auf der nächsten Fahrt wiederverwertet: *„14.08. … Das schwarze Brod mag niemand mehr essen 22.09. Streitigkeit, fast Schlägerei wegen des Brodes. Alle wollen Weißbrod und sollen doch auch etwas Schwarzbrod nehmen."*[185]

So gab es immer wieder Beschwerden über schlechte und mangelhafte Verpflegung an Bord der Segelschiffe:

> „… Die Beköstigung auf dem Schiff ist sehr schlecht. Man tut gut daran, wenn man sich Lebensmittel für die ganze Reise mitnimmt. (…) Wir hatten die Unvorsichtigkeit begangen und hatten uns in Bremen nichts mitgenommen. Wir waren auch so abgemattet, daß wir fast nicht mehr gehen und stehen konnten."[186]

Dabei fuhr Daniel Wiethoff 1842 nur 40 Tage, hatte also eine eher schnelle Überfahrt. Dass er dennoch so ausgezehrt war, dass er kaum noch stehen konnte, spricht für die mangelnde Verpflegung auf seinem Schiff.

Ein besonders schwerwiegender Vorfall ist durch die offizielle Beschwerde der Passagiere des Bremer Schiffes „Adolphine" beim Bremer Senat erhalten geblieben. 1853 fuhr dieses Schiff mit 280 Passagieren nach Baltimore, 30 dieser Passagiere starben auf der Fahrt infolge Hunger, Durst und schlechter medizinischer Versorgung.

---

[184] Gelberg, Birgit: Auswanderung nach Übersee, S. 45
[185] Aufbruch in die Fremde: Aus dem Tagebuch einer Überfahrt im Zwischendeck eines Frachtseglers von Bremerhaven nach New York, 1834, ohne Seitenangaben
[186] Forschungsbibliothek Gotha: Wiethoff / Daniel Wiethoff (1842)

Auch Albert Hillers hatte 1857 Probleme:

„Wir hatten schlecht zu essen und zu trinken, wenn wir uns nichts Mitgenommen hätten, dann hätten wir Hunger leiden müssen (...) Auf dem Schiff sind wir mit 450 Personen gewesen, das waren zu viel Leute, darum hatten wir auch schlecht zu essen und zu trinken."[187]

Doch nicht nur aus dem Zwischendeck kamen Klagen. Das Essen, das Kapitän und Kajütspassagiere genossen, unterschied sich zunächst fast nur durch die Güte von dem des Zwischendecks und nicht durch Art und Umfang. Auch in dieser Klasse waren entsprechend viele Auswanderer sehr unzufrieden, wie auch Minna Praetorius 1846 auf der Reise nach New Orleans:

„Auch mager bin ich geworden, meine Ringe sind mir zu weit und meine Arme sind ganz dünn. Die wirklich sehr mittelmäßige Schiffskost ist auch wohl Schuld daran (...) Der Kapitän versteht es garnicht einzurichten. Gestern hatten wir z.B. Erbsensuppe, darauf dicke Linsen, eingemachte, geschnittene grüne Bohnen und Schinken. Der Koch ist schlecht. Neulich hatten wir Hühnersuppe, wozu ich mich sehr freute, die war so bitter von Muscatblüthe, daß ich etwas davon stehen laßen mußte; die Hühner waren so hart, daß sie fast ungenießbar waren. Mitunter giebt's Budding, da wir keine Milch haben so besteht er aus Eiern, Mehl und Butter- (...) da kannst Du Dir denken wie gräßlich fett er ist. Sauce giebt's nicht dazu. (...) Die Butter ist so ranzig, daß neulich die Kartoffeln sehr schlecht danach schmeckten; ich eße daher immer trocken Brot..."[188]

Von 1853 liegt eine weitere Beschwerde im Staatsarchiv Bremen vor: die der 2ten Kajütspassagiere des Schiffes „Philadelphia" über schlechte Verpflegung.[189] Auch auf dem englischen Schiff „Childe Harold", Reise Bremerhaven-New York 1852, beschwerte man sich über mangelnde und unzureichende Ernährung.[190]

In den Bedingungen der Überfahrt Bremer Reeder von 1855 wurde den Passagieren freie Beköstigung ohne Mangel und an guter Qualität (inkl. Angabe der Nahrungsmittel) während der Überfahrt zugesagt. In der Realität

---

[187] Ebd., Wohlers / Albert Hillers (1857)
[188] Führer des deutschen Schiffahrtmuseums Nr. 5: Auf Auswandererseglern, Minna Praetorius (1846), S. 53/54
[189] 2-P.8.B.8.c.1.a. (0075)
[190] Ebd., (0067)

hingegen sah es häufig anders aus, wie ein Zeitungsartikel vom 23. Dezember 1858 berichtet:

„Auf einem Bremer Auswandererschiffe Von einem unserer Landsleute, einem Arzte, der vor einigen Monaten eine Reise nach New York mittelst Segelschiffs antrat, liegt uns ein Brief vor, in welchem derselbe unter der Versicherung, daß er sich von jeder Uebertreibung fern halte, über die auf jenem Schiffe herrschende Behandlung der Passagiere bittere Klage führt. Im Interesse deutscher Auswanderer machen wir aus diesem Brief einige Mittheilungen. Vor Allem tadelt der Correspondent unter Anführung zahlreicher Beweise, die in dem Bremer Schiffscontracte als ‚gut und reichlich‘ gepriesenen Speisen und Getränke: diese seien in der Wirklichkeit kaum genießbar und so schlecht gewesen, daß sie fast regelmäßig, selbst von den Zwischendeckspassagieren, die meist dem Tagelöhnerstande angehörten, über Bord geworfen wurden. Das von Haus aus schon schlechte Trinkwasser, welches täglich nur einmal mit äußerster Sparsamkeit verabreicht wird, war der Art, daß es nur mit Beimischung von Essig genossen werden konnte. Aehnlich verhielt es sich mit dem als regelmäßiges Abendbrod dienenden Thee: Die meisten Passagiere leisteten wegen seines widerwärtigen süßholzartigen Geschmacks, auf denselben freiwillig Verzicht. Die verabreichten Lebensmittel einzeln zu kritisiren, dürfte überflüssig sein, wenn nur angeführt wird, daß der Schiffszwieback so hart war, daß man ihn selbst unter großem Kraftaufwand mit den Händen nicht zu zerbrechen, geschweige denn zu beißen vermochte. Was aber den Aufenthalt auf dem Schiffe fast bis zur Unerträglichkeit steigerte, war die auf demselben von oben bis unten herrschende Unreinlichkeit, unter der selbst die Passagiere der 1. Cajüte und zwar mit Wissen des Capitäns auf die widerwärtigste, ja haarsträubendste Weise litten. Den bei Tische aufwartenden Jungen mit schmutzigen Händen, ungekämmtem Haar und unreinlicher Kleidung konnte man nicht ansehen, ohne sich die von ihm dargereichten Speisen zu verekeln. Die Passagiere mußten es sich sogar gefallen lassen, wenn der Hund des Capitäns aus dem Trinkwasser-Eimer seinen Durst stillte. Eine Beschwerde darüber wies der Capitän mit einem rohen, witzig sein sollenden Worte ab. Schließlich warnt der Correspondent jeden anständigen Auswanderer in der 2. Cajüte, geschweige denn im Zwischendeck zu reisen. Zumal im letzteren Falle müßte sich der Passagier wegen der Ungenießbarkeit der meisten dargereichten Speisen mit einem so reichlichen Vorrath von Proviant versorgen, daß diese dadurch entstehenden Geldausgaben bedeutend genug sein würden, um davon beinahe einen Platz 1. Cajüte zu bestreiten.“[191]

In den Briefen findet sich nun immer häufiger die Empfehlung, auch bei einer Reise über Bremerhaven eigene Lebensmittel zu kaufen:

---

[191] 2-P.8.B.8.c.1.a

„Die Beköstigung auf dem Schiff ist sehr schlecht. Man tut gut daran, wenn man sich Lebensmittel für die ganze Reise mitnimmt. (...) Wir hatten die Unvorsichtigkeit begangen und hatten uns in Bremen nichts mitgenommen. Wir waren auch so abgemattet [bei nur 40 Tagen Fahrt! Anmerkung T.F.] daß wir fast nicht mehr gehen und stehen konnten."[192]

„Die Schiffskost wird gut versprochen allein wenn man sich nicht ein wenig zu gut thun kann so ist es nicht zum aushalten."[193]

Nach der Jahrhundertmitte überwiegen dann Beschwerden vor allem über die Qualität der Verpflegung:

„Zu essen und zu trinken hatten wir genug, aber es war sehr schlecht"[194]

„den die Kost ist zu schlecht, zu essen gab es zwar genug, aber es ist so uhnreinlich gekocht (...) des morgens Kaffee schlecht, des Abends Thee schlecht, (...) das Brod war so hart das man es mit der Axt hätte durchschneiden müssen, wenn wir eine gehabt hätten"[195]

„Für den ‚Zwischendeckler' gibt es nur ‚Bellkartoffeln', & wahrlich, eine Thüringer Hausfrau, die sich ein Schweinchen mästet, würde Anstand nehmen, Kartoffeln wie diese, letzterem zu füttern! Bei dieser Gelegenheit komme ich auf die Schiffskost. Diese besteht aus einer Suppe, worin theils Erbsen, Bohnen, Reis, theils getrocknetes Obst gekocht ist und einen Stückchen, gesalzenen, auch frischem Fleisch, doch schlecht genug, um von diesem einen Genuß zu haben, und den erwähnten Kartoffeln. Genug von diesen ‚Leckerbissen' gibt es, doch wandert die erste Zeit, solange der Proviant noch von zu Hause reicht, das Meiste davon über Bord.- Ich will in dieser Beziehung gerecht sein, denn ich sah auch, mit welchem Appetit & welche Mengen dieser Kost einzelne Individuen verzehrten. (...) Eines Abends gab es auch wieder den üblichen Tee, doch mit solch schlechtem Zwieback, dass kein Mensch im Stande war, diesen zu genießen, alte verschimmelte, stinkende Brocken, die höchstens der leibhaftige Hunger hinunterzuwürgen im Stande gewesen wäre. Ich führte, im Hinblick auf vielleicht wie viel hungrige Menschen, beschwerde beim Zahlmeister, der mir die Versicherung gab, daß der Schiffsbäcker strenge Order habe, kein schlechtes Brod aufzubacken, Jedoch es war

---

[192] Forschungsbibliothek Gotha: Wiethoff / Daniel Wiethoff (1842)

[193] Ebd., Bauer-Reinhardt / Johann Bauer (1854)

[194] Ebd., Wohlers / Heinrich Gerdes Rahmann (nach 1847)

[195] Ebd., Stöver / unbekannter Schreiber (1869)

geschehen.- Ich erhielt ein großes Stück gutes, frischbackenes Weißbrot, mit der Versicherung, er sollte dieser Übelstand nicht wieder vorkommen"[196]

„Die Kajütspassagiere lebten aber sehr vornehm: die Hühner und Enten und auch gut zubereiteten verschiedenen Gemüse wurden in reichem Maße verspeist, auch gabs da die ersten 8 Tage gutes Rindfleisch. Die Deckspassagiere werden auf den meisten Schiffen behandelt wie Hunde. (...) Wer die Seereise auf diese, allerdings etwas billigere Art machen muß, soll sich ja hinlänglich mit erfrischenden Speisen und Getränken versorgen und mitnehmen, es ist wahrlich nöthig, so er nicht Schinder an sich selbst werden will. Fragt man bei den schuftigen Agenten, ob man Lebensmittel mit sich führen solle, so heißt´s freilich: Sie brauchen nichts, gar nichts, auch gar nichts, Sie bekommen alles in vollem Maße gut, frisch, genießbar pp. ist wenigstens für Geld auf dem Schiffe in der Garküche, die nie existiert, zu haben, so wie ein Arzt, Apotheker pp. pp. pp. pp. Die Galgentricks."[197]

„Den 25.9. (...) Es war allgemeine Aufregung unter den Passagieren gegen das oberste (Kapitän und Steuermänner) Schiffspersonal, wegen des verabreichten stinkichten Fleisches. Es ward täglich in Stücken für je 10 Personen ausgetheilt. (...) Das infolge schmutzige, oft stinkende Rind und Schweinefleisch ist wegen seines meersalzigen, scharfen Geschmacks kaum für einen Aasvogel genießbar, aber nicht für Menschen. Bei so dürftiger schmalen Kost, magerte ich ab, wie ein Skelett."[198]

Ausgerechnet die Bremer Auswandererzeitung beschönigt das Problem, statt zu warnen. Die Angst um Bremerhavens guten Ruf in Bezug auf die Auswanderung war auch für die Zeitung von existentieller Bedeutung, und so vernachlässigte man kurzerhand die Sorge um das Wohl der Reisenden:

„Auswanderer-Zeitung Bremen den 4. April 1859
Die Ansprüche auf Auswandererschiffen
Die Direction des ‚Nachweisungs-Büreau für Auswanderer' in Bremen sagt in ihrem letzten [siebenten, Anmerkung T.F.]Bericht u. A. auch: ‚Für die Seereise stellt das Gesetz die Erfordernisse und eine amtliche Untersuchung deren Erfüllung fest; wer mehr beansprucht, darf allerdings nicht das Zwischendeck benutzen, dagegen in der ersten Cajüte eines Dampf- oder Segelschiffs auf Comfort und Eleganz rechnen. Dieser Gesichtspunkt gebietet eine gewisse Vorsicht bei der Beurtheilung von Klagen über schlechtes Essen u. dgl., welche meist auch außer Acht lassen, daß der für eine längere Seereise einzulegende Proviant in seinen Hauptbestandteilen von

---

[196] Ebd., Wehrmann / unbekannter Schreiber (1882); Dem Brief ist weiter zu entnehmen, dass das Essen trotzdem weiter schlecht war und Brot schimmelig.
[197] Ebd., Gebhardt / A. W. Senne (undatiert, nach 1848)
[198] Ebd.

der Nahrung auf dem Festlande immer verschieden ist; eine jahrelange Praxis lehrt übrigens, daß die unbilligsten Prätensionen von Solchen erhoben werden, die daheim kein so gutes eben gekannt hatten. (…) Der Auswanderer, von Jugend an an eine Lebensweise gewöhnt, die von der auf See total verschieden ist, läßt sich sehr leicht zu Tadel hinreißen,- um so leichter, da überhaupt seine Gemüthsstimmung in Folge der vorangegangenen Aufregung und des am Herzen nagenden Heimwehs während der ganzen Reise nicht heiter werden will und kann. (…) er schiebt die Schuld auf's Schiff, auf die Rheder, auf Capitain und Schiffsvolk, kurz, auf alle Beteiligten, nur auf sich nicht. Getadelt wird von früh bis Abends und an Allem. Am meisten haben Capitain und Schiffsvolk zu leiden. Diese bilden natürlich einen ganz besonderen Menschenschlag; ihr isolirtes und gefahrvolles Leben hat sie äußerlich rauh und derb gemacht. Was den sog. ‚Landratten' fremd und ungewohnt ist, was ihren Tadel und Griesgram hervorruft, das ist dem Seemann längst zur Gewohnheit geworden und er kann selten begreifen, wie man sich über dieses und jenes moquiren kann, was nach seiner Anschauung ganz in Ordnung ist. Trifft es sich nun, was gar nicht selten vorkommt, daß der mißmuthige Auswanderer nicht blos fort und fort tadelt und sich beschwert, sondern vielleicht auch anmaßend wird, und den Capitain und die Mannschaft stört und ärgert, dann treten Mißhelligkeiten ein, die für beide Theile nur schädlich sind. Der Auswanderer, wissend, daß er für die Schiffs-Eigenthümer eine erwünschte Fracht gewesen ist und daß er auch die Theilnahme des Publikums in Klagfällen mehr für sich hat, als die Inhaber der Schiffe, sucht sich nach Landung dadurch zu rächen, daß er das bewohnte Fahrzeug mit Kost, Capitain und Mannschaft einfach schlecht macht. So etwas ist natürlich für Rheder und Capitaine unangenehm, denn wer läßt sich wohl gern in ein ungünstiges Renommee bringen. Oft sind die Rheder ganz ängstlich bemüht, Alles zu thun, was die Auswanderer befriedigen kann, und sie ermahnen die Capitaine zur Fürsorge, als ob ihr zeitliches und ewiges Heil davon abhinge, und doch werden Beschwerden laut. (…)'"[199]

Immer wieder finden sich Klagen über schlechte Behandlung der Passagiere, und bei Beschwerden kam es häufig zu Handgreiflichkeiten. Immer wieder thematisieren Auswanderer das Gefühl, wie Vieh behandelt worden zu sein: *„Die Deckpassagiere werden auf den meisten Schiffen behandelt wie Hunde"*[200], meint A. W. Senne, und William Haak schreibt noch 1882:

> „Am 3. Septbr. früh 6 Uhr ging es von Bremen ab u. brachte uns das ‚Dampfroß' nach Bremerhafen, wo wir ‚verladen' wurden, ich sage verladen,- denn einmal auf

---

[199] 2-P.8.B.8

[200] Forschungsbibliothek Gotha: Gebhardt / A. W. Senne (undatiert, nach 1848)

Schiff (an Bord), wird der Zwischendecks-Passagier nur als Ballast, der gefüttert werden muß, behandelt!!"[201]

Ein weiteres Beispiel findet sich in einer Akte des Bremer Senats vom 29. September 1867, in der ein erschienener Artikel über das Schiff „Wilberforce" von Kapitän F. Budelmann, auf Quebec expediert, vorliegt:

„Ein Mann, welcher das, was er schreibt, mit seinem Namen vertritt, der Dr. Dover zu Garver in Minnesota, berichtet von dort dem in Milwaukee erscheinenden ‚Herold' Folgendes. Vor kurzem trafen im Wohnorte des Berichterstatters mehrere Familien aus Preußen ein, die blaß, matt und ausgezehrt aussahen und über ihre Erlebnisse nachstehende Auskunft gaben. Am 5. Juni ging das Schiff ‚Wilberforce' mit 560 bis 580 deutschen Passagieren von Bremen nach Quebeck ab. Bald merkten die Auswanderer, in welche Hände sie gerathen. Von der Mannschaft wurden sie wie das Transportvieh behandelt, geschimpft und gestoßen, vom Koch und vom Bootsmann gemißhandelt, und bei der geringsten Klage über Ungenießbarkeit der Kost hieß es: ‚Gut genug für Euch Schweine.' Nach dem Kontrakt sollten die Passagiere 5 Pfund Brod wöchentlich haben; statt dessen erhielten sie 1 ½ Pfund, und so ging es mit allen anderen Lebensmitteln: Die Quantität war unzureichend, die Qualität unter der Kritik. Nach ungefähr 5 Wochen brachen Blattern und Hungertyphus aus, das Elend wurde täglich größer, und bei der Ankunft in Quebeck, nach genau 8 wöchiger Reise, mußte ein großer Theil der Passagiere ins Hospital gebracht werden. Der Arzt erklärte ausdrücklich, daß nur Hunger die Ursache der Krankheit sei. Dreizehn Kinder waren unterwegs absolut an Nahrungsmangel gestorben. In Quebeck aber ließ der Kapitän große Quantitäten von Fässern mit Bohnen, Reis, Erbsen, Sauerkraut, Pflaumen usw. ans Land schaffen und für seine Rechnung verkaufen.- Dies im Wesentlichen der uns vorliegende Bericht. Das preußische Generalkonsulat hierselbst, dessen Eifer rühmend hervorzuheben ist, wird wohl in Quebeck die näheren Erkundigungen einziehen und danach das Nothwendige veranlassen. Bei einer früheren Gelegenheit riethen wir den deutschen Auswanderern, nur über Hamburg oder Bremen zu gehen; es zeigt sich aber jetzt, daß sie auch dort vor dem schmachvollen Ausbeutungssystem nicht immer sicher sind. Unter allen Umständen ist vor der Reise über Quebeck von irgend welchem Einschiffungsorte zu warnen; in New York ist doch immerhin eine Kontrolle vorhanden, welche einige Vorsicht nothwendig macht. Seitdem ganz Norddeutschland zur Handels- und verkehrspolitischen Einheit geworden, ist die Aussicht bedeutend erleichtert, und keine Kontravention der bestehenden Gesetze sollte ungeahndet bleiben."[202]

---

[201] Ebd., Wehrmann / unbekannter Schreiber (1882)
[202] 2-P.8.B.8.c.1.b.

Die Bremer Stadtväter gingen den Beschwerden zwar nach, erlangten aber häufig die Ansicht, alles sei unbegründet, vermutlich motiviert durch die Angst vor einem schlechten Ruf.

An dieser Stelle sei eine der Senatsakten ausführlich betrachtet, und zwar die „Akta, betr. *Untersuchung gegen den Kapitän Gärdes vom Schiffe ‚Ocean'; Anlass: Beschwerde Passagiere wegen schlechter Behandlung auf der Überfahrt auf Baltimore (19.01.1869)"*[203].

Am 17. Oktober 1868 nahmen 192 Personen Passage auf dem Bremer Segler „Ocean"; laut Kontrakt sollten sie freie und reichliche Beköstigung auf der Überfahrt erhalten, doch stattdessen erwartete sie Mangel und Einseitigkeit, und zwar trotz vorhandener Kapazitäten. Passagiere des Zwischendecks und der 2. Kajüte beschwerten sich deshalb beim Kapitän, doch dieser jagte sie zurück in ihre Quartiere. Der Koch verfolgte sogar einen Passagier, Franz Haushold, und schlug ihn mit der Faust wegen der „frechen Vorwürfe", wie der Misshandelte selbst angibt. Daraufhin setzten diese Passagiere in Chicago (Illinois) am 19. Januar 1869 eine schriftliche Beschwerde auf.

In Bremen wurden die Vorwürfe untersucht. Die Verpflegungsnachweise wurden kontrolliert und dem Kapitän Gelegenheit zur Rechtfertigung gegeben. Das erstaunliche Ergebnis der Untersuchung findet sich in der „*Acta betreffend Beschwerde einiger Passagiere über Beköstigung und Behandlung an Bord des bremischen Schiffes Ocean während ihrer Überfahrt nach Baltimore und im Sonderfalle eingeleiteter Untersuchung, welche völlige Grundlosigkeit ergaben"*[204].

Auch die königliche Presse schlug sich auf die Seite des Kapitäns, verurteilte das Verhalten der sich beschwerenden Passagiere und beschuldigte gar die dortige Deutsche Gesellschaft, aufgrund von Rivalitäten mit anderen Auswanderergesellschaften die Auswanderer aufzuhetzen:

„Erste Beilage zur Königl. Privilegirten Berlinschen Zeitung Mittwoch den 24.02.1869:
‚Aus Bremen, 21. Februar, schreibt man uns: Elf von den 188 (oder nach anderer Angabe 192) Zwischendecks- und Cajüt-Passagieren des hiesigen Segelschiffs

---

[203] 2-P.8.B.8.c.1.b. 47-98
[204] 2-P.8.B.8.c.1.b. 0008

‚Oceanus', Kapitän Gärdes, das am 15. Januar nach fast Dreimonatlicher Fahrt in Baltimore gelandet ist, haben bekanntlich am 19. Januar in Chicago vor dem Agenten der deutschen Gesellschaft daselbst und einem Notar eine Anschuldigung gegen Kapitän und Mannschaft des genannten Schiffes deponiert, welche dann ihren Weg auch in die deutsche Presse gefunden hat. Die hiesige Auswandererbehörde hat davon Anlaß genommen, sich wegen bestimmterer Substantiierung der sehr vagen Anklage und wegen etwaiger bestätigenden oder widersprechenden Aussagen anderer Zeugen an das norddeutsche Generalkonsulat in New York zu wenden. Auch wird, sobald der ‚Oceanus' wieder auf der Weser eintrifft, Kapitän und Mannschaft amtlich vernommen werden. Auffallend ist neben der Vagheit der von einem so kleinen Theil der Reisegesellschaft erhobenen Klagen, daß dieselben erst in Chicago und nicht schon in Baltimore bei der ja auch dort bestehenden deutschen Gesellschaft angebracht worden sind. Die Kläger haben sich (und ebenso die Wahrheit) dadurch um den Vortheil sofortiger Abhörung der beschuldigten Mannschaft und Besichtigung des Schiffes gebracht. Oder wollten sie dieser Prüfung ihrer Beschwerden vielmehr geflissentlich aus dem Wege gehen? Der Umstand, daß gerade in Chicago neuerdings derartige Anschuldigungen, die besser im Landungshafen erhoben würden, wiederholt an die große Glocke gehängt werden, und daß die dortige deutsche Gesellschaft mit den deutschen Gesellschaften der Hafenplätze, namentlich der zu New York in erbittertem Streite liegen, bringt beinah auf die Vermutung, daß es sich hier weniger um einen Ausfluß warmen Rechtsgefühls als um ein nicht sehr schwierig zu beschaffendes Mittel handelt, der rivalisierenden Gesellschaft am Landungsplatze als einer scheinbar sorglosen und nachlässigen am Zuge zu flicken.'"[205]

Kurz darauf forderte sie schließlich den öffentlichen Widerruf der Anschuldigungen gegen den Kapitän:

„Zweite Beilage zur Königlichen Privilegierten Berlinischen Zeitung 6.3.1869:
‚Aus Bremen, 4. März, schreibt man uns: Nachdem die Anklage der ‚Illinois-Staatszeitung' gegen die Behandlung von Auswanderern auf dem Bremer Schiff ‚Ocean' die Runde durch die deutsche Presse gemacht hat, wird man auch der Widerlegung derselben im ‚Baltimore-Wecker' die Aufnahme nicht versagen. Kapitän Gärdes fragt zunächst mit Recht, warum die elf Beschwerdeführer ihn nicht sofort nach der Landung in Baltimore angeklagt hätten, sondern erst in Chicago, wo sie allein das Wort nehmen konnten? Dann weist er die ‚Gemeinheiten', welche man ihm und seinen Offizieren zur Last lege, d.h. der Heimliche Umgang mit Frauenzimmern im Zwischendeck, entrüstet zurück. Dann veröffentlicht er Zeugnisse von noch in Baltimore gegenwärtigen Passagieren, die durchweg günstig lauten.

---

[205] 2-P.8.B.8.c.1.b

Und endlich bescheinigt ihm der Agent der deutschen Gesellschaft in Baltimore (Wellinghoff), daß er in Gemeinschaft mit zwei amerikanischen Zollbeamten den Proviant des Schiffes geprüft und alles, soweit noch vorhanden, im besten Zustand gefunden habe.- (...)'"[206]

Zwei weitere Probleme auf den Segelschiffen werden häufig in den Briefen erwähnt. Zum einen ist dies die ausbleibende Verpflegung am Einschiffungstag:

„Auch wurde zum Entrée Abends nichts zu Essen verabreicht; also hungrig zu bette. Diese geizige Diät gefiel mir gleich nicht gut indeß ich mußte kuschen. Am morgens gabs Essen, Brodt, Butter und Wasser in Ueberfluß."[207]

„das jammern der Passagiere ging gleich los, den 1 Tag bekamen wir kein bischen warm zu essen (...) den 2 und 3 bekamen wir nur ein Stück Fleisch, welches man noch nicht essen konnte, den man hatte ja kein Wasser daß man sich den Durst stillen konnte, den 4 bekamen wir unsere Kost, aber sehr wenig, ein jeder bekam 5-6 Löffel voll zu essen (...) 8 Pfund Brod bekamen 4 Mann die ganze Woche! Die ersten 14 Tage gings, so lang war es noch genießbar, aber die 3 und 4 Woche wars so verdorben, daß man aus einem 8pfündigen Brode nur ungefähr 1 Pfund gutes heraussuchen konnte, trotz alle diesen bekamen wir noch nichts mehr. Gingen wir zum Herrn Kapitain und beklagten uns, so bekamen wir Prügel, oder sollten angeschlossen werden."[208]

Das zweite Problem war die Zubereitung der Mahlzeiten. Gerade zu Beginn des 19. Jahrhunderts gab es oftmals keine Küche, in der Mahlzeiten für das Zwischendeck zubereitet wurden. Mehrere hundert Passagiere mussten sich ihr Essen nach Zuteilung der Rationen selbst zubereiten und sich hierzu vier bis sechs Kochstellen teilen, was beständig zu Streit und Raufereien führte. Kaum einer konnte in Ruhe kochen. Da Feuer im Zwischendeck aus Sicherheitsgründen verboten war, befanden sich diese Kochstellen an Deck. Das bedeutete, dass bei schlechtem Wetter die warmen Mahlzeiten ausfielen.

Trotz der vielen Probleme und häufigen Beschwerden gab es aber auch viele gute Kapitäne, die ihre Fahrten gewissenhaft vorbereiteten und sich fürsorglich um ihre Passagiere kümmerten. Daher gab es auch ebenso viele

---

[206] 2-P.8.B.8.c.1.b
[207] Forschungsbibliothek Gotha: Vogt / unbekannter Schreiber (1859)
[208] Ebd., Dettmold, NRW Staatsarchiv / C. Seveking (1854)

Auswanderer, die durchaus zufrieden waren. Immer wieder kam es vor, dass solche Fahrgäste Dankesadressen in Zeitungen veröffentlichten, in denen sie sich für gute Behandlung und Verpflegung bedankten und ihren Landesgenossen entsprechende Kapitäne zur Überfahrt empfahlen. Für die Reedereien war dies natürlich hoch erwünschte Werbung. Als besonders menschenfreundlich galt z.b. der Kapitän Heinrich Wieting, der sogar den Beinamen „Vater der Auswanderer" erhielt und über mehrere Jahre Passagiere sicher von Bremerhaven nach Charleston brachte.

Wieting selbst berichtet nur über zufriedene Passagiere, wurde aber auch in den Zeitungen wegen seiner humanen Behandlung sehr angepriesen. Über seine Ankunft in New York am 2. Juli 1852 berichtet z.b. die Deutsche Auswandererzeitung: *„Bremer Bark Copernicus, Wieting, (…), gute Fahrt, gute Kost, gute Behandlung"*[209], oder am 18. Mai 1854: *„Bremer Bark Copernicus, Wieting, 39 Tage, 145 Passagiere, recht gut, Behandlung besonders human, Kost zur Zufriedenhait der Passagiere."*[210]

Wilhelmine Dunker reiste hochschwanger und mit vier Kindern im März 1854 auf einem Segler von Bremen nach New York, und war zufrieden mit der Verpflegung im Zwischendeck:

> „Und wir haben auch ziehmlich gut Essen gehabt, jeden Tag Speck oder Fleisch (Aber es war salzig!), jeden Tag Kartoffeln, aber nicht ganz viel, und Reiß Suppe. Und Sonntags und Sonnabends wurde das Brod, Zimt und Essig und Butter getheilt. Die Persohn bekam 3 Pfund Schwarz und 2 Pfund Weisbrod. Und jeden Morgen Kaffe, aber sehr stark von Deutschen Kaffe. Wir ließen uns gekochtes Wasser geben und machten uns selber Kaffe, und des Abends Thee; der Thee hat einen sehr übel Geschmack. Dann nahmen wir wieder gekochtes Wasser und machten uns Brod-Suppe. Ich muß bemerken, solche Schiffe gebens selten: wir haben keinen Hunger gelitten."[211]

Christiane Haun reiste 1853 in der 1. Kajüte nach Texas, und berichtet ebenfalls höchst zufrieden von der Verpflegung:

---

[209] Bullerdiek, Jörn: „Was ferner vorkömmt…", S. 148
[210] Ebd., S. 208
[211] Kammeier, Heinz-Ulrich: „Halleluja…", Wilhelmine Dunker (1854/55), S. 23

„Wir hatten übrigens sehr gute Kost, welche ich Euch doch des Interesses wegen näher beschreiben muß. Sonntag: Hühnersuppe mit Reis, zum Fleisch Kartoffeln, Apfelschnittchen und gewöhnlich irgendein eingemachtes junges Gemüse, dann Plumpudding mit Weinsauce, zuletzt Knackmandeln und Rosinen. Montag: Erbsensuppe, dann geräuchertes oder gepökeltes Fleisch, Reismus mit Zucker und Zimt, rohen Schinken und gebackene Pflaumen. Dienstag: Graupensuppe mit Rotwein, saure Linsen, Wurst und gepökeltes Schweinefleisch, Pflaumen und Salzkartoffeln, dann Sirup und Brot. Mittwoch: Weiße Bohnensuppe mit Essig nach Belieben, gepökeltes Rind- und Schweinefleisch, grünes Bohnengemüse, Kartoffeln und Pflaumen. Donnerstag: Sagosuppe mit Rotwein, dann Gänsebraten, Kartoffeln und Apfelschnitte, Pudding mit Weinsauce, Knackmandeln und Rosinen oder frische Äpfel. Freitag: Graupensuppe mit Rotwein, Sauerkraut mit Stockfisch und Pökelfleisch, Kartoffeln und gebackene Pflaumen. Sonnabend: Geschälte Gerstensuppe mit Pflaumen, eingemachter Braunkohl mit Grützwurst und Pökelfleisch, Kartoffeln und Apfelschnitten. Des Abends gab es immer Mehl- oder Brotsuppe (welche wir uns besonders ausgebeten hatten), dann Labskaus (eine Speise aus Kartoffeln und Fleisch oder Stockfisch mit Fettgebratenem), Heringssalat oder gebratene Kartoffeln, Faßbutter (die ich nie habe essen können, obgleich die anderen sagten, sie sei sehr gut), holländischer oder Kräuterkäse und Tee. Zum Frühstück neun Uhr morgens bekamen wir Kaffee, weich gesottene Eier auf Butter, Sardellen, Schinken oder kaltes Pökelfleisch, Zervelatwurst, Käse und Butter, dazu Hamburger Schwarzbrot, Zwieback und Schiffszwieback, der so hart war, daß man ihn kaum beißen konnte. Den Sonnabend gab es allemal abends Pfannkuchen und eingemachte Preißelbeeren. Überdies war unser Kapitän sehr nobel, denn er spendierte uns an den meisten Abenden Weiß- und Rotwein, kalten oder warmen Punsch, selbst Madeira und Portwein mit Konfekt und Selterwasser, sooft wir es trinken wollten."[212]

Auch Justine Bachmann und die Urgroßtante von G. de Buhr hatten auf ihren Reisen keine Beschwerden:

„Die Schiffsleute waren alle sehr freundschaftlich, die Kost auch sehr gut und auch genug, alle Tage Fleisch mit Gemüße, den Sonnabend Graupen mit Pflaumen und Hering, Butter auch genug und gut, nur scharf gesalzen (…) Ich habe in meinem Leben noch nicht so viel Fleisch und Butter gegessen, als jetzt."[213]

---

[212] Pohl-Weber, Dr. Rosemarie (Hrsg.): Mit dem Paketsegler, S. 13/14
[213] Forschungsbibliothek Gotha: Piehler / Justine Bachmann (1853)

„Die Kost auf dem Schiff war ziemlich gut. Zu Mittag gab es nichts als Suppen von grünen und weißen Erbsen, Bohnen-, Gersten- und Mehlsuppen. Fleisch und Speck gab es gut und reichlich, es war aber unschmackhaft."[214]

Gute und schlechte Verpflegung gab es auf allen Reiserouten nach Amerika. Da etwa 90% der Auswanderer in die USA reisten, gab es hier natürlich auch die meisten Beschwerden. Dennoch waren die Bedingungen auf dieser Reiseroute in der Regel die besten, denn hier herrschten die strengsten Kontrollen. Besonders schwierig waren die Reisen nach Südamerika, denn hier waren die Überfahrten besonders lang und entsprechend verdarb viel Proviant und die Planung für die Versorgung war besonders schwierig. Auffällig ist, dass bei der verhältnismäßig geringen Anzahl Reisender nach Quebec erstaunlich viele Beschwerden vorliegen. Da Reisen nach Quebec nicht so häufig waren, lässt sich vermuten, dass diese Beschwerden mit bestimmten Schiffsexpedienten verbunden werden können. Beweisen lässt sich diese Vermutung aber nicht mehr, da nicht bei allen Auswanderern die genutzten Schiffe nachvollzogen werden können.

In den westeuropäischen Häfen wie Antwerpen, Le Havre oder Rotterdam waren die Auswanderer selbst für ihre Verproviantierung zuständig[215] und meistens deutlich überfordert mit dieser Aufgabe. Es war nicht einfach, den täglichen Bedarf an Nahrung unter den unbekannten Bedingungen richtig einzuschätzen, und die gänzlich unkalkulierbare Dauer der Überfahrt war ein zusätzliches Problem. Es kam häufig vor, dass Passagiere aufgrund unzureichender Verproviantierung Hunger leiden mussten, oder aber zu völlig überteuerten Preisen Lebensmittel vom Kapitän oder Reisegenossen kaufen mussten. Dabei war der Großeinkauf eines Expedienten natürlich deutlich günstiger als Einzelkäufe.

In den Bedingungen der Überfahrt Bremer Reeder wird ausdrücklich auf „wohlbekannte Vorzüge" des Hafens Bremen vor den fremdländischen Plätzen Rotterdam, Antwerpen und Le Havre in Bezug auf freundliche Be-

---

[214] Ebd., Norden / unbekannte Schreiberin (undatiert, nach 1850)
[215] 1855 verboten dann die USA die Selbstbeköstigung der Passagiere für alle einlaufenden Schiffe.

handlung, gute, reichliche und gesunde Beköstigung, Sicherheit und Schutz[216] hingewiesen.

Dennoch hielten viele Passagiere die Selbstbeköstigung für besser, da man dann nach eigenem Geschmack den Proviant zusammenstellen und zubereiten konnte. Besonders die süddeutschen Passagiere reagierten widerwillig auf die zwar nahrhafte, aber einseitige Matrosenkost, die geboten wurde. Juden hingegen konnten für ihre koschere Verpflegung sorgen, auf die sonst keine Rücksicht genommen wurde.

Obwohl es, wie dargestellt, auch auf den Bremer Segelschiffen zu mangelnder Verpflegung und Hunger kam, waren hier die Bedingungen in der Regel ausgesprochen gut, ebenso wie auf Hamburger und amerikanischen Schiffen. Besonders schlimm waren hingegen die Bedingungen auf den holländischen Schiffen, wo es zu Überfahrten mit dramatischem Passagierverlust durch Hunger und Durst kam. Auch die englischen und französischen Schiffe boten deutlich schlechtere Bedingungen. Frank Leslies „Illustrirte Zeitung" lobt die Bremer (und Hamburger) Dampfer ausdrücklich wegen guter Verpflegung, anständiger Behandlung und Sicherheit von Person und Gepäck. Vor der Auswanderung über Antwerpen und der Benutzung englischer Dampfer warnt er hingegen ausdrücklich[217].

Der Auswanderer Faust empfiehlt 1877 als Reisehafen ebenfalls „die beste Linie ist die Bremer, dann Hamburger, dann Belgische dann die schlechte Englische dann Holländische Linie"[218].

Nach Engelsing geschah die Zubereitung des Essens auf allen Seglern gleich: Sonntags gab es Salzfleisch, Mehlpudding und Pflaumen, montags gesalzenen Speck, Erbsen und Kartoffeln, dienstags Salzfleisch, Reis und Pflaumen, mittwochs geräucherten Speck, Sauerkohl und Kartoffeln, don-

---

[216] 2-P.8.B.8.

[217] Deggim, Christina / Christiane Harzig: Deutschland im Gepäck. Deutsche Auswanderung zwischen 1875 und 1880, dokumentiert in Berichten und Grafiken aus „Frank Leslie's Illustrierter Zeitung". Bremerhaven 1987, ohne Seitenangaben

[218] Förderverein Deutsches Auswanderermuseum Bremerhaven (Hrsg.): Leb' wohl Deutschland. Tagebuch der Auswanderung des Frederick Faust 1877 nach Amerika. 1992, ohne Seitenangaben

nerstags Fleisch, Kartoffeln und Bohnensuppe, freitags Hering, Gerste und Pflaumen und sonnabends gesalzenen Speck, Erbsensuppe und Kartoffeln. Morgens gab es Kaffee, abends Tee, Brot und Butter wurden in wöchentlichen Rationen ausgeteilt.[219] Für den Beginn des Jahrhunderts kann das Tagebuch des Friedrich Gerstäcker als Augenzeuge herangezogen werden:

> „… eine kleine Uebersicht unserer Mahlzeiten, wie wir sie ‚einfach aber geschmacklos' täglich halten! – Morgens … wird Kaffee gefasst, -/: Kaffee nennen sie hier NB. Ein braunes dünnes Getränk, das einige Aehnlichkeit mit Kaffee hat! – Dazu verarbeiten wir eine braunschwarze Masse bimsteinartige Masse die sie Schiffszwieback nennen, die aber in etwas heißes getaucht, und mit Butter beschmiert recht genießbar wird! -/: Butter wird alle Sonnabend in ziemlich reichlicher Quantität und von bester Qualität vertheilt … Das Mittagessen ist verschieden, einen Tag Erbsen, den zweiten Bohnen, den dritten Erbsen, den vierten Erbsen, den fünften Bohnen den 6ten Sauerkraut, täglich mit gutem Speck oder salzigem Pökelfleisch… "[220]

Des Weiteren berichtet er noch davon, dass es sonntags Mehl und Pflaumen gab, die mit Butter angeknetet und gekocht eine Art Pudding ergaben. Gerstäcker ist Schriftsteller und reist alleine im Zwischendeck. Er arrangiert sich mit den gegebenen Bedingungen, und Not macht erfinderisch:

> „‚Frikadellentag' (…) Das salzige Fleisch auf dem Schiff ist so, ohne sich einen schrecklichen Durst auszusetzen nur in sehr geringem Maaße zu genießen, da wir aber dasselbe, sowie Speck, sehr reichlich bekommen, und es so nicht verconsumiren können, so wird an heiteren Tagen von unserer Coye (…) das Speck und Fleisch zusammengethan in Würfel geschnitten, und mit Beilen Hirschfängern und Messern so lange gehackt bis es ganz klein ist, dann wird Schiffszwieback gestoßen, ein paar Eyer irgendwo gebettelt, und der Kram wie Frikadellen geformt, und mit Butter in den Ofen geschoben, wonach es dann ganz genießbar schmeckt."[221]

---

[219] Engelsing, Rolf: Bremen als Auswandererhafen, S. 162/163
[220] Führer des deutschen Schiffahrtmuseums Nr. 5: Auf Auswandererseglern, Friedrich Gerstäcker (1837), S. 19/20
[221] Ebd., S. 26/27

Auch Heinrich Müller wusste sich zu helfen:

> „Ich habe immer so viel zu essen gehabt wie ich nur mochte denn wir putzten immer das Tischgeschirr von den Kapitain, dann kriegten wir immer was zu essen aus der 1. Kajüte."[222]

Verbesserung in der Verpflegung kam erst mit der Dampfschifffahrt auf, denn sie ermöglichte das Mitführen größerer Proviantmengen und erlaubte somit auch größere Tagesrationen. Die Dampfer hatten auch alle einen Koch für das Zwischendeck, auf der „Bremen" gab es laut Gerstenberger jeweils eine eigene Küche für Zwischendeck, 1. und 2. Kajüte. Ab 1868 konnte Frischfleisch zubereitet, weshalb eigens Rinder und Schweine als Lieferanten transportiert wurden, und Brot gebacken werden. Die Beschwerden über die Verpflegungssituation der Kajütspassagiere verstummen ab diesem Zeitraum völlig, ihre Versorgung wurde zunehmend vielfältiger und luxuriöser:

> „Um 7 ½ Uhr wurde die Glocke gezogen, dann eilte man hin zum Frühstück. Die Kellner kamen mit gebratenem Fisch, Fleisch oder gebratener Leber [während Zwischendeckler im Gang anstanden, um Löffelspeise abzuholen! Anmerkung T.F.], Wurst und Kartoffeln, welche warmen Speisen wir vorübergehen ließen; nur wenn es Eier gab, dann griffen wir zu. Brödchen und Weißbrod waren jeden Morgen frisch und an Butter, Rahmkäse, Schinken, Heringen fehlte es nicht, wozu Caffee mit Milch und Zucker getrunken wurde. (…) Um 12 Uhr zu Mittag gabs Suppe, Fleisch und Kartoffeln mit Rüben, Seescholle mit Butter, Kalbfleisch mit Bickbeeren, Pudding mit Weinsauce, Äpfeln, Mandeln und Nüsse. Um 4 Uhr wurde Caffee getrunken, wozu man sich ein Brödchen nehmen konnte, zuweilen auch Chocolade und Kuchen. Um 7 Uhr zum Abendbrod war der Tisch besetzt mit Fleisch, Kuhzunge, Sardinen, Humber, Gurken, Schinken, Heringssalat, Pellkartoffeln usw., wozu Thee getrunken wurde."[223]

Was die Kajütspassagiere an Qualität im Übermaß erhielten, wurde hingegen im Zwischendeck offensichtlich weiter häufig eingespart: *„Gefallen hat es uns auf dem Dampfer Leibzich nicht das Essen war ein Schweinefrus"*[224] und *„Die Verpflegung auf dem Schiff war miserabel"*[225].

---

[222] Forschungsbibliothek Gotha: Ohle / Heinrich Müller (1857)
[223] Ebd., Bekker / Karl und Bina Kleene (1873)
[224] Ebd., Hager / Ludwig Weber (1881)
[225] Ebd., Herrmann / Robert Prang (1887)

Natürlich gab es auch in dieser Zeit Unterschiede in der Ausstattung der Schiffe, und auch jetzt waren manche Auswanderer im Zwischendeck zufrieden:

> „Gegen 11 Uhr fuhr ‚General Werder' mit uns ab. Um 12 Uhr bekamen wir schon Mittagessen. Es gab Vizebohnensuppe und Pellkartoffel und ein großes Stück Fleisch. Ein jeder ging mit seiner Schüssel zur Küche und holte sich soviel Portionen, als er mochte. (...) Diejenigen, welche zu Hause einen schlechten Tisch geführt haben, können sich auf dem Schiffe ordentlich erholen"[226],

berichtet August Oberschulte seinen Eltern 1882.

Großes Glück hatte die junge Louisa Christina Hansen 1880 auf ihrer Reise Bremen-New Orleans 1880. Der erste Offizier des Dampfers „Nürnberg" kam gebürtig aus der Nähe von Louisas Heimatort und nahm sich des alleinreisenden jungen Mädchens an, denn *„eine Zwischendecksreise ist eine schreckliche Sache"*[227]. Er besorgte ihr und ihrer Freundin Bücher zum Lesen, Obst und sogar Eiskrem.

Ab 1891 verbesserte sich die Verpflegung noch einmal deutlich, auch im Zwischendeck, denn der beträchtliche Rückgang der Auswandererzahlen nach 1885 führte zu einem härteren Konkurrenzkampf zwischen den Schiffseignern. Seit der Einführung der Schnelldampfer etwa 1890 wurde sogar koscheres Essen für Juden[228] angeboten. Der Komfort für Kajütspassagiere wurde weiter gesteigert, und die Verpflegung nahm geradezu fantastische Dimensionen an:

> „Der Speisezettel ist so mannigfaltig, das Gebotene so reichlich, daß einer schon zwei Reservemägen haben dürfte, wenn er alles, was angeboten ist, auch nur versuchen wollte. Hier ist z.B. die Frühstückskarte vom 24. August. Es kann sich davon jeder aussuchen und bestellen, was und wieviel er mag: Aepfel, Apfelsinen, Bananen, Birnen, Zuckermelone. Maisgries, Milchreis, Hafergrütze. Gebrat. Seezunge, Sardinen auf Toast, ger. Heringe, Sahnen-Schnitzel, Sirloinsteak, Meerrettigbutter. Nieren am Spieß, Schweinskoteletten mit feinen Kräutern, Gänseleber mit Aepfel, geröst. und gebr. Hammelkoteletten, Beefsteak geröst. und gebr., Northire Schinken und Speck, Brat- und Salzkartoffeln, Saratoga-Kartoffeln.

---

[226] Kammeier, Heinz-Ulrich: „Halleluja...", August Oberschulte (1882), S. 245

[227] Hansen-Rollfing, Louisa Christina: Lebenserinnerungen, S. 51

[228] Gelberg, Birgit: Auswanderung nach Übersee, S. 50

Eierspeisen: Eierkuchen mit Risotto, gekochte Eier, Spiegeleier, verlorenen Eier auf Toast, Rührei mit Bücking, Eier türkische Art. Pflaumen und deutscher Eierkuchen, Reis- und Buchweizen-Kuchen. Kalt: Rostbraten, Leberwurst, ger. Schinken, Cornbeef, Käse. Kaffeebrot, Brezeln, Brötchen, Hörnchen. Kaffee, Tee, Kakao, Schokolade. Marmelade, Frucht-Gelee, Ingwer, frische Milch, Sahne. Herz, was willst du noch mehr?"[229]

„Auch hier wollen wir wieder irgend eine Speisekarte selbst sprechen lassen. Greifen wir auf Geradewohl heraus die Karte vom 27. August. Da gab es als gemeinsames Mahl: 1. Kartoffelsuppe oder Bouillon; 2. Rumpfstück mit Boston-Sauce und Bruchspargel; 3. Gebr. Küken mit gebackenen Kartoffeln; 4. Gedünstete Pflaumen und Prünellen, Mikados (Zuckergebäck) Kaffee, Tee. Aber auf Wunsch kann jeder auch noch folgendes haben: Warm: Panfisch, Beefsteack, Hammelkoteletten, Kasseler Braten, Frankfurter Wurst, Sauerkohl, Erbsen- und Kartoffelmus, Kalbszunge nach Delmonico, Eierspeisen, gek. Reis, Bratkartoffeln. Kalt: Sardellen-Eier, Steinpilze-Mayonnaise, Bremer-, Winter-, Beaconsfield-, Amerikanischer-, Rote Beeten-, Sizilianischer-Kohl-, Mulgrave-, Regenten und Kartoffel-Salat, Radieschen; Rostbraten, geräucherter und gekochter Schinken, Sächsische Blutwurst, Bremer Mettwurst, Thüringer Leberwurst, Nagelholz, Rindszunge, Sülze, Rheinlachs, Aal in Gelee, Kieler Bückinge, Sardellen, Sardinen, Heringsfilet in Champignon-Sauce, Perlzwiebeln, Oliven, Essiggurken, Gorgonzola-, Lloyd- und Edamer-Käse."[230]

Am letzten Abend von Gerstenbergers Reise wurde zum Kapitänsdiner geladen:

„Heute erscheint alles in Gala; sogar Balltoiletten hatten einzelne angelegt. Die Speisekarten, welche ohnehin lithographische kunstvolle Farbendrucke sind und seitens der Passagiere als Andenken reißenden Absatz finden, tragen heute noch eine Extraverzierung (...) Der feineren Ausstattung der Speisekarten entsprach die feinere Tafel und die hohen Konditorkunststücke. (...) Zum Schlusse werden alle Lichter ausgedreht und es kamen die 48 Stewards [gegen nur einen Zwischendeckswärter, Gerstenberger S. 37, Anmerkung T.F.] herein in einer langen Polonaise, abwechselnd einen Lampion mit Zuckeraufsatz und eine Platte mit brennendem Eis tragend."[231]

Hingegen heißt es bei ihm für das Zwischendeck:

„Die Kost für die Zwischendeckspassagiere ist einfach und gut. Das Fleisch ist von einer Beschaffenheit, wie man es nur in gleich guter Qualität in der Kaserne be-

---

[229] Gerstenberger, Liborius: Vom Steinberg, S. 19
[230] Ebd., S. 26
[231] Ebd., S. 55

kommt. Es gibt früh Kaffee mit einem Stück Brot; mittags Suppe, Fleisch und Kartoffelstücke, abends wieder eine Mahlzeit, z. B. Kraut mit Fleisch und Kartoffeln. Die Leute bekommen, soviel sie essen können; sie dürfen zwei- und dreimal ihre Gefäße füllen lassen. Bedingung ist nur, daß sie rechtzeitig kommen, denn das Personal kann nicht den ganzen Nachmittag dort stehen; es ist in den zehn Tagen der Reise ohnehin furchtbar angestrengt. Heißes Wasser zum Kochen von Tee, zum Waschen etc. bekommen sie soviel sie brauchen. Um billiges Geld werden auch Getränke verabreicht. So ist z. B. angeschlagen: Eine Flasche Rotwein (Medoc) 1 Mark."[232]

Trotz fehlendem Luxus im Zwischendeck herrschte nun weitestgehend Zufriedenheit bei den Auswanderen:

„Die Kost ist gut und reichlich, jedoch ungewohnt. Täglich wandern hunderte von Pfunden Brod und Fleisch ins Meer."[233]

„Zum Abendessen gab es Tee und Brot und Butter. Jeder bekam, soviel er haben wollte. (...) Ich holte mir öfter eine Flasche Bier, die freilich 75 Pfennig kostet. Selterwasser kostet 60 Pfennig."[234]

„Und ich will euch über das Essen Schreiben von Schiff, das war sehr gut. Wen ich das gewust hätte, dan hätte ich mier gar keine Butter mit genommen, den da gab es so viel, das ich von meine dem 4. Teil nicht gebraucht habe, und auch schöner Brod, da wurde geden Morgen frisch gebacken."[235]

Auch J. Führer, der 1850 nach San Francisco reiste, hatte keine Beschwerden.[236]

Die vorgeschriebene Proviantmenge entwickelte sich nun aber zum Streitpunkt. 1898 machte der NDL eine Eingabe an die Behörde für das Auswandererwesen. Hierin wird die VO über Auswandererschiffe bemängelt, nach der für jeden Reisenden vorgegebener Proviant in vorgeschriebener Menge mitzuführen sei; da aber nach Aussage des NDL einige Artikel nicht an Kajütspassagiere verabfolgt würden, nähmen überflüssige Mengen dieser Artikel Platz für frische Lebensmittel ein, vor allem da die neuen Doppelschraubendampfer angeblich oft weit mehr Kajüts- als Zwischendeckler

---

[232] Ebd., S. 39
[233] Forschungsbibliothek Gotha: Sachsenweger / Wilhelm Reichenbach (1871)
[234] Ebd., Meineke / Max Drechsler (1882)
[235] Kammeier, Heinz-Ulrich: „Ach, wie schön...", Heinrich Niedringhaus (1891), S. 7
[236] Forschungsbibliothek Gotha: Focken / J. Führer (1850)

transportierten. Zu den bemängelten Waren gehörten Heringe, Erbsen, Bohnen, Graupen, Hafergrütze, Sauerkohl, Gemüse (getrocknet und gepresst), Cichorien; daher forderte der NDL forthin eine Schiffsunterscheidung.[237]

Problematisch in der Versorgung der Auswanderer war anfangs auch die Ausstattung mit ausreichend Trinkwasser. Zunächst entnahm man das Trinkwasser aus der Weser. Mitte des 19. Jahrhunderts wurde in Bremerhaven eine Wasserleitung zum Hafen gebaut, um die Schiffe mit Trinkwasser gegen teures Geld zu versorgen. Auch kamen in den Häfen Bunkerboote mit frischem Wasser längsseits der Schiffe zum Einsatz.[238]

Bei einer Reise von 13 Wochen war je Passagier ein Oxhoft Wasser (216,5 Liter) vorgeschrieben, ging es jedoch nach New Orleans oder in einen texanischen Hafen mussten 1 ½ Oxhoft pro Kopf mitgeführt werden.[239] Bei längeren Reisen hatte der Bestand entsprechend anteilig vergrößert zu werden. Dennoch kam es häufig zu Wassermangel auf den Schiffen. Carl Seveking, der 1853 von Bremen nach New Orleans in 56 Tagen reiste, berichtet, dass auf dieser keineswegs ungewöhnlich langen Reise 108 Menschen verdurstet seien.[240] August Dreseler, der auf demselben Schiff reiste, berichtet sogar von 110 Toten.[241]

Wurde der Durst sehr groß, gingen die Passagiere dazu über, das Regenwasser aufzufangen:

> „Das Wasser war schlecht und Speck und Fleisch konnte kein Mensch essen, der Speck war zu salzig und das Fleisch stank. Das Essen wurde sehr dünn gekocht, zu trinken konnten wir erst garnichts kriegen, aber das meiste war auch schlechtes Wasser. Wir konnten auch nicht mit dem Wasser auskommen, und weil einer es dann sagte, stellte ein jeder seine Gefäße aus, soviel er hatte, daß man Wasser auf Vorrat bekam. 56 Tage sind wir auf dem großen Schiff gewesen."[242]

---

[237] 2-M.6.e.9.a.
[238] Volbehr, Klaus: Gesundheit an Bord, S. 27
[239] Führer des deutschen Schiffahrtmuseums Nr. 4: Auswanderung Bremen-USA, S. 33
[240] Forschungsbibliothek Gotha: Dettmold, NRW Staatsarchiv / Carl Seveking (1853)
[241] Ebd., Dettmold, NRW Staatsarchiv / August Dreseler (1853)
[242] Ebd., Wohlers / Heinrich Rahmann (1847)

„auf den Schiffe haben wir essen genug gehabt und geden Tag Fleisch oder Spek (...) aber das Wasser war die erste Zeit sparsam, den Sie waren vorsichtig, das wir am Ende keinen Mangel (...) leiden Mußten, den es heißt: Spare in der Zeit, So hast Du in der Noth.- wir sind zehn Wochen auf den Wasser gewesen..."[243],

heißt es noch 1861 in einem Brief von Franz Hinze an seinen Freund. Und 1882 berichtet William Haak, in einem ganz schmalen Gang zwischen Treppe und Luke

„steht der Bottig für's Trinkwasser der ‚Zwischendeckler'. An einem Bindfaden befestigt ist ein kleines Blechgefäß, aus diesem muß Trinken, wer eben seinen Durst löschen will. Doch nicht immer ist genügend Trinkwasser da, man geht spärlich damit um. Zu anderen Zweck den dieses Wasser zu benutzen ist streng untersagt & hält gewöhnlich ein ‚Zwischendecksmat' Wache.- Es gehört eine große Potzion Überwindung dazu, von diesem köstl. Nass, zum Zwecke seiner Erholung Gebrauch zu machen,- doch was hilft's, Not bricht Eisen!"[244]

Wie bei der Verpflegung musste sich aber auch beim Trinkwasser keine Not einstellen, so bei Wilhelm Hübsch 1833 zu sehen:

„Das Wasser ist noch immer ganz gut und in grossem Vorrath vorhanden; ich habe ihm zwar auch nicht wehe getan und die Not hat mich noch nicht dazu gezwungen, da wir mit Getränk mehr als hinlänglich versehen sind. Die Hunde werden mit Wasser überflüssig besorgt."[245]

Mit dem Aufkommen der Dampfschiffe verschwand das Trinkwasserproblem. Sie besaßen größere Ladekapazitäten und bessere Aufbewahrungsbedingungen, benötigten deutlich weniger Zeit für die Überfahrt, und es gab schließlich sogar die Möglichkeit, alkoholische und sonstige besondere Getränke in der nun vorhandenen Schiffsgaststätte zu kaufen. August Oberschulte erwähnt dies 1882 von seiner Dampfschifffahrt Bremen-New York.[246] Allerdings hatten die Getränke hohe Preise: 1 Flasche Bier 0,75 RM (normal: 0,20 RM), 1 kleine Flasche Wein 2,10 RM und 1 kleiner Kornschnaps 0,20 RM.

---

[243] Kammeier, Heinz-Ulrich: „Halleluja...", Franz Hinze (1861), S. 75
[244] Forschungsbibliothek Gotha: Wehrmann / unbekannter Schreiber (1882)
[245] Ebd., Hübsch / Wilhelm Hübsch (1833)
[246] Kammeier, Heinz-Ulrich: „Halleluja...", S. 245

Auch Gerstenberger berichtet 1904: *„Einige Zwischendeckspassagiere stehen vor dem ‚Laden‘, um sich Bier und sonstige Getränke käuflich zu erwerben."* [247]

Zunächst wurde das Wasser in Eichenholzfässern gelagert. Doch das Wasser faulte schnell, besonders in Fässern aus frischem Holz. Dabei wurden im Wasser Eiweißverbindungen in Schwefelwasserstoff versetzt, was den Geruch nach verfaulten Eiern mit sich brachte. Mit zunehmender Verwendung von Eisen im Schiffbau wurden auch eiserne Wassertanks auf den Dampfern eingeführt und das Lagern des Trinkwassers wurde unproblematisch. Mit der Einführung der Schiffsdampfmaschine kam die Möglichkeit der Süßwassergewinnung aus Meerwasser auf. Dieses war zwar trinkbar, aber nicht von guter Qualität und wurde überwiegend für Maschinen, zum Waschen usw. verwandt. Ab 1887 mussten Destillierapparate für frisches Trinkwasser sorgen.

5.5. Hygiene

Hygiene ist die Gesundheitspflege, die Krankheiten vorbeugen soll. In der heutigen Zeit gibt es zwei Bereiche, die öffentliche oder staatliche Hygiene und die persönliche Hygiene. In den Bereich der staatlichen Hygiene fallen die Sorge um keimfreies Trinkwasser, die Versorgung mit einwandfreien Lebensmitteln, Seuchenverhütung, Gewerbeaufsicht, Fürsorge für Kranke u. ä. In den Bereich der persönlichen Hygiene hingegen fallen z. B. die Körperpflege, gesunde Lebensweise usw. Zu Beginn des 19. Jahrhunderts steckte das Wissen um die Notwendigkeit von Hygiene noch in den Kinderschuhen, und entsprechend mangelhaft waren die Bedingungen ebenso wie die Kontrolle derselben.

Auf den Segelschiffen herrschte ständige Feuchtigkeit, denn die hölzernen Schiffsrümpfe waren nie vollständig dicht. Besonders schlimm war es, wenn es sich um frisches Holz handelte, denn Risse und Spalten boten Durchlässe für Gase, Insekten und Wasser. Von den Bordseiten unter Wasser, die durch nicht dicht schließende Planken und den Besatz der Bohrmuschel

---

[247] Gerstenberger, Liborius: Vom Steinberg, S. 46

stark gefährdet waren, drang die meiste Feuchtigkeit durch. Bei hoher See, Regen oder durch das Deckwaschen kam zusätzliche Nässe von oben. Die Wände waren oft so feucht, dass sie mit Schimmel überzogen waren, und auch die Kleidung der Auswanderer ständig feucht war. Friedrich Gerstäcker handelte einem Matrosen einen seiner Anzüge ab, um dieser ständigen Feuchtigkeit auf dem Segelschiff zu entgehen:

> „Die Wellen schlugen mit solcher Gewalt über das Verdeck herüber daß es kaum auszuhalten war, und man im Augenblick durchnässt wurde, ich bin wenigstens 5Mal katzennass geworden und musste endlich nolens volens ins Zwischendeck, das ist aber schrecklich und der Dunst der Passagiere alle die hier zusammengedrängt waren kaum zum Aushalten, wenn man aber die Sachen fortwährend nass hat faulen sie wahrhaftig auf dem Leibe, ich habe aber jetzt den Gefirnissten Anzug eines Matrosen auf dem Striche, der ihn mir vielleicht für ein Billiges abläßt"[248]

Und zwei Tage später:

> „Ich hatte aber meinen Handel ins Reine gebracht, und für 3 rt [Reichstaler, Anmerkung T,F.] Rock, Hose und Hut oder Matrosen Mütze eingehandelt, zog das nun über meine Sachen, und ließ nun die Wellen über mich losfahren wie sie eben Lust hatten, wenn ich so eine rechte Lage bekam brauchte ich auch nur zu schütteln und war dann so trocken wie vorher!"[249]

Friedrich Gerstäcker hatte schon bei der Verpflegung das Talent bewiesen, sich den gegebenen Situationen anzupassen und für sich selbst das Beste herauszuholen. Mit dem Erwerb der Seemannskleidung war er nun ideal gegen die Unbilden des Wetters geschützt. Doch ist dieser Fall als Ausnahme zu betrachten, die Mehrheit der Auswanderer musste die Nässe während der Überfahrt ertragen.

Später versuchte man, die Planken durch verkittenden Anstrich und das Belegen des Schiffsrumpfes mit bleiernen oder kupfernen Platten abzudichten und vom Bohrmuschelbefall zu befreien. Eine wirkliche Änderung kam aber erst durch den Übergang vom Holz- zum Eisenschiffbau sowie durch den Einsatz von Dampfmaschinen und dem damit verbundenen Ein-

---

[248] Führer des deutschen Schiffahrtmuseums Nr. 5: Auf Auswandererseglern. Friedrich Gerstäcker (1837), S. 28
[249] Ebd., S. 29

bau von Heizungen auf; die Kanonenöfen der Segelschiffe hätten zwar einen ähnlichen Effekt gehabt, durften aber auf See wegen der Feuergefahr nicht in Betrieb genommen werden.

Die mangelnde Kenntnis über Hygiene führte zu nachlässiger Sauberhaltung des Schiffes. Ganz unten im Schiff, in der „Bilge", sammelte sich z.b. eine Brühe aus abgestandenem Wasser, Unrat, Speiseresten und Erbrochenem. Blieben bei schlechtem Wetter die Luken zum Deck geschlossen, kamen auch Urin und Kot hinzu und boten den Ratten ein Paradies.[250] Das „Lenzen" (Leerpumpen) der Bilge gehörte zwar mit zu den Routinearbeiten, geschah aber nicht häufig genug. So sammelte sich ein Pfuhl aus Schmutz und Bakterien, der einen gefährlichen Krankheitsherd bildete. Auch im Zwischendeck selber war die nötige Reinlichkeit selten:

> „3/4 der Menschen waren seekrank (…) wenn die 400 Menschen (so viele waren allein im Zwischendecksraum auf unsern Schiffe) (??) wenn 400 Menschen zu gleich kotzen die Nacht ging mit Würgen und Kopfhängen vorüber und man sah ganz deutlich die Früchte und Spuren des nächtlichen Fleißes am andern Morgen auf dem Fußboden und in den Gängen, auf den Treppen und auf den Elasells. Ein Wohlgeruch, wozu fast ein Jeder das Seinige beigetragen hatte, verbreitete sich durch den ganzen Schiffsraum."[251]

Da werden selbst Sturm und Unwetter zum ersehnten Reinemacher erkoren:

> „Alles hat gut gegangen, das Deck war mal rein abgewaschen worden [durch den Sturm, Anmerkung T.F.] wonach sich jedermann gesehnt hatte; denn der Schmutz war übergroß drauf. Hole der Teufel die weltberühmte holländische Reinlichkeit!"[252]

A.W. Senne beklagt außerdem die fehlende Sauberkeit in der Küche:

> „Früh wird Kaffee (vielleicht Saubohnenbrühe) und heißes Wasser, Abends heißes Wasser und Thee, Gott weiß aber was für Krautbrühe es ist, verabreicht; er hat keinen anderen Geschmack als den Nachgeschmack von dem in dem Kessel berei-

---

[250] Volbehr, Klaus: Gesundheit an Bord, S. 8

[251] Forschungsbibliothek Gotha: Vogt / unbekannter Schreiber (1859)

[252] Förderverein Deutsches Auswanderermuseum Bremerhaven (Hrsg.): Leb' wohl Deutschland. Tagebuch der Auswanderung des Frederick Faust 1877 nach Amerika. 1992, ohne Seitenangaben

teten Mittagessen; ein Beweis, mit welcher Sorgfalt die Geräte u. Kochgeschirre gereinigt werden."[253]

Schmutz und Unsauberkeit waren allgegenwärtig. Wie bereits in 5.4. in Bezug auf die Verpflegung erwähnt, gilt auch für die Hygiene, dass die holländischen Schiffe die schlechtesten Bedingungen vorzuweisen hatten. Eine Untersuchung der Mortalitätsraten in 5.6. wird diese Aussage untermauern. Die nordamerikanischen Schiffe hingegen hatten aufgrund der eigenen strengen Vorschriften besonders gute hygienische Bedingungen zu bieten. Immerhin gingen rund 90% der Auswanderer nach Nordamerika und dieses hatte eventuelle Spätfolgen von Krankheit und Tod aufzufangen und zu tragen. Bremen lag aufgrund der engen Anbindung an Nordamerika mit seinen hygienischen Bedingungen nur geringfügig dahinter, dicht gefolgt von Hamburg.

Je länger die Fahrt dauerte, d.h. auch je weiter südlich die Reise ging, desto mehr nahmen Schmutz und Unrat überhand und bedrohten die Gesundheit, und je näher die Reise dem Äquator kam, desto größer war die Wärme, was wiederum das Wachstum von Bakterien beschleunigte und die Infektionsgefahr erhöhte.

Zum Waschen wurde in der ersten Hälfte des 19. Jahrhunderts ein Fass mit Seewasser gefüllt, denn Süßwasser war zu kostbar und wurde als Trinkwasser benötigt. Im Seewasser entstand aber keine Seifenlösung, und so waren Wäsche und Körper damit kaum zu reinigen.[254] In New York im german boarding house Schwartz untergekommen, fingen Gerstäcker und seine Reisebegleiter daher sogleich an,

„unseren Leichnam zu putzen und zu schruppen das er nur einmal wieder die gehörige Grundfarbe bekam, denn von Seewasser und Sand ging der verfluchte Dreck ja nicht herunter, und Seife nimmt das schändliche Salzwasser auch nicht die Idee an, und süßes Wasser durften wir bei Strafe von furchtbaren Herunterreißen und gänzlicher Ungnade des Kochs, nicht nehmen."[255]

---

[253] Forschungsbibliothek Gotha: Gebhardt / A. W. Senne (undatiert, nach 1848)
[254] Bretting, Agnes: Von der Alten in die Neue Welt, S. 106
[255] Führer des deutschen Schiffahrtmuseums Nr. 5: Auf Auswandererseglern. Friedrich Gerstäcker (1837), S. 43

Erst auf den Dampfern war die Süßwasserversorgung dann so ausreichend, dass Waschräume eingeführt wurden.

Oftmals wurde die Körperpflege aber auch gar nicht in Betracht gezogen:

> „... und die Schweinerei die unter ihnen herrscht, davon kannst Du Dir, liebe Mutter, gar keinen Begriff machen, manche sind dabei die sich gar nicht mehr Waschen, ob es nun das machen mag, daß wir in der Nähe von Sandbänken sind, und sie das Wasser nicht vergeuden wollen, aus Furcht auf den Strand zu laufen, oder ob sie sich in Amerika als Mohren vermieten wollen, ich kann es nicht begreifen, soviel aber weiß ich, wenn man einige ½ Stunde fest zusammen bindet, so bekommt man sie nicht wieder von einander los."[256]

Herrmann Cronemeyer berichtet von seiner Überfahrt nach New York 1834 folgendes über einen Kojengenossen:

> „Als Schmutzlümmel verdiente er aber gewiss den ersten Rang, denn ausserdem das er in 6 Wochen die Wäsche nicht gewechselt, wusch er sich selten, obgleich seine Hände vom Pflasterschmieren, er hatte einige Wunden am Halse, nicht die Appetitlichsten waren."[257]

Oder aber die Körperpflege fiel aus Gründen der Scham aus:

> „Die Kleider verschmutzten schnell, aber selbst nach der Wäsche im Salzwasser blieben sie klebrig und klamm. Umziehen musste sich jeder vor aller Augen, das war mir sehr peinlich. Also ließ ich das lieber und zog mir keine frische Unterwäsche an."[258]

Die Körperpflege war also insgesamt sehr mangelhaft, die wenige Kleidung blieb nass und verdreckt und war somit ein idealer Hort für Bakterien und Ungeziefer. Wurden z. B. Kleiderläuse auf das Schiff eingeschleppt, erwartete sie ein regelrechtes Paradies und ihre Verbreitung schritt schnell voran. Schwere Erkrankungen und viele Tote waren die Folge der allgemeinen Unsauberkeit.

Nach zahlreichen Epidemien an Bord der Schiffe wurde nach und nach die Bedeutung von Desinfektionsmitteln erkannt. Eine Anleitung zum Ge-

---

[256] Ebd., S. 40
[257] Forschungsbibliothek Gotha: Cronemeyer / Hermann Cronemeyer (1834)
[258] Laudi, Gisela: Justina Tubbe, S. 170

brauch der Desinfektionsmittel zur Zeit der Dampfschiffe findet sich in den Ausstellungsräumen des deutschen Auswandererhauses:

1. Desinfektionspulver, trocken zum Ausstreuen auf das von den Kranken Erbrochene und auf die mit den Ausleerungen befeuchteten Bretter und Strohsäcke, mit Wasser angerührt zum Reinigen des Decks und der Kojen
2. Eisenvitriol in Wasser gelöst zur Reinigung des Seewassers, 2x wöchentlich in die Pumpen gegossen
3. Zinkvitriol zur Reinigung der Kleidungsstücke erkrankt gewesener
4. Senfwasser mit dem nöthigen Papier zur Aufbringung auf den Unterleib und die Magengegend bei Erkrankten
5. Schießpulver zur Räucherung der Schiffsräume[259]

Ein unbekannter Schreiber erwähnt darüber hinaus die Verwendung eines Chlorkalks: *„Es wurde jeden Morgen in Zwischendeck gereinigt und Glorinkalg gestreut und dann (?)…"*[260]

Mit zunehmender Hygiene und Vorsorge verschwanden viele Krankheiten. Zum Jahrhundertende hin weisen die Briefe auf ein deutlich gewachsenes Bewusstsein über die nötige Reinlichkeit hin. Außerdem ließen sich Schmutz und Dreck nicht mit dem neuen Luxus auf den Dampfschiffen vereinbaren. Auch von öffentlicher Seite findet das Thema nun mehr Beachtung. So weist ein Gutachten des Vereins für öffentliche Gesundheitspflege in Bremen von 1868 ausdrücklich darauf hin,

„daß auf Auswandererschiffen die Rolle der vorbeugenden, Krankheiten verhütenden Gesundheitspflege eine besonders wichtige und entscheidende ist".[261]

Karl und Bina Kleene, die 1873 in der 2. Kajüte reisten, bemängelten lediglich noch: *„Das Essen und Trinken, die Aufwartung und Reinlichkeit waren ausgezeichnet, nur Servietten fehlten und mußte man manches Taschentuch beschmutzen."*[262]

---

259 Anleitung von Fr. Toel, Apotheker in Bremen, Auslage im DAH ohne Datum
260 Forschungsbibliothek Gotha: Stöver / unbekannter Schreiber (1869)
261 2-P.8.B.8.c.2.b
262 Forschungsbibliothek Gotha: Bekker / Karl und Bina Kleene (1873)

Und 1882 schreibt Max Drechsler vom Lloyd Dampfer „Elbe": *„Das Vordeck wird jeden Morgen mit einer Spritze gereinigt."*[263]

Auch auf dem Dampfer „Bremen" wird 1904 fleißiges Saubermachen beobachtet:

> „Als ich meine Kabine aufsuchte, waren die Matrosen schon wieder damit beschäftigt, die Decks abzuwaschen und abzureiben. Die Reinlichkeit auf den Lloydschiffen ist geradezu musterhaft. Es gibt doch auf dem Wasser gewiß nicht viel Staub. Trotzdem werden alltäglich die langen Fußteppiche aufgerollt, der Boden darunter abgerieben, die Teppiche selbst abgekehrt; in jede Ecke dringt der Besen, auf jedes Gesims schwingt sich der Putzlumpen, sogar die Außenwände des Schiffes werden von den Matrosen mit Seifenwasser abgewaschen, so daß sie wieder weiß erglänzen und mit den blankgeputzten Messingrahmen den Amerikanern ein Bild deutschen Reinlichkeitssinnes geben. Heute sehe ich die ,Teerjacken' selbst an hohen Leitern auf die Luftschachte steigen und den angesetzten Rauch abwischen, so daß die gelben Blechbüchsen wieder wie neuangestrichen aussehen."[264]

Allerdings scheint nicht in allen Klassen der gleiche Aufwand getrieben worden zu sein, denn über das Zwischendeck desselben Dampfers heißt es nur:

> „Täglich wird dieser (Boden) zweimal gekehrt und kommt frischer Sand hinein. Eben schleppen Matrosen (…) den schweren Lederschlauch herein (…). Ein breiter Wasserstrahl fegt den Fußboden so sauber, daß die blanken Holzmasern überall sichtbar werden. Mit Schruppern wird nachgeholfen, wo es fehlt. Der feine Sand mit Wasser vermischt machte nicht gerade einen sauberen Eindruck. Besser wird es, wenn der Fußboden erst abgetrocknet ist."[265]

Dennoch kam es immer noch zu Beschwerden über mangelnde Zustände im Zwischendeck, wie bei Wilhelm Reichenbach 1871:

> „Die Seekrankheit wird allgemein, ebenso die Schweinerei durch unaufhörliches Kotzen u. Speien wo man nur geht steht und sieht. Dazu dieser abscheuliche Geruch und Broddel im Zwischendek welches bei diesen dichtgedrängten Massen buchstäblich einen grossen Schweinestall gleicht."[266]

Das Gutachten des Vereins für öffentliche Gesundheitspflege in Bremen bemerkte 1868 hierzu:

---

[263] Ebd., Meinecke / Max Drechsler (1882)
[264] Gerstenberger, Liborius: Vom Steinberg, S. 56
[265] Ebd., S. 38
[266] Forschungsbibliothek Gotha: Sachsenweger / Wilhelm Reichenbach (1871)

„Es läßt sich nicht voraussetzen, daß sämmtliche Passagiere eines Schiffes durch wissenschaftliche Einsicht oder auch nur durch die zum Instinct gewordenen Früchte einer guten Erziehung in den Stand gesetzt seien sich selbst zu sagen, was sie thun oder unterlassen müssen, um zu ihrem Theile mitzuwirken, daß das Innere des Schiffes während der ganzen Dauer der Reise ein leidlich gesunder Aufenthaltsort bliebe. Von demjenigen Bildungsgrad, welchen die große Masse der Auswanderer einnimmt, läßt sich im Durchschnitt sogar leider das Gegenteil voraussetzen. Sie haben daheim, unter der Last der täglichen Arbeit und Sorge, mehr oder weniger gleichgiltig gegen die Vorschriften vorbeugender Gesundheitspflege dahin gelebt, und würden es, wenn sich selbst überlassen, auf dem Schiffe nicht anders machen."[267]

Empfohlen wurde daher, durch den Kapitän regelmäßige Bewegung auf Deck in reiner Luft zwecks Gesunderhaltung durchzusetzen. Offensichtlich drang diese Empfehlung auch zu einigen Kapitänen durch:

„Alle 2 Tage muss Alles aufs Dek um frische Luft zu geniessen und grössere Krankheiten zu verhüten. Wer nicht will der muss, wer nicht gehen kann, u. deren giebts nicht Wenige, die werden durch Matrosen getragen, die Treppen weggenommen mit Wache besetzt. Der Kapitain nebst Doktor durchsehen allr Räume, andere reinigen und desinficiren. Nach 3-4 Stunden ist alles abgethan."[268]

Das Gutachten bemängelte des Weiteren das Ausbleiben einer Reaktion seitens der Auswanderer auf die „Giftaushauchende Unsauberkeit", teilweise würden sie gar während der ganzen Überfahrt aus Trägheit in ihren Kojen bleiben und teilweise aus Faulheit das untere Zwischen- oder Orlopdeck bevorzugen. Das Faktoren wie körperliche Schwäche aufgrund von Hunger, Durst oder Krankheit, mangelnder Platz oder ähnliche Faktoren hierfür verantwortlich waren, wurde nicht in Betracht gezogen. Dafür wurde die Verteilung einer Anweisung über körperliches Verhalten verlangt, der zwar wenig Erfolg beschieden wäre, die aber den Kapitän in die Lage versetzen würde, Zwangsmaßnahmen anzusetzen.[269]

Ein weiterer wichtiger Teil der Hygiene war die Toilette bzw. der Abort. Auf den Seglern benutzte man zunächst einfache Eimer zur Erledi-

---

[267] 2-P.8.B.8.c.2.b
[268] Forschungsbibliothek Gotha: Sachsenweger / Wilhelm Reichenbach (1871)
[269] 2-P.8.B.8.c.2.b

gung der Notdurft, die über die Bordwand entleert wurden, oder aber man verrichtete sein Geschäft gleich über die Bordwand. Bei schlechtem Wetter standen diese Eimer manchmal tagelang im Zwischendeck, oder aber das Geschäft wurde einfach in der Bilge verrichtet. Dass man hierdurch der Ausbreitung von Krankheiten und Seuchen Vorschub leistete, war damals noch kaum jemandem bewusst.

Im Laufe des 19. Jahrhundert kamen Toiletten mit Wasserspülung auf, die zunächst aber nur für Schiffsführung und Passagiere der 1. Klassen waren. Wo es sie auch für Zwischendeckspassagiere gab, waren sanitäre Einrichtungen nur spärlich vorhanden. So kam um die Jahrhundertmitte auf einem Auswanderersegler im Zwischendeck in der Regel eine Toilette auf ungefähr 50 Passagiere. Die revidierte bremische Verordnung wegen der Beförderung von Schiffspassagieren vom 09. April 1849 schrieb lediglich vor, dass bei einer Passagierzahl ab 125 mindestens 4 Toiletten vorhanden sein mussten.[270] Aber wie bei allen Verordnungen war es auch hier so, dass sie einfach ignoriert wurde. Auf dem Decksplan des Seglers „Mobile" von 1859 sind z. B. nur zwei Toiletten verzeichnet, bei einer Kapazität von 798 Passagieren. Justina Tubbe berichtet von ihrer Überfahrt 1855:

> „Es gab für die bald 400 Leute an Bord nur vier Abtritte, die wir aber nur dann benutzen konnten, wenn der Wind nicht so viel Gischt dagegen spritzte. Obwohl wir uns solche Mühe gaben, alles reinlich zu halten, blieb immer noch genug zwischen den Fußbodenbrettern."[271]

Als dann auf den Dampfern Toiletten für alle Klassen eingerichtet wurden, waren dies keine Einzeltoiletten, sondern zwei-, drei- und viersitzige sogenannte „Wannenclosetts". Eine Abtrennung durch Schamwände erfolgte erst später.[272]

---

[270] Führer des Deutschen Schiffahrtmuseums Nr. 4: Auswanderung Bremen-USA, S. 31/32
[271] Laudi, Gisela: Justina Tubbe, S. 169/170
[272] Volbehr, Klaus: Gesundheit an Bord, S. 19/20

5.6. Ärztliche Versorgung, Erkrankungen und Todesfälle

Während die Hygiene vor Krankheiten schützt, soll die Medizin sie heilen. Dabei ist die Gesunderhaltung von Passagieren und auch Mannschaften an Bord von Schiffen stets ein Spezialgebiet gewesen, weil sich die Bedingungen, vor allem zur Zeit der Segelschiffe, stark von denen an Land unterschieden. Der abgeschlossene Raum eines Schiffes, auf dem sich über Wochen eine große Zahl Menschen auf engstem Raum aufhielt, bedingte eine größere Gefahr der Ansteckung untereinander und des Ausbruches von Epidemien. Ungenügende und oft unzureichende Ernährung, Mangel an Trinkwasser sowie Unsauberkeit waren weitere krankheitsfördernde Faktoren. Darüber hinaus waren die Passagiere während der Überfahrt zunächst ohne ärztliche Versorgung. Zum einen herrschten auf den Segelschiffen Bedingungen, die keinen Arzt zur Übernahme einer dauerhaften Tätigkeit auf denselben hätten bewegen können, denn auch dieser wäre Hunger und Durst, schlechter Unterkunft, Schmutz, Sturm u. ä. ausgesetzt gewesen. Darüber hinaus heißt es noch 1868 im Gutachten des Bremer Vereins für öffentliche Gesundheitspflege:

> „Dem Leben am Bord von Auswandererschiffen gehen alle Reize ab, welche sonst auf den angehenden praktischen Gelehrten wirken. Familienleben, Freundesverkehr, gebildete Gesellschaft, Umgang mit Fachgenossen, Gelegenheit zu fördernden Beobachtungen und Studien, Aussicht zum Aufsteigen auf der betretenen Laufbahn- dies alles fehlt so gut wie gänzlich. Dagegen soll er die Seekrankheit überstehen, inmitten einer meist rohen Schiffsmannschaft sein Leben hinbringen, seine Dienste Leuten widmen, die selbst unter den sonst günstigsten Umständen schwierig zu behandelnde Patienten sind, weil es ihnen meist an jeder Fähigkeit und Bereitwilligkeit zur Mitwirkung gebricht, an denen er auch kein tieferes Interesse durch die eigene Hingebung gewinnen kann, weil das Ende der Reise jedes etwa entstandene Band von Sympathie zerreißt."[273]

Zum anderen konnten sich die Reeder eine solch kostenintensive Investition wie die Anstellung eines Arztes nicht leisten:

---

[273] 2-P.8.B.8.c.2.b.

„Alle diese Schwierigkeiten, das leuchtet wohl jedem ein, wären nur durch die Aussetzung wahrhaft unerschwinglicher Gehalte zu überwinden. Man müßte einen Anfänger bezahlen wie einen Generalstabsarzt, dann möchte man allenfalls eine gewisse Auswahl unter schlechten und Guten haben. Dagegen aber erhebt sich das Hindernis der auswärtigen Conkurrenz. Es ist deutschen Auswanderern nicht verboten (...) über Liverpool, oder Havre, oder Antwerpen, oder Rotterdam und Amsterdam nach der Neuen Welt zu gehen. Dort gerathen sie freilich auch unter die Obhut eines Arztes, aber eines Arztes von notorisch sehr geringem wissenschaftlichen Kaliber (S. 7) und folglich entsprechend niedrigen Gehaltsansprüchen. Die Vorschrift der Anstellung von Aerzten auf allen deutschen Auswandererschiffen könnte daher leicht die Wirkung haben, daß unsre Schiffe die besseren Aerzte, die fremden aber mehr Auswanderer hätten weil erhöhte Passagepreise dieselben dorthin drängten, und daß folglich nur ein noch größerer Theil der Gesammtauswanderung als bisher unter den viel ungünstigeren Bedingungen der auswärtigen Häfen (eins ins andere gerechnet) sich einschiffte."[274]

Erschwerend kam hinzu, dass zu dieser Zeit Passagiere zumeist nur auf dem Weg nach Amerika transportiert wurden, auf dem Rückweg lud man zunächst noch andere Fracht, d. h. ein Arzt wäre dann weitestgehend überflüssig und ein unnötiger Kostenfaktor gewesen. Wie das Gutachten zu bedenken gibt, hätten diese Kosten dann über einen erhöhten Passagepreis wieder hereingeholt werden müssen, was nicht im Sinne der Auswanderer gewesen wäre und eher zu deren Abwanderung in Fremdhäfen geführt hätte. Daher schien der Ruf nach Anstellung von Ärzten auf Auswandererschiffen nach Ansicht des Bremer Vereins für öffentliche Gesundheitspflege hinfällig zu sein. Seiner Aussage nach wäre zwar die Anstellung von Ärzten auf Schiffen anderer Nation durchaus eine gängige Praxis, allein deren fachliche Kompetenz sei fraglich. Den Auswanderern würde eine Behandlung durch solche Scharlatane eher schädlich als nützlich sein. Daher verzichte man in Bremen auf die Anstellung von „Apotheker-Lehrlingen, Babiergehülfen[275], verkommenen Studenten der Medizin"[276] und ähnlich ungeeigneten Personen, die

---

[274] Ebd.

[275] In der ersten Jahrhunderthälfte gab es neben den Ärzten mit Universitätsstudium noch handwerklich ausgebildete Wundärzte und Barbierchirurgen. Eine einheitlich vorgebildete akademische Ärzteschaft entstand erst um die Jahrhundertmitte.

[276] 2-P.8.B.8.c.2.b

zwar günstig einzustellen, aber ansonsten ohne jeden Nutzen seien, vielmehr eine Gefahr für die Gesundheit darstellen würden.

Immerhin forderte Bremen seit November 1868 eine ärztliche Untersuchung der Passagiere vor der Einschiffung, um zu verhindern, dass mit ansteckenden Krankheiten versehene Personen auf die Schiffe gelangten.

Die Funktion des Arztes an Bord musste, häufig mehr schlecht als recht, zunächst der Kapitän übernehmen, welcher oftmals damit überfordert war und wenig mit den Gebrauchsanweisungen der Medizinkisten anfangen konnte. So finden sich viele Beschwerden über mangelnde Versorgung während der Überfahrt, wie z. B. die *„Acta betreffend Beschwerde des Arbeiters Johann Bars gegen Kapitän Bruns vom bremischen Schiff Bremerhaven wegen inhumaner Vernachlässigung einer ihm auf der Reise nach Baltimore zugestoßenen Körperverletzung"*. Nach eigenen Angaben wurde Johann Bahrs infolge dieser Vernachlässigung zum Krüppel.

Hingegen bedankten sich die Passagiere der „Bremerhaven" in einer Zeitungsannonce für gute Versorgung auf stürmischer und gefährlicher Fahrt.[277] Auch der Kapitän von Johann Bäuerlein nahm seine Verantwortung ernst und hatte zudem ein glückliches Händchen und / oder Erfahrung im Umgang mit Kranken gesammelt:

> „Wie Euch bereits bekannt ist, so haben wir unseren kleinen Sohn Johann sehr gefährlich krank mit ins Schiff gebracht, aber Gottes Hilfe, Arznei, und Wart und Pflege vom Kapitän und Obersteuermann stellten in wenig Wochen seine Gesundheit vollkommen wieder her."[278]

Wie auch bei allen anderen bisher behandelten Bedingungen an Bord der Schiffe, vor allem in der Frühzeit des Passagierverkehrs, war auch bei der Behandlung und Versorgung Kranker die Umsichtigkeit und Erfahrung des Kapitäns ausschlaggebend.

Jürnjakob Swehn spottet in seinen Briefen über seine Erfahrung mit den medizinischen Kenntnissen des Kapitäns. Dieser war zwar 1868 über Hamburg gereist, dennoch sei die entsprechende Briefstelle aus Gründen der An-

---

[277] 2-P.8.B.8.c.1.b.
[278] Macha, Jürgen: „Wir verlangen nicht mehr…". Johann Bäuerlein (1848), S. 483

schaulichkeit hier angegeben. Auch auf dieser Reise war der Kapitän Doktor
und Apotheker zugleich:

„... So fragte der Kapitän ihn: Was fehlt Dir? Er weiß es nicht. Der Kapitän sagt:
Wo tut es Dir weh? Er weiß es nicht. Der Kapitän betrachtet ihn. Er denkt nach. Er
weiß es auch nicht. Er denkt döller nach. Da weiß er es. Er sagt: Ich will Dir Nr. 13
aus dem Medizinkasten geben. Er geht hin. Nr. 13 ist alle. ... So mischt er Nr. 6
und Nr. 7. Das gibt auch 13. ... Der Küchengesell kriegte von Nr. 13 einen Durchfall, der reichte vom Schiff bis nach New York. Aber der Kapitän war froh, dass er
an Nr. 13 nicht gestorben war. ... Er brauchte bloß am Leben zu bleiben. Das hat er
denn auch getan."[279]

C. Seveking hatte auf dem Weg nach New Orleans 1854 ebenfalls traurige Erfahrungen gesammelt:

„den 12. starb L. dreseler, der hier krank war, derjenige war nicht zu helfen, die
kranken mußten ja rein verdursten. Jammer und Elend ware im Schiffe aber war
keinen zu helfen einen Ronseur hatten wir am Schiffe welches unser Doctor sein
sollte, der aber von der Doctorei nichts verstand, sagte man es dem Herrn Ronseur,
daß er die kranken doch helfen möchte, so gab er zur Antwort, er könnte selbst
nicht helfen auch die Hagemann und zwei Kinder sind gestorben auch Fritz
Eversmeyer, bis zum 16 waren schon 65 gestorben."[280]

Das Bremer Gutachten von 1868 empfahl daher eine obligatorische Unterwei-
sung der Kapitäne und Schiffsoffiziere in den Grundlehren der Gesundheitspflege, wie es in Bremen bereits fakultativ geschähe, sowie in einigen chirurgischen Handgriffen und der Behandlung der gewöhnlichen Krankheiten,
soweit das möglich sei ohne die Schulung eines förmlichen medizinischen
Studiums.[281]

Im Laufe des Jahrhunderts verbesserten sich die Bedingungen auf den
Schiffen durch die Entwicklung der Medizin und ihrer Hilfswissenschaften,
aber auch durch Verbesserungen in Technik und Bau der Schiffe, ihrer Ausstattung und nicht zuletzt auch durch die Ausweitung der Gesetzgebung.

Der NDL begann damit, Ärzte auf seinen Dampfern anzustellen, andere
Bremer Reeder folgten. Das Bewusstsein um Hygiene und die Notwendigkeit

---

[279] Gillhoff, Johannes: Jürnjakob Swehn. Der Amerikafahrer, S. 20
[280] Forschungsbibliothek Gotha: Dettmold, NRW Staatsarchiv / C. Seveking (1854)
[281] 2-P.8.B.8.c.2.b

ärztlicher Versorgung waren deutlich gewachsen, zudem transportierten die großen Dampfschiffe viel mehr Passagiere und so konnten sich die Reeder eine adäquate Bezahlung der Ärzte nun leisten. Der NDL besaß sogar ein eigenes Sanitätsdepot an der Kaiserschleuse, das von einem Apotheker geleitet wurde.

Seit 1882 wurde die Anstellung eines Arztes auf den Auswandererschiffen dann durch die amerikanischen Gesetze vorgeschrieben, denn die Schiffe verbanden die Kontinente und die USA fürchteten die Einschleppung diverser Krankheiten und deren Folgen. In Bremen war die Zeit der Auswanderersegler bereits vorbei und mittlerweile auf allen Dampfschiffen die Mitnahme eines Arztes die Regel, daher hatte diese Gesetzgebung für Bremen keinerlei Auswirkungen.

Die verbesserten Bedingungen machten die Arbeit auf einem Schiff für Ärzte interessanter. Auf die Frage, ob es nicht langweilig wäre, an Bord zu praktizieren, antwortete der 1. Schiffsarzt der „Bremen" 1904:

> „Nicht langweiliger, als wie als Doktor auf einem abgelegenen Landorte zu wohnen. Hier trifft man immer neue Menschen, macht interessante Beobachtungen und findet reiche Abwechslung."[282]

Einige Ärzte bemühten sich um die Jahrhundertwende zunehmend, das Ansehen der schiffsärztlichen Tätigkeit zu steigern:

> „Unter den Kollegen findet eine nicht immer ganz gerechte Beurteilung des Schiffsärztlichen Berufes statt. Dieser verdient es aber, selbst wenn er nur als Uebergangsstadium zu einem anderen aufgefasst wird, in gleichem Sinne wie jede andere ärztliche Sondertätigkeit beurteilt zu werden"[283]

Ausdrücklich wurde nun auf die Vorzüge dieser Tätigkeit hingewiesen: Kostenloses Reisen durch die Welt, angenehmer gesellschaftlicher Verkehr, hoher Grad an Selbständigkeit, Zeit für Studien, guter Verdienst für Anfänger, wenig Nebenkosten, freie Kost und Logis.[284] Die Ansprüche an die Schiffsärzte

---

[282] Gerstenberger, Liborius: Vom Steinberg, S. 37
[283] Brenning, Dr. M. / Dr. E. H. Oppenheimer: Der Schiffsarzt. Leitfaden für Aerzte und Kandidaten der Medizin, Berlin 1914, S. 1
[284] Ebd., S. 2 ff

waren zu Beginn des 20. Jahrhunderts deutlich gewachsen. Neben umfangreichen medizinischen und chirurgischen Fähigkeiten erwartete z. B. der NDL Fremdsprachenkenntnisse. Englisch war eine Grundvoraussetzung, als wünschenswert wurden auf Reisen nach Brasilien begrenzte portugiesische Sprachkenntnisse angesehen, auf Reisen nach Süd- und Mittelamerika spanische.[285]

Auf Passagierdampfern, besonders Auswandererschiffen, war der Arzt laut Instruktion verpflichtet, wenigstens zweimal täglich, und zwar vor- und nachmittags, eine Runde durch alle Passagierräume und das Zwischendeck zu machen, um alle Erkrankungen frühzeitig festzustellen und zu behandeln. Schwerkranke waren ins Hospital zu bringen und Ansteckende (z. B. Masern, Scharlach, Pocken) zu isolieren. Leichtkranke Personen konnten im Zwischendeck verbleiben.[286] Gerstenberger begleitete 1904 den Schiffsarzt auf einem dieser Kontrollgänge durchs Zwischendeck:

> „Der Doktor, mit einem langen, weißen Schutzkittel angetan, geht durch die einzelnen Abteilungen und Gänge und ruft hinein über die Lage hin: ‚Alles gesund?‘ Dort hebt eine Frau müde den Kopf; sie hat noch die Seekrankheit; hier hebt der Wärter ein Kind herunter, das eine Verletzung hat."[287]

Wirkt diese Methode schon sehr unpersönlich und oberflächlich, so scheint die 1914 vom NDL praktizierte noch negativer:

> „Sehr erleichtert wird die Kontrolle der Passagiere dadurch, dass man sie, wie das beim Lloyd auf den Reisen nach Nordamerika geschieht, täglich zu einer bestimmten Stunde sämtlich zunächst vom Deck in das Zwischendeck hinabsteigen, alle Ausgänge des letzteren verschliessen und dann alle zu einem einzigen Ausgange im Gänsemarsch wieder an Deck heraufkommen läßt. Oben steht der Arzt und kann nun jeden Einzelnen bei Tageslicht sehen. Zum Schlusse steigt er selbst hinunter und sieht sich die etwa unten in ihren Kojen liegen gebliebenen Kranken genauer an."[288]

---

[285] Ebd., S. 43/44
[286] Brenning, Dr. M.: Der Schiffsarzt, S. 65
[287] Gerstenberger, Liborius: Vom Steinberg, S. 38
[288] Brenning, Dr. M.: Der Schiffsarzt, S. 64 ff

Die Passagiere der 1. und 2. Klasse hingegen besuchte der Arzt direkt in ihren Kajüten oder stand ihnen in seiner Sprechstunde zur Verfügung.

Gerstenberger berichtet, dass auf der „Bremen" 1904 dem 1. Schiffsarzt zwei geräumige Kabinen zur Verfügung standen. Die eine diente zugleich als Empfangs- und Sprechzimmer, die andere als Apotheke und Operationszimmer:

> „Die Apotheke ist so gut wie die meisten Landapotheken ausgestattet. Chirurgische Instrumente jeder Art ermöglichen es dem Arzte, die schwersten Operationen auszuführen, selbst auch in Fällen, wo ein Menschenkind das Licht der Welt erblicken soll; denn es sterben nicht nur auf dem Schiffe bisweilen Leute, sondern es werden auch solche geboren."[289]

Das war aber nicht die Regel. Auf älteren Dampfern war das Zimmer des Arztes nicht nur primitiv, klein und zumeist schlecht gelegen, sondern der Arzt war auch gezwungen, Patienten in seinem eigenen Schlafraum zu empfangen. Dies war besonders fragwürdig in Fällen von ansteckenden Patienten, wie z. B. Tuberkulosekranken. Der Arzt hatte in diesem Fall kein Zimmer im eigentlichen Sinne, sondern nur eine *„Schlafgelegenheit in einem der Allgemeinheit dienenden Raum"*[290].

Die Sorge um Medikamente an Bord der Schiffe blieb zunächst allein der Privatinitiative der Reeder überlassen, fand dann aber zunehmend auch öffentliches Interesse.

In G.H. Rohlfs „Gemeinfaßliche(r) Heilkunde und Gesundheitslehre für Schiffsofficiere nebst einer Anleitung zum Gebrauche der Schiffsapotheke" von 1865 findet sich Folgendes über die Verwendung der Medikamente:

1. Alaun. Alumen. Ist ein Doppelsalz aus Schwefelsaurem Thonerde-Kali bestehend. Durch Glühen verliert er sein Wasser und ein Theil seiner Schwefelsäure und stellt nun den gebrannten Alaun vor. Bei Blutungen des Zahnfleisches und bei der Halsbräune empfiehlt sich Gurgeln mit Alaun. Man nehme eine Messerspitze voll auf 8 Eßlöffel Wasser. – Auch bei sehr hartnäckigem Tripper, der Monate lang bestanden und wo die Schmerzen aufgehört haben, kann man sich desselben zum Einspritzen bedienen. Man nehme dazu dieselbe Quantität.

---

2. Baldrian. Radix Vallerianae. Die Wurzel von Vallerianaa officinalis. Angewandt gegen Krämpfe, Hysterie, Epilepsie, Veitstanz, Colik und Schlaflosigkeit. Man trinkt den Baldrian als Thee, den man erhält, wenn man 1 Eßlöffel voll mit 12 Eßlöffeln kochenden Wassers bis zum Erkalten ziehen läßt.-

3. Balsamkapseln. Capsulae Balsam. Copaivae et extr. Cubeb. Dieselben enthalten den Copaivabalsam und das Extract der Cubeben. Man gebe sie im zweiten Stadium des Trippers, nachdem alle Schmerzen beim Urinieren verschwunden sind, täglich 6-8. Man fahre so lange damit fort, bis der Ausfluß aus der Harnröhre ganz wässerig wird. Dann gehe man zu den b) Caps. Bals. Cop et extr. Cubeb. Myrrh. Et ferr. sulphur. über. Diese enthalten außerdem schwefelsaures Eisen und Myrrhenextract.

4. Bernstein. Ein Harz, in Braunkohlengruben und der Ostsee gefunden, bei rheumatischen Leiden zu Räucherungen gebraucht. Man läßt Stücke auf Kohlen abbrennen, den Rauch davon in Watte ziehen und legt diese auf die afficirten Stellen.

Beruhigende Pulver.

Rp. Morph. acet. gr. 1/8.

Sacch. lact. gr. X.

M. f. Pulv. dis. tal. dos. q. s.

Das Morphium ist ein aus dem Opium gewonnenes Alkaloid. Die Morphiumverbindungen unterscheiden sich vom Opium dadurch, daß sie nicht die aufregenden und stuhlverstopfenden Wirkungen des Opiums besitzen. Bei sehr schmerzhaftem Rheumatismus, Schwindsucht syphilitischen Knochenschmerzen, bei Schlaflosigkeit giebt man zur Zeit ein Pulver, ebenfalls beim Carbunkel, wenn der Kranke in mehreren Nächten nicht geschlafen hat und seine Schmerzen gar nicht mehr aushalten kann. Es empfiehlt sich nicht, mehr als höchstens 4 Pulver innerhalb 24 Stunden verbrauchen zu lassen.

Bilsenkraut. Von der Pflanze Hyoscyamus niger werden nur die Blätter zu arzneilichen Zwecken gebraucht. Innerlich und äußerlich wirken sie beruhigend und schmerzstillend. Vorzüglich ist ihre äußerliche Anwendung bei schmerzhaften Drüsenentzündungen, schmerzhaften Geschwüren, Panaritien, Carbunkeln, Furunkeln, Entzündungen äußerer Theile. Man nehme gleiche Theile Bilsenkrautsblätter und Chamillenblumen auf die gleiche Menge Leinsamenmehl, koche dieselben mit Wasser und mache von dieser Mischung stündlich Umschläge auf die betreffenden Stellen.

Bittersalz. Magnesia sulphurica. Ist ein kühlendes Abführmittel. Bei fieberhaften Krankheiten wende man dasselbe nie an. Man löse 3 Theelöffel voll in Wasser auf, setze zur Geschmacksverbesserung etwas Citronensaft hinzu und nehme diese Dosis auf einmal.

Bleiextract. (Bleiessig) Acetum saturni. Wirkt wie alle Bleipräparate durch seine große Verwandschaft zu den Eiweißstoffen der organischen Substanzen. Äußerlich findet der Bleiessig eine weit verbreitete Anwendung bei Contusionen, örtlichen Entzündungen, durch innere und äußere Gewalt veranlaßt; bei Panaritien, Brand und Carbunkel im ersten Stadium mache man Umschläge von Leinen, die man in eine aus 5 Theilen Wasser und 1 Theil Bleiessig bestehende Flüssigkeit taucht. Auch kann man dieser Masse etwas Branntwein zusetzen.

Bleizuckerpulver.

Rp. Plumb. acet.
Pulv. Opii ana. gr. ½.
Sacch. lact. gr. X.
M. f. Pulv. dis. tal. dos.
q. s.[291]

Eine Verordnung zur Versorgung der Schiffe mit Medikamenten erfolgte dann am 09. Juli 1866. Folgender weitreichender Inhalt wurde nun vorgeschrieben:

Verzeichniß No. I.
Die Mengen der nachstehend aufgeführten Medicamente sind für Reisen nach einer Gegend nördlich dem Aequator und für 100 Passagiere als das Minimum, welches die Medicinkiste enthalten muß, angenommen; dieselben sind für eine Anzahl bis zu 200 Passagieren incl. um die Hälfte zu vermehren und bis zu 300 incl. zu verdoppeln; bei einer größeren Anzahl von Passagieren, sowie für Reisen von längerer Dauer hat eine verhältnismäßige Vermehrung stattzufinden.

Alaun	30,00 Gramm	Cremor tartari	200,00 Gramm
Baldrian	75,00	Calomelpulver	18 Stück
Balsamcapseln	200 Stück	Cubebenpulver	100,00
Beruhigende Pulver	12	Digestivsalbe	50,00
Bittersalz	1500,00	Doversche Pulver	24
Bleiextract	60,00	Heftpflaster	2 Ellen
Brechpulver	12	Fenchel	100,00
Brausepulver Natron	100,00	Glaubensalz	1000,00
Säure	60,00	Gummipflaster	1 Elle
Brustthee	100,00	Hallers Sauer	60,00
Camphorpulver	18	Hoffmannstropfen	100,00
spiritus	150,00	Höllenstein	5,00
Castoröl	1500,00	Jassers Salbe	250,00
Cerathsalbe	60,00	Lakritzensaft	150,00
Chamillen	500,00	Laxirpulver	18 Stück
Chininpulver	50	Leinsamen	150,00
Chlormischung	250,00	Leinsamenmehl	1000,00
Colomboextract	30,00	Lindenblüthen	200,00
Magentropfen	500,00	Seifenspiritus	100,00

---

291 Bullerdiek, Jörn: „Was ferner vorkömmt…", S. 137/138

Magnesia	15,00	Senfspiritus	60,00
Mutterkornpulver	12	Sennesblätter	100,00
Opiumpulver	12	Spanischfliegenpflaster	30,00
tinctur	25,00	Wacholderbeeren	500,00
Pfeffermünzthee	150,00	Wundsalbe	60,00
Rhabarberpulver	15,00	Zahntinctur	20,00
Salmiak	30,00	Zertheilende Salbe	60,00
geist	100,00	Zimmttinctur m. Opium	20,00
Salpeter	60,00	Choleratropfen	60,00
Salbei	100,00	Schutzpockenlymphe in Haarröhrchen	
Schwefelsäure	250,00		

Verzeichnis No. II.

Absceßlanzette,	Impflanzette,	Schwamm,
Aderlaßlanzette,	Leinen,	Spatel und Löffel,
Binden,	Nadeln (Karlsbader),	Suspensorium,
Bruchband,	gebogene (zum Nähen),	Tourniquet,
Catheter,	Pincette,	Watte,
Charpie,	Scheere,	Zahnschlüssel,
Clystierspritze,	Schienen,	Zunder.
Glas (Tripper) Spritze,	Schröpfapparat,	

Verzeichnis No. III

Die Mengen der in diesem Verzeichnisse angegebenen Desinfectionsmittel sind für Reisen nach einer Gegend nördlich vom Aequator angenommen und sind dieselben für weitere Reisen verhältnismäßig zu vermehren.

1) Eisenvitriol zum Reinigen des Kielwassers: Schiffe bis zu 200 Last incl. sind mit 40 Pfund Eisenvitriol auszurüsten; für jede weiteren 100 Last (wobei eine überschießende Zahl von Lasten für 100 Last gerechnet wird) ist die Quantität um 15 Pfund zu vermehren. Bei Schiffen bis zu 200 Last wird wöchentlich zweimal eine Auflösung von 2 Pfund in 20 Pfund warmen Wasser, und bei größeren Schiffen nach Verhältnis mehr, in die Pumpen gegossen.

2) Desinfectionspulver zum Reinigen des Schiffsraums, des Decks und der Kojen, sowie der Kleidungsstücke der an ansteckenden Krankheiten, namentlich Cholera erkrankt gewesener personen: entweder carbolsaurer Kalk, Netzkalk im Ueberschluß und Eisenvitriol; - oder carbolsaures Desinfectionspulver (aus der Fabrik von Schrader & Berend in Schönfeld, bei Leipzig).

Schiffe, welche bis zu 100 Passagiere fahren, haben von diesem Desinfectionsmittel 100 Pfund mitzunehmen, und ist für jede weitere 100 Passagiere (wobei eine überschießende Zahl für 100 gerechnet wird) das Quantum um 50 Pfund zu vermehren.

Das Pulver wird trocken zum Ausstreuen auf das von Kranken Erbrochene und auf die mit den Ausleerungen befeuchteten Betten und Strohsäcke, wie auch mit Wasser angerührt (5 Pfund auf 1 Eimer), zum Reinigen des Decks, der Kojen und der Kleidungsstücke angewendet.[292]

Die Kontrolle der Schiffsapotheke gehörte zum Ende des 19. Jahrhunderts ebenfalls zu den Aufgaben des Schiffsarztes. Vor Antritt der Reise hatte er deren Bestand auf Richtigkeit zu prüfen und eventuell zu ergänzen. Nach der Fahrt hatte er eine Defektliste zu erstellen, in der er die ausgegebenen Medikamentenmengen aufführte sowie andere zu ergänzende Dinge.

Der NDL stellte nicht nur die ersten Ärzte ein, sondern richtete auf seinen Schiffen auch Hospitalzimmer ein. Diese wurden 1868 auch für Segelschiffe obligatorisch, auf je 100 Passagiere sollten vier Betten mit Bettzeug bereitgestellt werden und der Hospitalraum vom übrigen Schiffsraum abgeteilt sein. Doch handelte es sich hier entsprechend den Umständen auf den Segelschiffen nur um abgeteilte Verschläge im Zwischendeck. Gerstenberger beschreibt 1904 hingegen ganz andere Bedingungen:

> „Die Krankenzimmer, gleich neben der Apotheke, sind luftig und hell. Je zwei eiserne Bettstätten stehen aufeinander, wie es überall auf den Schiffen, selbst in der 1. Kajüte der Fall ist. Nur wenige Patienten mit unbedenklichen Krankheiten liegen in den beiden, nach Geschlechtern getrennten Krankenzimmern, ‚das Spital‘ genannt. Eine Patientin mit Gesichtsrose ist von den anderen Kranken getrennt. Bade- und Klosettzimmer mit großen Blecheimern zum Desinfizieren der Wäsche schließen sich an die Krankenzimmer an."[293]

Allerdings gab es noch zum Ende des 19. und zu Beginn des 20. Jahrhunderts große Unterschiede:

> „Auf manchen älteren kleinen Dampfern besteht das Hospital nur aus einem schmalen Raume, welcher zwei übereinander liegende Kojen und sonst überhaupt nichts enthält. Licht und Luft, die Haupterfordernisse für ein Hospital, würde man hier vergebens suchen, und eine sachgemäße Untersuchung eines dort untergebrachten Kranken wäre ebenfalls ein Ding der Unmöglichkeit. Bisweilen ist solch ein ‚Hospital‘ noch dazu an einer möglichst ungeeigneten Stelle des Schiffes, in unmittelbarer Nähe des häufig eine Backofenglut ausströmenden Maschinenraumes angelegt (...) Auf manchen, selbst grösseren Dampfern liegt das Hospital im hintersten Teil des schiffes, direkt über der Schraube. Dort geniessen die Kranken

---

[292] 2-P.8.B.8.c.5
[293] Gerstenberger, Liborius: Vom Steinberg, S. 37

nicht nur die wunderbarste ‚Bewegungs'freiheit, sondern auch eine Begleitmusik, die, wenn beim Stampfen des Schiffes die Schraube aus dem Wasser fährt, jeder Beschreibung spottet. Man kann sich vorstellen, dass in solchen Räumen z. B. eine Perkussion oder Auskultation völlig illusorisch ist. (…) Im Gegensatz hierzu besteht auf allen grossen, modernen Dampfern, namentlich Auswandererschiffen, das Hospital aus mehreren grossen luftigen Räumen, welche in möglichster Entfernung vom Maschinenraum, aber doch mittschiffs im Zwischendeck gelegen, mit allem Zubehör wie Bade- und Wascheinrichtung, Abort usw. versehen und an die Zentralheizung des Schiffes angeschlossen sind. Auch haben die grösseren Dampfer besondere Isolierhospitäler für infektiöse Fälle, sowie getrennte Räume für Männer und Frauen."[294]

Verschiedene Krankheiten bedrohten das Wohl der Passagiere. Die wohl harmloseste, aber spezifischste Begleiterscheinung der Überfahrt auf See war die weit verbreitete Seekrankheit, von der fast jeder Auswanderer berichtet:

„Heut war ein stürmischer Tag, nicht etwa als wenn wir Sturm gehabt hätten, aber doch blies der Wind scharf in den bäuchichen Seegel. Wie ich Morgens aufwachte tönten mir so verschiedenen polternde und kullernde Töne zum Ohr, und nur zu bald überzeugte ich mich dass wieder eine ‚allgemeine Brecherei' ausgebrochen war und mit Jammergesichtern war jede Coye geziert!"[295]

„Durch diese Bewegung wurden fast alle Passagire krank, und es war eine Lust, anzusehen, wenn sie Mann an Mann den Inhalt ihres Magens über Bord schütteten."[296]

„Als wir ungefehr 1 Stunde gefahren hatten, da wurden wir schon krank, da mussten wir uns alle brechen. Da waren unser 365 Passagierer auf unserm Schiffe, und einige blieben übrig, die nicht krank wurden."[297]

„Ich bin nur einen Tag seekrank, da hab ich mich gebrochen, daß mir die Zunge aus dem Halse hing."[298]

Es werden verschiedene Ratschläge zum Umgang mit derselben gegeben:
„das beste ist bei der Seekrankheit, man legt sich still ins Bett, das man sich nicht

---

[294] Brenning, Dr. M.: Der Schiffsarzt, S. 59/60

[295] Führer des Deutschen Schiffahrtmuseums Nr. 5: Auf Auswandererseglern. Friedrich Gerstäcker (1837), S. 20

[296] Ebd., C. Engelhard, S. 46

[297] Kammeier, Heinz-Ulrich: „Halleluja…", Wilhelmine Dunker (1854/55), S. 23

[298] Forschungsbibliothek Gotha: Ohle / Heinrich Müller (1857)

bewegt."[299] Und: "*einige Tage bevor ihr aufs Schiff geht ist es nöthig ganz leichte kost Eßet und nicht viel desto leichter wird die Seekrankheit und man hat es in ein (?) Tagen überstanden.*"[300]

Die Empfehlungen seitens der Schiffsärzte zum Umgang mit der Seekrankheit klingen 1914 noch ganz ähnlich:

> "Bekanntlich bleiben zu Seekrankheit disponierte Personen am besten mittschiffs an Deck, vermeiden den Anblick der Wellen, sind im Essen wie Trinken mässig und sorgen für Stuhl. Bei manchen scheinen Validol, Veronal, Bromural, Veronal-Natrium, Brom-Validol oder ein anderes der zahlreichen Mittel im Sinne eines milden Schlafmittels zu helfen, bis sie sich den Schiffsbewegungen gewissermassen adaptiert haben."[301]

Die Seekrankheit wurde allerdings häufig unterschätzt: "*... aber die Seekrankheit nahm immer mehr zu. Es ist nur ein heftiges Erbrechen, Mattigkeit, übles Aussehen, aber durchaus nicht gefährlich.*"[302] Oder: "*Die Seekrankheit ist nicht gefährlich es ist nur brechen und Durchfall.*"[303]

Zumindest in der ersten Jahrhunderthälfte stellte sie durchaus eine Gefährdung für das Leben der Auswanderer dar. Tagelanges Erbrechen zusammen mit den übrigen Strapazen der Überfahrt konnte den Körper empfindlich schwächen:

> "Ich bin gesund hier angekommen, nachdem wir 3 Wochen in Bremerhafen verweilen mußten, und 8 Wochen zur See fuhren. Ungeachtet meiner starken Leibesbeschaffenheit unterlag ich doch der Seekrankheit, und wenn der Arzt auf dem Schiffe mich nicht aus der Ader gelassen hätte, wäre ich schwerlich am Leben geblieben, denn (?) ich 24 Stunden in Ohnmacht, ohne Verstand, gelegen, der Arzt erklärte gegen meine Schlafgenossen, daß sie dafür sorgen müßten, daß ich nicht in den Schlaf geriethe, wiedrigenfalls ich sterben würde. Der Aufmerksamkeit meiner Cameraden und des Arztes habe ich mein Leben zu verdanken."[304]

---

[299] Kammeier, Heinz-Ulrich: „Halleluja...", Wilhelmine Dunker (1854/55), S. 23

[300] Forschungsbibliothek Gotha: Engstfeld / Wilhelm Zimmermann (1859)

[301] Brenning, Dr. M.: Der Schiffsarzt, S. 74/75

[302] Macha, Jürgen: Wir verlangen nicht mehr..., Louis Pollmann (1854), S. 84

[303] Forschungsbibliothek Gotha: Gauss / August Rogosch (1865)

[304] Ebd., Diepenbroick / Stephan Heinrich Pieper (1834)

„ich und Robert und Lorchen haben die Seekrankheit sehr stark gehabt, Robert hat 3 Wochen stets in der Koje gelegen, ich glaubte nicht daß ich ihn lebend an Land bringen würde, er war so abgezehrt, das er sich nicht mehr gleich sah..."[305]

Dr. Brenning beschreibt noch 1914 Todesfälle durch die Seekrankheit bei Herz- und Schwerkranken.[306]

Die Seekrankheit befiel Passagiere sowohl der Kajüte als auch des Zwischendecks. Dennoch dürften die Passagiere des Zwischendecks allein aufgrund der Enge, des Zusammenseins von Gesunden mit sich Erbrechenden auf engstem Raum sowie der dadurch entstehenden Gerüche stärker betroffen gewesen sein. Mit zunehmender Größe der Schiffe und technischem Fortschritt wurde die Anzahl der Seekranken deutlich verringert, aber nicht beseitigt. Gegen Ende des Jahrhunderts ging man dazu über, die Kajüten in die Mitte des Schiffes einzubauen, wo weniger Schaukelbewegungen zu spüren waren. Die Kajütspassagiere hatten fortan sehr viel weniger Probleme mit der Seekrankheit, während sich an den Bedingungen im Zwischendeck nichts änderte.

Am wenigsten von der Seekrankheit betroffen waren offensichtlich die Kinder, wie schon Heinrich Gerdes Rahmann 1847 auf seiner Reise nach New York erstaunt feststellt.

Auch Wilhelm Reichenbach berichtet: *„Die Seekrankheit wird allgemein, (...) Ich selbst war keine Minute unwohl, die Kinder höchstens ½ Stunde es wunderten sich viele darüber."*[307] A.W. Senne erklärt, das Schaukeln sei der Auslöser für die Seekrankheit, und da Kinder, vor allem Kleinkinder bis 3 Jahre, noch des Wiegens gewohnt seien, blieben diese verschont.[308]

Weitere Krankheiten, die häufig auftraten (und auch an Land unter schlechten Bedingungen vorkamen), waren die Skrofeln, die Tuberkulose, der Skorbut und das Fleckfieber. Bei den Skrofeln handelt es sich um eine Haut- und Lymphknotenerkrankung mit chronischen Entzündungen und Ei-

---

[305] Ebd., Stöver / unbekannter Schreiber (1869)
[306] Brenning, Dr. M.: Der Schiffsarzt, S. 75
[307] Forschungsbibliothek Gotha: Sachsenweger / Wilhelm Reichenbach (1871)
[308] Ebd., Gebhardt / A. W. Senne (undatiert, nach 1848)

terungen, die hauptsächlich Kinder und Jugendliche befällt. Skrofulose entwickelte sich besonders bei Kleinkindern durch die unzweckmäßige und einseitige Ernährung an Bord, Feuchtigkeit und fehlende Frischluftzufuhr im Zwischendeck ebenso wie mangelnde Bewegung waren weitere Auslöser. Skrofulöse Kinder kamen daher vor allem im Zwischendeck vor, und zeichneten sich außer durch die optischen Symptome durch geringere Widerstandsfähigkeit, häufigere Erkrankungen und eine besondere Anfälligkeit für Tuberkulose aus. Parallel zu der Verbesserung der allgemeinen Bedingungen an Bord nahm die Krankheitshäufigkeit ab.

Die Tuberkulose, die früher häufig als Schwindsucht oder umgangssprachlich als „die Motten" bezeichnet wurde, ist eine bakterielle Erkrankung, die am häufigsten die Lungen befällt und zu den tödlichsten Infektionskrankheiten gehört. Häufig treten knötchenförmige Geschwulste auf. Die Ansteckung erfolgt in der Regel durch Tröpfcheninfektion, also Husten, Niesen u.ä. Sogar eine feuchte Aussprache konnte zur Infektion führen, die Erkrankung selber brach aber nur bei etwa jedem 10. Infizierten aus. Tuberkulose kam in allen Passagierklassen vor, wobei sie sich, einmal aufgetreten, in der Enge des Zwischendecks sehr viel leichter ausbreiten konnte. Waren Passagiere der Kajüte erkrankt, war eine Abtrennung von den übrigen Reisenden deutlich einfacher. Da Antibiotika noch nicht bekannt waren, konnte man nur die Mitreisenden vor einer Ansteckung schützen. Zum Ende des Jahrhunderts boten die Isolierzimmer der großen Dampfer hier große Hilfe.

Skorbut ist ein besonders häufiger Vitamin-C-Mangel, der durch die einseitige Kost an Bord der Auswandererschiffe ausgelöst wurde, und Gewichtsverlust, Zahnausfall, diverse Blutungen sowie Hinfälligkeit und entsprechende Unfähigkeit zur Arbeit zur Folge hatte. Diese Erkrankung trat vor allem bei sehr langen Fahrten auf. So berichtet z. B. ein anonymer Schreiber aus der Kajüte, dass während seiner Überfahrt mit Ziel Philadelphia, die 114 Tage dauerte, Skorbut infolge des Mangels an frischer Nahrung auftrat und Blutungen in Mund und Magen und gelegentlich sogar Geschwüre verursachte.[309] Zu Beginn des 19. Jahrhunderts waren Passagiere aller Klassen davon betroffen, sobald aber die Kajütspassagiere bessere Verpflegung erhielten, verlagerte sich das Problem ausschließlich ins Zwischendeck. Mit dem Aufkommen der Dampfschifffahrt, besserer Verpflegung und kürzeren Fahrzeiten verschwand diese Erkrankung von den Schiffen.

Neben den Mangelerscheinungen wurden auch andere Beschwerden durch die einseitige Schiffskost hervorgerufen. Der ständige Verzehr von Salzfleisch in Verbindung mit Trinkwassermangel führte z. B. zu Verdauungsstörungen. So empfiehlt z. B. A.W. Senne das unbedingte Mitführen von Abführmitteln.[310]

Das Fleckfieber ist eine Infektion mit Mikroorganismen, die durch Läuse, Milben, Zecken oder Flöhe übertragen werden. Das Fleckfieber geht einher mit hohem Fieber, Kopf- und Gliederschmerzen, Schüttelfrost und Bewusstseinsstörungen. Die mangelnden hygienischen Bedingungen vor allem der ersten Jahrhunderthälfte und die Enge im Zwischendeck sorgten für eine weite Verbreitung der infizierten Kleiderläuse und damit des Fleckfiebers. Die Kleiderlaus lebt in der Innenseite der Kleidung und klebt dort ihre Eier an, was sehr oft übersehen wird. Da die Auswanderer teilweise über Wochen nicht die Kleider wechselten und wirkliches Reinigen nicht möglich war, lebte die Kleiderlaus im Zwischendeck wie im Paradies. Auch diese Erkrankung konnte einfach durch eine ordentliche Hygiene und Körperreinlichkeit zurückgedrängt werden.

Läuse waren lästig und in großer Zahl auf den Schiffen vorhanden. Neben den für das Fleckfieber verantwortlichen Kleiderläusen kamen Kopf- und Filzläuse vor. Diese waren aufdringlich und unangenehm, ansonsten aber ungefährlich. Fast jeder Auswanderer, egal welcher Reiseklasse und egal auf welcher Reiseroute, machte Bekanntschaft mit ihnen:

> „Schlechter Wind und Hundekälte und etwas Neues, Interessantes – Läuse im Zwischendeck – zwar noch nicht bei uns aber doch in der Nähe, brrrr, da überläufts einen ordentlich die Haut, wenn ich an diese liebenswürdigen

---

[309] Schelbert, Leo: Alles ist ganz anders hier, S. 149
[310] Forschungsbibliothek Gotha: Gebhardt / A. W. Senne (undatiert, nach 1848)

Mitpassagiere denke, wir haben uns gleich alle in unserer Coye mit Mercurialsalbe eingeschmiert und die Balken und Bretter der Coye bestrichen, und hoffen so den Feind von uns abzuhalten..."[311]

„... es waren 300 [Passagiere, Anmerkung T.F.] wie wir in das Schiff gingen. Aber wie wir herauskamen, da hetten wir uns vermehrt bis in die Millionen. Und diese Landsmänner hiessen Läuse. Von denen war das Schiff voll."[312]

„Heute war eine wirklich Komödie auf dem Schiffe, denn allerwärts waren Läuse ausgebrochen, jetzt die Streitereien, wer die meisten hatte und wer noch keine haben wollte; es war köstlich anzuhören."[313]

„... die Matrosen versichern (...) aber auch noch nie in dieser Jahreszeit so weit gekommen zu sein ohne das ganze Verdeck voller Läuse gehabt zu haben!"[314] [Man befand sich unter dem 57ten Breitengrad, etwa 60 Meilen von Sable Island und New Shetland Insel – Anmerkung T.F.]

„Das bischen Fleisch, was man zuletzt noch an sich hatte, hätten einem die Läuse bald noch aufgefressen. Unser Schiff war so voll von Läusen, daß sie auf dem Verdecke herumspazierten. Es ist aber auf allen Schiffen so."[315]

Neben den Läusen gab es noch weitere Plagegeister, mit denen die Auswanderer zu tun hatten: Flöhe, Wanzen und Kakerlaken. Diese kamen ebenso wie die Läuse mit den Auswanderern, ihrer Kleidung oder auch durch das Holz der Schiffe an Bord. Die zu Beginn des Jahrhunderts noch wenig ausgeprägten Ansprüche an Sauberkeit und der Holzbau der Schiffe ließen ihre weite Verbreitung zu.

„Auch hatten wir sehr viel plage mit dem Ungeziefer, ihr könnte es euch gar nicht vorstellen mit der Unreinlichkeit."[316]

„Die Hunde werden mit Wasser überflüssig besorgt und jeden Tag mit Seewasser begossen, keiner derselben hat mehr einen Flöhchen, weshalb ich glaube, dass das

311 Führer des Deutschen Schiffahrtmuseums Nr. 5: Auf Auswandererseglern. Friedrich Gerstäcker (1837), S. 32
312 Macha, Jürgen: Wir verlangen nicht mehr..., Joh. Nikolaus Heck (1854), S. 528
313 Bullerdiek, Jörn: „Was ferner vorkömmt...", Tagebuch Alexander Melchers (1850/51), S. 107
314 Führer des Deutschen Schiffahrtmuseums Nr. 5: Auf Auswandererseglern. Friedrich Gerstäcker (1837), S. 33/34
315 Forschungsbibliothek Gotha: Wiethoff / Daniel Wiethoff (1842)
316 Ebd., Dettmold, NRW Staatsarchiv / C. Seveking (1854)

Seewasser die Flöhe vertilgt, besonders da auf dem Verdeck kein Floh mehr zu spüren ist und sich dieselben auch sonst im Schiff verlieren, was bey dem warmen Wetter und den vielen Menschen nicht zu vermuthen wäre."[317]

Flöhe leben davon, strömendes Blut zu saugen. Auf den Schiffen waren sowohl Menschen- als auch Rattenflöhe vorhanden. Während die Menschenflöhe unangenehm juckende rote Bisse auf der Haut zurückließen, ansonsten aber ungefährlich waren, waren die Rattenflöhe als Überträger der Pest sehr gefürchtet. Jedes Segelschiff hatte auch Ratten an Bord. Starben diese, gingen die Rattenflöhe auf den Menschen als Wirt über. Das Problem war, dass sie bis zu einem Jahr ohne Nahrung überleben konnten, und daher schwer auszumerzen waren. Die wachsende Benutzung von Desinfektionsmitteln zur Reinigung der Schiffsräume verringerte dieses Problem zunehmend.[318]

Die Wanzen saßen in den Ritzen des Holzes, wo sie sich „versteckt" hielten. Des Nachts ließen sie sich von der Decke auf die Schlafenden fallen und saugten ihr Blut. Dabei konnten sie Hautkrankheiten übertragen. Besonders schlimm war der Wanzenbefall in den unsauberen Krankenverschlägen des Zwischendecks der Segelschiffe, zumal sie die Kranken besonders quälten, indem sie unter die Verbände krochen.[319]

Auch die Kakerlaken waren ungebetene Schiffspassagiere, die sich in Wärme, Feuchtigkeit und Dunkelheit besonders heimisch fühlten. Da es sich bei ihnen um Allesfresser handelt, waren auch sie als Überträger von Krankheiten und Fäulniserregern gefürchtet.

Vermutlich war auch die Schiffsbesatzung ein ständiger Ansteckungsherd. Die Matrosen kamen zumeist aus armen Familien und besaßen oftmals nur die Kleidung, die sie am Leib trugen. Einmal mit Läusen, Flöhen o. ä. Ungeziefer angesteckt, wird bei der mangelnden Hygiene immer wieder einer der Matrosen aufs Neue eine Ansteckung bewirkt haben. Außerdem war die schmutzige, oft nasse Kleidung ein Hort von Bakterien und eine Ursache für die Einschleppung von Krankheiten. Später gingen die Reeder dazu über,

---

[317] Ebd., Hübsch / Wilhelm Hübsch (1833)
[318] Volbehr, Klaus: Gesundheit an Bord, S. 25
[319] Ebd., S. 26

die Matrosen mit der Anheuerung neu einzukleiden. Auf den großen Luxusdampfern gab es dann bei einigen Gesellschaften sogar eine vorgeschriebene Dienstkleidung für das Schiffsvolk. Außerdem ermöglichten Wäschereien an Bord eine gründliche Reinigung der Kleidung.

Die gefährlichsten Krankheiten, die auftreten konnten, waren die Cholera, der Typhus und die Blattern. Brachen derartige Epidemien auf einem Schiff aus, hatte dies meist hunderte von Toten zur Folge, und diese Schiffe wurden dementsprechend als „Totenschiffe" bezeichnet. Die Cholera ist eine schwere, bakterielle Infektionskrankheit vorwiegend des Dünndarms. Eine Ansteckung erfolgte vor allem durch verunreinigtes Trinkwasser oder infizierte Nahrung. Die Cholera geht einher mit extremen Durchfällen und starkem Erbrechen, was zu einer schnellen Austrocknung der betroffenen Person führen kann. Die Folge sind Benommenheit, Verwirrtheit, Koma und Hautausschlag. Bis 1854 nahm man an, dass die Cholera durch Miasmen (=schlechte Gerüche, giftige Ausdünstungen) verbreitet würde. Daher beschränkte man die zusätzliche Ladung des Zwischendecks. Erst ein Engländer bewies, dass nicht Miasmen die Krankheit übertrugen, und Robert Koch entdeckte 1883 dann den Erreger. Eine antibiotische Behandlung war wie bereits erwähnt noch nicht möglich, doch auch der wichtige Ausgleich von Flüssigkeit, Zucker und Salzen unterblieb aus Unwissenheit, so dass ein Großteil der Erkrankten verstarb. Auch bei dieser Erkrankung half eine Steigerung des hygienischen Standards, vor allem die Austeilung von hygienisch einwandfreiem Trinkwasser, um ihren Schrecken zu bannen.

Die Urgroßtante von G. de Buhr berichtet, das einige Mitreisende die Cholera einschleppten. Diese kam aber erst direkt nach der Ankunft zum Ausbruch und hatte nicht so viele Tote, wie sie in der Enge des Schiffes bewirkt hätte, zur Folge.[320] Ein unbekannter Schreiber berichtet:

> „Wie wir in der Nacht bei Quebek ankerten dieselbe Nacht, kam auch ein Segler von Hamburg darauf waren noch 500 Passagier und 557 sind Eingeschifft also 57

---

[320] Forschungsbibliothek Gotha: Norden / unbekannte Schreiberin (undatiert, ca. 1850)

sind während der Reiße gestorben, an der Kohlera, dagegen haben wir eine Lustfahrt gehabt."[321]

„21.8. ... Der Kartoffelvorrath schwimmt in seiner eigenen Fäulnis und der Capitän erlaubt deshalb Jedem so viel Kartoffel zu nehmen, als er will und sie kochen... 25.8. Die Leute essen übermäßig Kartoffeln... 27.8. Infolge des Kartoffelessens Anfänge von Cholera"[322]

Der Typhus ist eine schwere, durch Bakterien hervorgerufene Infektionskrankheit, die mit Fieber und Bradykardien (zu niedrige Herzfrequenzen) einhergeht. Eine mögliche Komplikation sind Hirnhautentzündungen. Eine Ansteckung erfolgt durch verunreinigte Nahrungsmittel oder verschmutztes Wasser. Auch diese Erkrankung wird heute vorzugsweise mit Antibiotika behandelt, also wiederum eine Erkrankung, der die Patienten im 19. Jahrhundert ohne Hilfe ausgeliefert waren, und an der viele Infizierte starben. Auch hier war Hygiene wiederum der beste Schutz, entsprechend verringerte sich auch diese Infektionsgefahr im Laufe des 19. Jahrhunderts.

Die Blattern bzw. Pocken sind eine gefährliche Infektionskrankheit, verursacht von Pockenviren. Eine Ansteckung kann direkt von Mensch zu Mensch durch Tröpfcheninfektion erfolgen. Es besteht aber auch die Möglichkeit, sich über das Einatmen von Staub, z. B. beim Ausschütteln der Kleidung oder Decke Erkrankter, zu infizieren. Die Blattern gehen einher mit starkem Fieber und Schüttelfrost, nach etwa 4 Tagen beginnt der Hautausschlag sichtbar zu werden. In schweren Fällen können Erblindung, Gehörlosigkeit, Lähmungen, Hirnschäden sowie Lungenentzündungen auftreten. Etwa 30% der unbehandelten Fälle enden heute tödlich. Zu Beginn des 19. Jahrhunderts war die Todesrate aufgrund der allgemein schlechten Bedingungen vermutlich deutlich höher. Der beste Schutz vor einer Ausbreitung der Krankheit ist die Isolation des Infizierten. Die Pockenviren wurden erst durch ein konsequentes Impfprogramm im 20. Jahrhundert so gut wie ausgerottet, zur Zeit der Auswandererschiffe war keine effektive Behandlung möglich.

---

[321] Ebd., Stöver / unbekannter Schreiber (1869)

[322] Aufbruch in die Fremde: Aus dem Tagebuch einer Überfahrt, ohne Seitenangaben

„... an dem Tage brachen die ‚Blattern' auf dem Schiffe Constitution aus, an einem jungen Mädchen, die aber, sogleich abgesperrt wurde, und wir haben die Hoffnung dass es nicht weiter ansteckend sein wird! – Es sind auch nur die falschen Blattern aber doch hinlänglich um uns, so sie sich weiter verbreiten sollten im allergünstigsten Fall eine langweilige Quarantaine in New-York auf den Hals zu laden!"[323]

„ich freue mich daß ich in der 2 ten Cajüte gefahren bin denn im Zwischendeck kriegten sie die Blattern, da durfte das schiff nicht an New York da wurden uns alle die Pockengesetzt wie bei euch die kleinen Kinder."[324]

„Auch die Crankheit, die wir an Bord hatten, war nicht angenehm, namentlich da sie 3 Opfer forderte. (...) Als er [der Lotse, Anmerkung T.F.] die vielen von den Varioliven [eine Pockenkrankheit, Anmerkung T.F.] gerötheten Gesichtern sah, rief er noch dem Fortsegelnden Lötte nach: ‚They've the small porx on board here.'"[325]

„Ein junger Mann aus Bremerhaven, der neben uns in der Koje lag, blieb längere Zeit krank, ohne daß wir wußten, was ihm fehlte. Zwei Tage darauf wurde auch ich krank. Ich bekam heftiges kaltes Fieber und Schmerzen in den Gliedern und wurde sehr schwach. (...) Kein Mensch aber dachte, daß ich am Leben bleiben würde. Am 7. Tag wurden wir gewahr, was mir fehlte. Ich bekam die natürlichen Pocken. Der Schiffsarzt gab mir Medizin und Thee, wodurch die Pocken gut herausgetrieben wurden, ich hielt mich warm, und so hat mich der liebe Gott wieder hergestellt. Mein kleiner Gerd-Jakob wurde während meiner Krankheit von einer ostfriesischen Frau versorgt, er nahm gut zu. Aber als ich wieder gesund war, bekam das liebe kleine Kind in ganz schrecklicher Weise die Pocken. Ich wandte allen Fleiß an, da wurde es wieder gesund. Vier kleine Kinder und eine Person im Alter von 25 Jahren sind daran gestorben."[326]

Aber auch die vielen „normalen" Krankheiten waren gefährlich für den Einzelnen:

„Wie Du wissen wirst, von meinem Vater, hat unsere Reise sehr gut abgegangen aber wir haben viel mit unserem Kinde ausgestanden: es hatte auf der See die Lungenentzündung, so daß der Schiffsarzt ihn verloren gab."[327]

---

[323] Führer des Deutschen Schiffahrtmuseums Nr. 5: Friedrich Gerstäcker (1837), S. 23
[324] Forschungsbibliothek Gotha: Ohle / Heinrich Müller (1857)
[325] Ebd., Bremen, UB / August Gildenmeister (1845)
[326] Ebd., Norden / unbekannte Schreiberin (undatiert, ca.1850)
[327] Macha, Jürgen: Wir verlangen nicht mehr..., Joseph Willms (1883)

„... auf unsern Schiffe sind drei Gestorben zwei Kinder Und ein Knabe von 24 Jahren der hat Die Ruhr gehabt... das Essen wahr ganz schlecht Wier Haben es manchmal nicht essen können."[328]

„...Kinder auf dem Schiffe die Mausern aber es thauerte nur 3-4 Tage, da war (...) vorbei"[329]

Eine weitere häufig auftretende Erkrankung, wenn auch in den vorliegenden Auswandererbriefen nicht namentlich genannt, war der Scharlach. Scharlach ist eine bakterielle Erkrankung des Rachens, der vor der Entdeckung des Antibiotikums einige Todesfälle zur Folge hatte. Die Infektion kann über Tröpfchen erfolgen, oder aber über offene Wunden (Wundscharlach). Gefürchtet waren und sind vor allem auch die Spätfolgen, die Nieren und Herz schwer schädigen können.

Auf den Auswandererseglern zu Beginn des 19. Jahrhunderts war die Sterblichkeitsrate sehr hoch, sie sank bis etwa zur Jahrhundertmitte auch nur geringfügig. Angaben zu den Zahlen finden sich nur vereinzelt in deutschen öffentlichen Dokumenten, wie z. B. die folgende Tabelle, die eine Übersicht über die Sterblichkeit auf Bremer Auswandererschiffen 1856-1867 gibt:

Tabelle 5:   Sterblichkeit auf Bremer Auswandererschiffen 1856-1867[330]

Jahr	Zahl der Auswanderer	Zahl der Schiffe	Zahl der Toten	Mortalitätsrate in %
1856	5652	26	15	0,27
1857	8992	37	24	0,27
1858	3707	21	13	0,35
1859	3581	23	12	0,34
1860	6745	33	43	0,64
1861	3710	24	16	0,43
1862	2292	18	13	0,57
1863	1127	14	1	0,09
1864	2919	15	33	1,13
1865	4415	17	47	1,06
1866	7912	26	72	0,09
1867	9221	32	96	1,04

[328] Forschungsbibliothek Gotha: Peek / W. Köhn (1860)
[329] Forschungsbibliothek Gotha: Räbel / Johann Heinrich Adam Grau (1853)
[330] Riechmann, Wolfgang: Vivat Amerika, S. 262

Eine weitere Tabelle aus dem Jahr 1854 bietet zudem einen kurzen Einblick über unterschiedliche Reisehäfen:

Tabelle 6: Übersicht der in den Monaten September bis Dezember 1853 in New York angekommenen Schiffe mit Todesfällen[331]

Abfahrthafen	Schiffe gesamt	Passagiere gesamt	Todesfälle gesamt
Bremen	39	8784	162
Hamburg	21	4383	124
Englische Häfen	96	44171	1371
Havre	38	15122	254
Antwerpen	14	3523	87
Rotterdam	1	179	6

Es finden sich hingegen häufiger Sensationsberichte in der Presse über besonders dramatisch verlaufene Fahrten, wie die des Bremer Schiffes „Adolphine", das 1853 auf seiner Fahrt nach Baltimore 30 Passagiere infolge Hunger, Durst und schlechter medizinischer Versorgung[332] verlor.

Hierbei handelt es sich aber um eine ungewöhnlich hohe Todesrate, denn insgesamt lag die Mortalitätsrate aus Bremen ausgelaufener Schiffe im Vergleich zu denen anderer europäischer Häfen deutlich niedriger: nach Angaben der NY Immigrationsgesellschaft lag die Sterblichkeitsrate im Zeitraum 1865-1867 auf bremischen Schiffen bei 0,47-0,7 %, auf englischen bei 0,38-1,57 %, auf französischen bei 0,53-1,6 %, während es auf holländischen Schiffen zu Spitzenwerten von 5,45 % kam[333].

Immerhin war der Tod aber ein ständiger Begleiter auf den Auswandererschiffen, besonders häufig kam es zum Tod von Kindern und Säuglingen:

„Es ist wirklich kein Vergnügen, auf der See zu fahren (…); mir hat die Fahrt wenigstens nicht gefallen. Alles war krank und jammerte, und 6 Personen sind auf

---

[331] StAB 2-B.13.b.1.a.2.a.II

[332] Archiv der Handelskammer Bremen, A.III.1.6. Beschwerde zur Kenntnis der deutschen Gesellschaft in NY

[333] Rößler, Horst: Hollandgänger, Sträflinge und Migranten. Bremen 2000, S. 58

dem Schiff gestorben: eine alte Mutter, ein Mädchen von 28 Jahren und 4 Kinder."[334]

„Es sind 6 Personen auf dem Schiff gestorben, Marten und Tina haben ihre beiden Kinder verloren, der jüngste von Johann Ritterbusch ist auch gestorben."[335]

„Zwei kleine Kinder sind gestorben und eines wurde geboren, aber es ist auch wieder gestorben."[336]

Neben natürlichen Ursachen oder ansteckenden Krankheiten kam es durch Hunger, Durst, Kälte, Unfälle oder Ersticken zu weiteren Todesfällen.

Der Tod durch Ersticken war nur auf den Segelschiffen eine Gefahr, und betraf hier die Zwischendeckspassagiere. Vor allem bei schlechtem Wetter, wenn die Luken oft tagelang geschlossen bleiben mussten, war die Frischluftversorgung ein großes Problem. Die vielen im Zwischendeck zusammengedrängten Menschen verbrauchten schnell die Luft; außerdem konnten Ladegüter wie Kohle und Getreide durch Oxydation, Gärung und Eigengeruch zur Verdrängung der Atemluft beitragen. Auch die Verdunstung der Ansammlungen in der Bilge verschlechterte die Atemluft extrem.

Der Bremerhavener Stadtphysikus Otto With stellte 1858 fest: „Durch Luftverpestung kommen mehr Menschen ums Leben als durch Pulver und Schwerdt!"[337] In der Obrigkeitlichen VO vom 9. Juli 1866 wurde daher auch der Transport von

„gefährlichen oder der Gesundheit nachtheilige(n) oder übelriechende(n) Ladungen, namentlich Bitriolöl, Schießpulver, ungereinigte(n) Haare(n), frische(n) und gesalzenen Häute(n), ungewaschene(r) rohe(r) Wolle, Knochen, lose(n) oder ungepreßte(n) Lumpen"[338]

untersagt.

Mit der Zeit und der Entwicklung der Schiffe lernten die Erbauer dazu. Gerstenberger berichtet 1904 über die Frischluftversorgung Folgendes:

---

[334] Kammeier Heinz-Ulrich: „Halleluja…", August Oberschulte (1882), S. 246
[335] Forschungsbibliothek Gotha: Wohlers / Albert Hillers (1857)
[336] Ebd., Wohlers / Ihnke Kleihauer (1854)
[337] Volbehr, Klaus: Gesundheit an Bord, S. 12
[338] 2-P.8.B.8.c.2.b

„So befindet sich auf dem Sonnendeck die Lunge und der Kopf des Schiffes. Ein Wald von Röhren, weiten und engen, von 4 Meter bis herunter zu 20 Zentimeter Durchmesser steigt empor, alle in gelber Oelfarbe gestrichen (...) Das sind die Atmungswerkzeuge des Schiffes. Der großen gähnenden Schlünde, welche die Luft direkt in den Heizraum leiten, den Heizern Kühlung und den Feuerungen Sauerstoff zur Erhaltung eines kräftigen Feuers zuführend (...) Neben, vor und zwischen diesen großen nach Luft schnappenden Rachen sind noch alle möglichen geraden und gewundenen kleineren Lufträhren angebracht. Die einen führen frische Luft in die verschiedenen Küchen, andere ins Magazin, wieder andere in die Kajüten, ins Zwischendeck, in die Bäckerei, kurz in alle Räume, welche Zufuhr frischer Luft bedürfen. Und wie die Pflanze nach dem Licht, so drehen diese Schachte ihre offenen Rachen immer dem Winde zu, woher er eben weht, sei es, daß sie mechanisch mittels Räderwerk bewegt oder, wenn sie klein sind, von Matrosen mittels angebrachter Handgriffe umgedreht werden."[339]

Eine sehr unangenehme Bedrohung war für die Passagiere der Auswandererschiffe der Tod durch Erfrieren:

„von 1. bis 4. Mai fuhren wir zwischen Eisberges so es kalt wahr: auf anderen Schiffen sind welchen die Füße verfroren"[340]

„... den 9 ten des Nachmittags Sahen wir zwei Große stück Eis es war den gantzen Tag so Neebelich das man keine 50 Schritte weit Sehen kontte und so kalt das man eben auf den Deck nicht dauern könnte"[341]

„Da ging das Schneewetter los. Es hat 3 Tage geschneit, so sehr, als es nur konnte, und so eine Kälte, wie da war, war den ganzen Winter nicht. Da sind wir bald erfroren."[342]

Des Weiteren gab es erstaunlich viele Tote infolge von Unfällen. Häufig waren diese eine Folge von unzureichenden Sicherheitsvorkehrungen und/oder der mangelhaften Ausbildung der Seeleute:

„19.8. Feuersgefahr, da durch die Unachtsamkeit des Zwischendeckkochs glühende Kohlen auf das Deck gefallen waren und dies zu brennen anfing."[343]

---

[339] Gerstenberger, Liborius: Vom Steinberg, S. 47
[340] Kammeier, Heinz-Ulrich: „Halleluja...", J. F. Windel (1836), S. 2
[341] Forschungsbibliothek Gotha: Cloppenburg, Museumsdorf / J. H. Kruse (1873)
[342] Ebd., Piehler / Bachmann, Justine (1853)
[343] Aufbruch in die Fremde: Tagebuch einer Überfahrt, ohne Seitenangaben

„(...) sey überhaupt vorsichtig mit den Kindern das sie nicht zu waghalsig sind und durch unvorsichtigkeit über Bord fallen oder von einer schlag-Welle fortge-spült werden dan sind sie verloren"[344]

Auch kam es zu Verletzungen infolge von Handgreiflichkeiten:

„am Sonntag wurde einer geschlagen, der ist drei Stunden besinnungslos gewesen, aber es ist doch wieder gut geworden."[345]

Knochenbrüche, Wunden und Brandverletzungen waren meistens die Folge von hohem Seegang:

„... d 9 Juni zweiter Pfingsttag, abends vor der nacht, gabs wieder häftgen Sturm, ganz schnell, ich holte den The in der Küche vor uns, wie ich der Kaiüte zu eilte, so schlug mich der Sturm rechts, u so bald wieder links, ich blieb aber auf bein, und zum 3 ten mal wieder rechts, da schlug ich um, u schos mit dem Kopf wieder die Wand, die Wellen schlugen übern boot so schwamm ich im Wasser, ein matrose eilte her bei"[346]

„Wir haben eine furchtbare Seereise gehabt. In Folge eines Orkans, den Wir in den letzten Tagen durchzumachen hatten, blieben wir 5 Tage Länger auf See, als die Reise gewöhnlich dauert und hatte ich dabei das Unglück, gegen eine eiserne Stange geschleudert zu werden u. mit dem linken Auge gegen dieselbe zu stoßen, so daß mir eine Wunde dicht am Auge genäht werden mußte, und ich mit ganz ge-schwollenen Augen und beinahe blind in New York (...) ankam."[347]

„Um 8 Uhr Abens ging Fritz Coldeway (...) auf den Vordeck um noch ein bischen frische Luft zu schnappen. Bei das furchtbare schaukeln des Schiffes konnte er sich nicht halten, fiel, und schlug mit dem rechten Arm gegen einen Pfeiler, und der Arm brach auf zwei Stellen ab: eben über dem Ellbogen und in der Mitte des Oberarmes; wir brachten ihn gleich in der Cajüte, und wurde da verbunden."[348]

„Wir hatten auf der hohen See zweymahl Sturm; Wo wir unsrem Ende nah zu seyn glaubten. Die Woogen und Wellen thürmten sich hoch auf, gleich den Bergen, und beteckten oft das ganze Schiff. Die Gefahr ging aber klücklich vorüber, Blos ein Matroße stürzte beym Segel einziehen, von der Spitze des Maastes und war Todt.

[344] Helbich, Wolfgang: „Alle...", W. Zimmermann (1859), S. 97
[345] Forschungsbibliothek Gotha: Wohlers / Meta Mannott (1868)
[346] Ebd., Tavenrath / Heinrich Jöckel (1862)
[347] Ebd., Herrmann / Robert Prang (1887)
[348] Bullerdiek, Jörn: Tagebuch Alexander Melchers (1850/51), S. 106

Der Kapitän, ordnete unter den Pasagwieren ein Koleckte an wobey: 500 Dollar fielen, für seine arme Familie"[349]

Kam es an Bord zu Todesfällen, bekamen diese Toten eine Seebestattung (siehe Kapitel 5.7.).

Erst in der 2. Jahrhunderthälfte nahm die Sterblichkeitsrate deutlich ab, da die Dampfschiffe neben kürzeren Fahrten und besseren hygienischen Bedingungen nun auch eine adäquate ärztliche Versorgung erlaubten.

5.7. Alltag an Bord

In der ersten Jahrhunderthälfte war die wochenlange Reise auf See ohne besondere Beschäftigungsmöglichkeiten und ohne Bewegungsfreiheit auf den Segelschiffen eine große Belastung für viele Passagiere. Besonders die Reise im Zwischendeck, wo Männer, Frauen und Kinder jeden Alters, unterschiedlicher Nationalität, Herkunft und Religion zusammengedrängt über Wochen gemeinsam ausharren mussten, war schwierig. In der Regel dauerte eine solche Überfahrt 6-12 Wochen. Das Zwischendeck war ständig erfüllt von Lärm. Gesang, Streit, Unterhaltungen, Kindergeschrei u. ä. ruhten nie. Bei Sturm mussten die Auswanderer sich oft tagelang im Zwischendeck aufhalten, da die Luken verschlossen wurden.

Die Umstände einer solchen Reise wurden natürlich entscheidend durch die Einstellung von Kapitän und Besatzung beeinflusst, zum Alltag der Passagiere gehörte auch der Umgang mit der Schiffsbesatzung. Da es sich bei den Seeleuten um Personal handelte, das zunächst, wenn überhaupt, eine Ausbildung für die Bedienung des Schiffes erfahren hatte, nicht aber im Umgang mit Passagieren geschult war, kam es häufig zu Problemen und Übergriffen.

Den Bremer Senat erreichten viele Beschwerden über die schlechte Behandlung der Passagiere, teilweise eingereicht von Einzelnen, teilweise aber auch von ganzen Gruppen:

---

[349] Helbich, Wolfgang: „Alle...", Joseph I. Scheuermann (1872), S. 113/114

0067 Beschwerde über schlechte Behandlung auf dem engl. Schiff „Childe Harold"
auf Reise Bremerhaven-NY 1852

0076 Beschwerde (namentlich) der Passagiere des Schiffes „F. J. Wichelhausen"
über schlechte Behandlung 1853

0174 Beschwerde Tischlermeister Sautter über schlechte Behandlung seiner Tochter
auf der „Helene" 1857

0185 Beschwerde des Arztes Erdmann über schlechte Behandlung auf der Nordamerika 1858/59.[350]

Diese Liste ließe sich beliebig fortführen, soll als Verdeutlichung in dieser
Form aber reichen.

Auch in den Briefen ist von Unzufriedenheit zu lesen:

„9.8. Unterdessen haben sich wieder vier Matrosen betrunken, die allerlei Rohhei-
ten begehen, bis sie der Steuermann mit Tauenden blutig behandelt"[351]

„Nach einer Reise vom 16. Juni an bin ich mit meinem Freunde am 30. Juli hier an
Land gestiegen. (…) Unser Schiff war ein amerikanisches und nur ein Matrose
sprach Deutsch. Die Amerikaner sind unbarmherzig gegen die Deutschen…"[352]

Aber ebenso häufig liest man auch von guten Schiffsleuten:

„wir hatten übrigens einen sehr guten Kapitän, und wir haben oft Stunden lang
zusammen geplaudert, weil er gerne Deutsch lernen, und ich mich im Englischen
vervollkommnen wollte, denn Du wirst an dem Namen des Schiffs gesehen haben,
daß es ein Engländer war"[353]

„… die matrosen waren auch brafe kerl die haben keinem kein böses Wort gesagt,
wer ortnung hielt, es wird gesagt die matrosen wären rohe leude, aber wir haben
nie einen fluch von unsern gehört."[354]

„Wir hatten einen guten Kapitän. Er hielt immer alles in der größten Ordnung.
Schnaps durfte von seinen Leuten gar nicht getrunken werden. Wenn es nötig war,
half er auch selbst mit beim Arbeiten."[355]

---

[350] 2-P.8.B.8.c.1.a.

[351] Aufbruch in die Fremde: Aus dem Tagebuch, ohne Seitenangaben

[352] 2-P.8.B.8.c.5, Allgemeine Auswandererzeitung 26.01.1847, Fragmente aus Briefen

[353] Führer des deutschen Schiffahrtmuseums Nr. 5: Auf Auswandererseglern, C. Engelhard (1846), S. 46

[354] Forschungsbibliothek Gotha: Tavenrath / Heinrich Jöckel (1862)

[355] Ebd., Hoffmeister / Anton Vogt (1852)

Die vielfach aus ländlichen Gegenden kommenden Passagiere waren schwere Arbeit gewöhnt, doch an Bord hatten sie nicht viel zu tun. Enge und Langeweile prägten den Tag, man ging sich zunehmend auf die Nerven, es kam zu Streit und Rangeleien:

> „Uebrigens wird uns allen unsere lange Fahrt schon ziemlich langweilig, und alle Tage fallen Zänkereien und Krawall vor, wenn das so fort geht wird's wohl noch einmal blutige Köpfe geben."[356]

Unter Sticheleien und schlechter Behandlung hatten vor allem Angehörige der jüdischen Konfession zu leid.

Julius Stern schreibt seiner Familie 1834, er sei der einziger Jude unter 200 Goyim gewesen, und die 37 Tage Fahrt bis New York seien die bittersten Tage seines Lebens[357] gewesen. Hier mögen ein latent vorhandener Antisemitismus und Vorurteile („Geldjuden") ausschlaggebend für Streitigkeiten gewesen sein.

Auch in der Kajüte verlief das zwischenmenschliche Miteinander nicht immer ohne Probleme, doch hatte man es aufgrund der geringen Belegungszahl innerhalb der Kajüte deutlich weniger beengt. Der Speisesaal und gelegentlich noch ein zusätzlicher, wenngleich winziger Aufenthaltsraum boten den Kajütspassagieren Rückzugsnischen, die den Zwischendeckspassagieren verwehrt blieben.

Aber nicht nur Streit, Zank und Apathie waren die Folge der sich zwangsläufig einstellenden Langeweile. Friedrich Gerstäcker berichtet immer wieder an seine Mutter, wie er sich an der Arbeit der Matrosen beteiligte, um sich die Zeit zu vertreiben.[358] Auch August Lennen freundete sich mit den Matrosen an und nutzte die Arbeit, um aufkommende Langeweile zu unterdrücken:

---

[356] Führer des deutschen Schiffahrtmuseums Nr. 5: Auf Auswandererseglern, Friedrich Gerstäcker (1837), S. 38/39

[357] Helbich, Wolfgang: „Alle Menschen...", S. 67ff

[358] Führer des deutschen Schiffahrtmuseums Nr. 5: Auf Auswandererseglern, Friedrich Gerstäcker (1837), S. 32

„wodurch ich bald alle Kleinigkeiten am Schiffe, und Arbeiten auf dem Schiffe lernte, sodaß ich schon am achten Tage, als wir in See waren, die Segel mit einreffte, und die kleine Windflagge auf die Spitze des großen Mast befestigte. Obgleich diese Arbeiten sehr ermüdend sind, so hatten dieselben doch das Gute, daß ich weder an Seekrankheit noch an der noch schrecklicheren Langeweile, die das ewige Einerlei hervorbringen soll, gelitten habe."[359]

Andere Passagiere brachte die Langeweile zu manch lustigem Zwischenspiel:

„Wenn wir noch lange auf dem Schiff bleiben, werden wir verrückt, denn kein Mensch weiß mehr was er für andere Dummheiten angeben soll, denke Dir liebe Mutter einige 20 Kerle, Handwerker, Kaufleute, Doctor und Apotheker, alt und jung, Christen und Juden, Matrosen und Alles mögliche mit Stangen, Besen, Haken, Harpunen, Hirschfängern, Blasinstrumenten, Fahnen etc., - Soldaten-spielen – wie die kleinen Kinder, Rebellion, Kriegsgericht, Standrecht, Sturmläuten /: die Sturmglocke war aus einem Hemde gemacht, unten ein Reifen hinein, als Klöppel ein Besenstiel:/"[360]

„Gestern war der Wind ruhig, heut' aber haben wir nun gar wieder Windstille, die Mannschaft wird so zänkisch und so unzufrieden dass es ein wahrer Jammer ist, und täglich fallen nun Krakele vor, mitunter aber auch recht herzlich komische Scenen. So hatten wir neulich, ungefähr ein (ig) en 6-8 Mann, die oben auf dem Verdeck schliefen mit Kienruhs Schnurrbärte gemalt, und wie sie nun den andern Morgen aufwachten, haben wir uns bald vor Lachen gewälzt, wie sich einer heimlich über den andern lustig machte."[361]

Vielfach wurde versucht, der Langeweile mit Kurzweil zu begegnen. So wurde auf den Schiffen, sofern der Kapitän nichts dagegen hatte, musiziert, gesungen und getanzt, wobei sich die Kajütspassagiere in der Regel nicht an dem Getümmel beteiligten.

„Nach Tische wollte sich das Völkchen der Zwischendeckspassagiere mit einem Tänzchen erfreuen, es ging auch schon recht herzhaft los, als der Kapitain es durch den Steuermann absagen ließ, unter dem Vorwand die Leute die Wache nicht hätten könnten nicht schlafen,- es war Sonntag und er ist etwas fromm!"[362]

---

[359] Forschungsbibliothek Gotha: Hilgenberg / August Lennen (1850)
[360] Führer des deutschen Schiffahrtmuseums Nr. 5: Auf Auswandererseglern, Friedrich Gerstäcker (1837), S. 40
[361] Ebd., S. 39
[362] Ebd., S. 32

Christiane Haun dagegen berichtet fröhlich, sie habe während der sieben Wochen Überfahrt mehr getanzt als in drei Jahren zu Hause.[363] Auch andere Auswanderer berichten von fröhlichem Treiben:

> „Am Abend war alles auf dem Vordeck, nach einer Harmonika wurde getanzt, sogar die Matrosen beteiligten sich hierbei."[364]

> „Die Sonne schon sehr warm, mehrere junge Leute badeten sich im Ocean. Abends ward auf mehreren Blas und Streichinstrumenten musiziert und auf dem Vordeck flott getanzt."[365]

> „... es ist wenn der Wind nicht stark war, jeden Abend getanzt worden, wobei der Kaptein die Steuerleute so wie die Matrosen, sich bei anschloßen es ist mitunter bis 11 Uhr des Nachts getanzt worden und gesungen, die Leute konnten sich vergnügen machen wie sie wollten, es mußte nur in der Ordnung zu gehen, alle Uhnordnung wurde streng bestraft."[366]

Ansonsten vertrieben sich die Frauen die Zeit häufig mit Handarbeiten, während die Männer gerne Karten spielten:

> „Bei den oft langsamen Fortschritten des Schiffes hatten wir oft Langeweile. Sonst wurde gelesen, Englisch studirt, gespielt mit Karten oder auch oft nur allerlei Gespräche geführt oder wenn man an allen diesen Dingen kein Vergnügen hatte, legte man sich in seine Coige und schlief nur sanft. Einige Male bin ich zum Vergnügen bis oben in die Masten geklettert (...) Die Passagiere auf unserem Schiffe betrugen sich im Ganzen ordentlich, bisweilen hatten wir zwar wohl Zänkereien mit anzuhören, wie es denn bei so vielen Leuten, die in einem so kleinen Raum zusammen gedrängt sind, selten ohne Streitigkeiten abgeht."[367]

Minna Praetorius vermerkt in ihrem Reisetagebuch, sie habe

> „doch schon fast fünf Paar Strümpfe für meinen Mann gestrickt".[368]

---

363 Pohl-Weber, Dr. Rosemarie (Hrsg.): Mit dem Paketsegler, S. 15
364 Forschungsbibliothek Gotha: Meinecke / Max Drechsler (1882)
365 Ebd., Gebhardt / A. W. Senne (undatiert)
366 Ebd., Stöver / unbekannter Schreiber (1869)
367 Schütter, Silke: Ein Auswanderinnenschicksal, Franz Geisberg (1837), S. 80
368 Führer des deutschen Schiffahrtmuseums Nr. 5: Auf Auswandererseglern, Minna Praetorius (1846), S. 52

Und auch Johann O. berichtet von diesen typischen Beschäftigungen:

> „daß uns die Langeweile zuweilen plagte, daß könnt ihr leicht denken, denn man
> mußte immer zu Hause [in der Koje, Anmerkung T.F.] bleiben. (…) Mein Garn ist
> alle gestrickt worden, wobei meine Schlafkameraden und meine Nichte mir gehol-
> fen haben, und wir hätten noch wohl einmal so viel stricken können. Unser ge-
> wöhnliches Tagewerk war Kartenspielen."[369]

Die Kajütspassagiere hatten außerdem die Möglichkeit, sich aus der Bibliothek des Kapitäns Bücher zum Lesen oder auch Spiele auszuleihen.

Jede Abwechslung war willkommen und jedes Ereignis wurde intensiv
erlebt. Es lieferte Gesprächsstoff und verband die Menschen. Zu den positi-
ven Ereignissen der unfreiwilligen Gemeinschaft gehörten z. B. Geburten:

> „Den 28. wurde ein kleines Mädchen geboren in der Kajüte (…) Den 1. Mai bekam
> der Schneidermeister Richter aus Altenburg auch ein kleines Mädchen im Zwi-
> schendeck."[370]

> „Eine Frau kam aber bei diesen Stürmen in die Wochen und gebar einen kleinen
> Jungen. Dieser wird gewiß ein tüchtiger Seemann."[371]

Geburten kamen sehr häufig auf den langen Fahrten in der ersten Jahrhunderthälfte vor, wobei der Stress und die Belastung einer solchen Fahrt sicher
häufig das Einsetzen der Wehen verursachten. Diese Vermutung lässt sich
anhand der Auswandererbriefe nicht nachweisen, ist aber sehr wahrscheinlich.

Sogar Hochzeiten und entsprechende Feiern fanden statt. Wenn die
Auswanderer Glück und einen sehr gläubigen Kapitän hatten, wurde sonntags aus der Bibel gelesen. Die Reisenden der „Neptun" hatten 1853 einen
Prediger der Baseler Mission unter den Zwischendeckspassagieren dabei und
so „… hatten wir auch an jedem Sonntage von 10-11 ½ Uhr Kirche, welcher, wenn
sie gleich unvollkommen war, doch von jedermann Folge geleistet wurde"[372].

---

369 Kammeier, Heinz-Ulrich: „Halleluja…", Johann O. (1866), S. 104
370 Forschungsbibliothek Gotha: Piehler / Justine Bachmann (1853)
371 Ebd., Wiethoff / Daniel Wiethoff (1842)
372 Pohl-Weber, Dr. Rosemarie (Hrsg.): Mit dem Paketsegler, S. 16

Auch diverse Feste wurden veranstaltet:

„Heute sind ungeheure Vorbereitungen zu Morgen gemacht, nämlich den 4ten
July, das Freiheitsfest der Amerikaner, es wurde ein Transparent gezeichnet und
mit bunten Papier beklebt, was diese Nacht um 12 Uhr angezündet werden soll,
einer von den Passagieren, hat Schwärmer, Feuerräder, Leuchtkugeln etc, mit, und
dabei soll dann ein raisonables Feuerwerk abgebrannt werden, die Vorbereitungen
dazu beschäftigen uns jetzt so ungeheuer, dass wir alle Hände voll zu thun haben."[373]

„Der 13. November war der Tag, an welchem das Schiff ‚Neptun' vor 9 Jahren vom
Stapel gegangen war, deshalb war er auch uns heilig und wurde mit Gesang, Tanz,
Spiel und gutem Getränk gefeiert."[374]

Das Leben an Bord war also eine Welt im Kleinen, die auf allen Reiserouten
und auf Schiffen aller Nationen ähnlich war. Es war ein ganz alltägliches Zusammenleben: Gespräche mit Nachbarn und Familie fanden statt, Freundschaften wurden geknüpft, Gottesdienste und Gebet, Naturerlebnisse, Liebe,
gemeinsame Mahlzeiten, Küchenarbeit, Wäsche, Heimweh, Sehnsucht usw.
Diese Welt beinhaltete allerdings auch alle negativen Aspekte des zwischen-
menschlichen Miteinanders. Zu diesen gehörte z. B. der Diebstahl, sowohl
von Nahrungsmitteln als auch von anderen Dingen:

„Sylvester: Sturm aus W.S.W. In der Nacht stiegen 2 Passagire in den unteren
Schiffsraum um Bier zu stehlen. Sie wurden auf der Tat ertappt, und mit einer der-
ben Tracht Prügel zum neuen Jahr begrüßt."[375]

„Den 3ten [Januar 1851, Anmerkung T.F.] heute wurde am Bord ein großartig Ge-
richt gehalten, nämlich über Pflaumen Diebstahl; es hatten mehrere Zwischendeck
Passagiere unten im Raum mehrere Pflaumen Kisten geöffnet und da eine gute
Portion herausgenommen und das wurde ruchbar; wie es nun auskam, verrieth einer den anderen, denjenigen wurde ein Strick um die beiden Daumen gebunden
und ziemlich hoch im Mast angebunden und dann mit ein End Tau welche vor den
Hintern gezählt."[376]

---

373 Führer des deutschen Schiffahrtmuseums Nr. 5: Auf Auswandererseglern, Friedrich
   Gerstäcker (1837), S. 34
374 Pohl-Weber, Dr. Rosemarie (Hrsg.): Mit dem Paketsegler, S. 17
375 Forschungsbibliothek Gotha: Benzler / Lorenz Degenhard (1834)
376 Bullerdiek, Jörn: „Was ferner vorkömmt…", Tagebuch Alexander Melchers (1851), S.
   110

Anscheinend hatte Diebstahl aber nicht immer Folgen bzw. wurde nicht immer gemeldet oder vom Kapitän weiter verfolgt, denn Mannott stellt 1868 nur lakonisch fest: „Am 18. haben sie mir 21 Thaler nachts aus der Tasche weggenommen."[377]

A.W. Senne schließt an seine Empfehlung, mit welchen Lebensmitteln sich Auswanderer auf Segelschiffen im Zwischendeck versehen sollten, folgende Warnung:

> „Zu diesen Fressalien ist durchaus ein verschließbarer Kasten nöthig, denn Niemand ist auf dem Schiffe zu trauen. Jede Stunde hört und sieht man da Diebereien. Das Stehlen der Esswaren u. Getränke hält da der beste Freund oft nicht für Sünde, wenn er nur nicht dabei ertappt wird. Wer klug ist, verhält sich ganz ruhig, wenn er Nahrungsmittel vermißt, sonst lacht man ihn noch aus. Hier heißts: halt den Dieb beim Kragen auf frischer That oder halt den Mund, sonst schlägt er dich noch drauf."[378]

War der Dieb also nicht auf frischer Tat ertappt worden, war es besser, nichts zu sagen, um nicht noch zusätzlich zu dem Verlust Spott zu erleiden.

Besonders allein reisende Frauen hatten sich vor Belästigung vorzusehen:

> „19.08. Eine kleine Revolte. Ein junger Mann machte sich an ein Mädchen, sehr grob, das sich bei dem Capitän beschwert. Der Zudringliche wird gebunden und in die Kajüte gesteckt; seine freunde wollen ihn befreien; der Capitän tritt mit zwei Pistolen hinzu und droht jeden niederzuschießen, der nicht Ruhe halte. Das hilft."[379]

Zu den unerfreulichen Ereignissen gehörten außerdem auch die Todesfälle, ohne die kaum eine Fahrt vorüberging und die bereits in Kapitel 5.6. erwähnt wurden.

Der Tod war im 19. Jahrhundert viel alltäglicher, vor allem der Kindertod, daher wird oft recht beiläufig und distanziert darüber berichtet:

---

[377] Forschungsbibliothek Gotha: Wohlers / Meta Mannott (1868)
[378] Ebd., Gebhardt / A. W. Senne (undatiert, nach 1848)
[379] Aufbruch in die Fremde: Aus dem Tagebuch, ohne Seitenangaben

„Am 18. Juni abends kamen wir denn alle, Gottsei Dank, bis auf zwei Kinder, welche gestorben waren, wofür zwei andere geboren wurden, unsere 220 Passagiere in Baltimore an."[380]

„Heute Morgen um 4 Uhr ist die Seelenzahl hier auf dem Schiffe um eine weniger geworden, denn es starb ein Kind von 10 Wochen. Madam Buher aus Charleston ihres; die hatte eine Reise nach Deutschland, um ihre Verwandten zu besuchen, gemacht und giebt sich mit ein Kind von 6 Wochen wieder auf die Rückreise. Das Kind war die ganze Zeit über schon immer kränklich. Den 21ten [Dezember 1850, Anmerkung T.F.] heute Morgen um 10 Uhr wurde das Kind ins Meer gesenkt; es war ein kleiner Sarg dazu gemacht, welcher mit Steinen beschwert war; es wurden ein paar Gesänge dabei gesungen und Capitain Wieting hielt eine kurze aber ganz nette Rede. Die Mutter fiel, als das Kind ins Meer gesenkt wurde, in Ohnmacht, auch hatte dieselbe diese Nacht schon einen Versuch gemacht, mit ihr todtes Kind ins Meer zu springen."[381]

„Am Montag hatten wir Westwind und ziemlich schönes Wetter, am Sonntag haben wir einen großen Walfisch gesehen, und an diesem Tage ist bei uns in der 2 Kajüte ein Kind gestorben. Auch große Fische haben wir oft gesehen. Am Montag den 7. hatten wir Nordwestwind, es war nebelig und still. Am Dienstag, den 8. und am Mittwoch, den 9. hatten wir Westwind, am Donnerstag, den 10. hatten wir Südwind und ziemlich schönes Wetter. Am Donnerstag, dem 10. ist im Zwischendeck ein Kind gestorben, es war 14 Tage alt..."[382]

Reisende, die während der Überfahrt verstarben, bekamen eine Seebestattung. Die Verstorbenen wurden in einen vom Schiffszimmermann angefertigten Sarg gelegt, derselbe wurde mit Steinen beschwert und dann in das Wasser gelassen. Das Versinken wurde durch eingeschnittene Löcher, durch die Wasser in den Sarg eindrang, beschleunigt.[383] Manchmal musste aber auch eine einfachere Variante genügen:

„Den 2. Tag, als wir wieder fuhren, da starben schon zwei Kinder, den 3. Tag starben wieder zwei Kinder, welche sie nun in alte Lumpen nähten und einen Stein

---

[380] Macha, Jürgen: „Wir verlangen nicht mehr....", Johann Bäuerlein (1848), S. 484
[381] Bullerdiek, Jörn: „Was ferner vorkömmt...", Tagebuch Alexander Melchers (1851), S. 108
[382] Forschungsbibliothek Gotha: Wohlers / Meta Mannott (1868)
[383] Führer des deutschen Schiffahrtmuseums Nr. 4: Auswanderung Bremen-USA, S. 33

daran hingen und im hellen Tag, wo alle zusammenliefen, in das Wasser geworfen haben."[384]

Der Umgang mit der Seebestattung hing wieder einmal in erster Linie vom Kapitän des Schiffes ab. Von einer Bestattung mit Predigt bis zum völlig lieblosen Versenken des Toten war alles möglich.

Eine besonders unschöne Erfahrung mit dem Schiffszimmermann hatte C. Seveking:

> „Sobald der Schiffs Zimmermann wußte, daß noch einer krank war, kam er und lauerte schon auf den Tod, sobald war der Athen heraus ob er dennoch lebte oder todt war, so band er sie den ein nach seinen Gutdünken schleppte herauf stoßte durch die Klappe, gings den nicht nach seiner Bequemlichkeit hindurch so bog er sie noch zusammen gab sie einem mit dem Fuße, so hat dieser mörderische Kerl seinen Spott darüber."[385]

Gemeinsam waren den Passagieren aller Klassen die überraschenden Tier- und Naturerlebnisse, wobei sie in der ersten Jahrhunderthälfte deutlich faszinierender wirkten, weil sie oft vollkommen unbekannt waren:

> „… auch schwammen eine Masse regenbogenfarbige, gallertartige Geschöpfe nahe am Schiff vorbei! Mit einem heruntergelassenen Eimer fingen wir eins! Sie sahn aus wie Pilze, der Gestalt nach, der Farbe nach wie weißes Glas, dem Gefühl nach wie knorpeliger Gallert, und berührt man mit ihnen die obere Fläche der Hand, so ist das Gefühl dasselbe als ob man sich mit einer Brennessel gebrannt habe!"[386]

> „Diesen Nachmittag haben wir auch mehrere Delphine gesehn, die sehen ganz prachtvoll aus, alle Farben des Regenbogens findet man daran. Der Delphin ist der größte Feind von den fliegenden Fischen und es sieht schön aus, wenn ein Delphin Jagd darauf macht; wenn der Fisch sich nicht mehr helfen kann, fliegt es aus dem Wasser heraus und der Delphin springt denselben gewöhnlich noch einen tüchtigen Fuß nach; der Delphin ist der schnellste von allen Fischen."[387]

> „Es kamen Walfische in Sicht, tauchten aber bald wieder unter. Es war schön abends, das Meer leuchten zu sehen, wie alles ums' Schiff her voll Feuer oder feu-

---

[384] Macha, Jürgen: „Wir verlangen nicht mehr…", Angela Heck (1854), S. 526

[385] Forschungsbibliothek Gotha: Dettmold, NRW Staatsarchiv / C. Seveking (1854)

[386] Führer des deutschen Schiffahrtmuseums Nr. 5: Auf Auswandererseglern, Friedrich Gerstäcker (1837), S. 22

[387] Bullerdiek, Jörn: „Was ferner vorkömmt…",Tagebuch Alexander Melchers (1851), S. 109

riger Funken war im Wasser. Und auch der schöne südliche Sternenhimmel war schön anzusehen mit dem Sternenkreuz des Südens."[388]

„... auch haben wir mehrere große Fische gesehen welche wohl 5-600 Pfund wogen, auch See Weibchens, welche ähnlichkeiten hatten mit Menschen, auch fliegende Fische und mehre Thiere, welche man gar nicht kennt"[389]

„Das war einmal ein Gewitter diese Nacht, das erste das wir auf offener See erlebt haben! ... Blitz auf Blitz, Schlag auf Schlag, und die Blitze so ungeheuer blendend, dass sie einen auf plötzlich ganz in Stockfinsternis setzten! ... Aber Mutter, den Anblick hätte ich Dir gegönnt!- Den Anblick der See und des Himmels bei einem Gewitter oben von den Bramstangen aus! Ueber sich den leuchtenden und schmetternden Himmel, unter sich, tief unten das Schiff durch den dunklen Ocean in einem Feuerstreifen dahin fliegend!"[390]

Reiche wie arme Passagiere beklagten recht häufig die Hitze:

„Wir sind nicht weit von Porto-Rico, ohngefähr 15 Meilen davon entfernt. Es ist hier hübsch warm, wir haben im Schatten 24 Gr; dabei giebt's keinen kühlenden Trank, das Waßer wird immer wärmer. (...) Wenn wir bei dieser Hitze noch Windstille bekommen, so weiß ich nicht, was aus Ed. [Gatte, Anmerkung T.F.] und mir dann wird, ich fürchte wir lösen uns dann in Dunst auf."[391]

„Damit Du Dir von der Hitze einen Begriff machen kannst muß ich Dir doch sagen, daß ich heute eine Stange Lack ganz schief fand und wie ich noch darüber nachdachte, woher sie wohl so merkwürdig geworden sei? Konnte ich sie hin und her biegen."[392]

Nur J. Führer stellte auf dem Weg nach San Francisco fest:

„Den 3. Juli haben wir zum erstenmal die Sonnenlinie passiert. Ich hatte mir die Hitze viel schlimmer vorgestellt, als sie war."[393]

In der Zeit der Segelschifffahrt war ein weiteres verbindendes Element der Gesellschaft die Angst vor existentiellen Gefahren, die jede Fahrt begleiteten. Sturm, Krankheiten, Hunger und Durst hingen immer drohend über den Rei-

---

[388] Macha, Jürgen: „Wir verlangen nicht mehr...", Joseph Grones (1890), S. 535

[389] Forschungsbibliothek Gotha: Dettmold, NRW Staatsarchiv / C. Seveking (1854)

[390] Führer des deutschen Schiffahrtmuseums Nr. 5: Auf Auswandererseglern, Friedrich Gerstäcker (1837), S. 38

[391] Ebd., S. 56

[392] Ebd., S. 61

[393] Forschungsbibliothek Gotha: Focken / J. Führer (1850)

senden, und fast jeder Auswanderer hat mindestens eine dieser Ängste auf seiner Überfahrt tatsächlich durchleben müssen. Vor allem Stürme lösten große Ängste aus:

„Es war am 19 und 20 Stbr, ... als wir von einem solchen Orcane heimgesucht wurden, dass wir jeden Augenblick den Tod entgegensahen. Die Wellen hatten eine furchtbare Höhe erreicht und droheten jeden Augenblick das Schiff zu verschlingen ... Es war um 7 Uhr als ... eine Welle uns fast alle Segel, einen Mast, und die ganze Umkleidung des Schiffs weg riss. Die unten im Schiff waren glaubten, jetzt sei es vorbei, und stißen ein furchtbares geschrei aus, und die Angst war so groß, dass eine schwangere Frau davon in das Wochenbett kam, und eine Andere vor Angst starb."[394]

„Vom 1 zum 4 Juni war Sturm, das Schiff fing an zu schwanken, die Kisten mussten fest gebunden werden, die Töpfe rollten aus einer Ecke in die andere, die Bettstellen fielen zusammen, man konnte nicht mehr gehen noch stehen, die ungeheuren Wasserberge droheten uns zu verschlingen."[395]

„Den 31 März waren wir schon nahe am Kanal, daß wir England sahen, und zur Nacht erhob sich ein fürchterlicher Sturm, daß wir wieder einkehren mußten. Der Sturm war so groß, daß wir Alle in Angst und Schrecken versetzt waren. Abends schlugen die Wellen über das Verdeck, daß das Wasser ins Zwischendeck lief. Auf einmal hieß es ‚Wir sind verloren, daß Schiff geht unter'. Denkt Euch, liebe Eltern, welche Angst! Das Seufzen und Wehklagen! Das Schiff lag ganz auf der Seite. Doch bei alle dem war es nicht gefährlich. Wir waren noch keinen Sturm gewöhnt und ängstigten uns Alle vergebens; denn vom Sturm kippt kein Schiff um."[396]

„... eine Nacht kriegten wir auch Sturm, da war im Zwischendeck ein Nachttopf nur gefallen, das war die untersten ins Gesicht gelaufen und die Kisten stürzten um, da schrien alle nun sind wir alle verloren, die welchen weinten und die anderen beteten und der große Wilhelm war auch bange ich sprang aus meine Koje und lief aufs Verdeck, da lag das Schiff so schief als wenn man ans Dach von Haus gehen mußte, wie ich raus kam, fiel ich auf dem Hintersten und rutschte das ganze Verdeck hinunter, ich stand wieder auf und half die Matrosen die ganze Nacht mit Reissen ich dachte wenns ans Schwimmen ging, daß ich doch da wär, aber es war so schlimm nicht."[397]

---

[394] Führer des deutschen Schiffahrtmuseums Nr. 5: Auf Auswandererseglern, C. Engelhard (1846), S. 46/47

[395] Macha, Jürgen: „Wir verlangen nicht mehr...", Johann Schröder (?), S. 357

[396] Forschungsbibliothek Gotha: Piehler / Justine Bachmann (1853)

[397] Ebd., Ohle / Heinrich Müller (1857)

„Am 14.8. abends überzog sich der Himmel mit schwarzen Wolken, die See wurde unruhig, der Blitzableiter wurde ins Wasser gelassen, und bald ging das Unwetter los. Es stürmte und regnete und wir wurden im Bett herumgeworfen wie Spielbälle."[398]

„Den 3ten Dez., an welchem der Sturm noch immer fortwährte, begegnete uns ein gewiss seltenes, aber auch desto gefährlicheres Ereigniss. Um 11 Uhr Morgens nämlich stieg ein Gewitter auf, das sich in einem einzigen Blitz grade über unserem Schiffe entlud. Der Blitz traf die Küche, und ging, den Weg durchs Zwischendeck nehmend vorn wieder heraus, ohne zu zünden, denn es war glücklicherweise ein kalter Schlag, oder sonst Jemanden von den Passagiren zu verletzen, den einzigen Koch ausgenommen, der aber auch nur für kurze Zeit am Arm gelähmt wurde."[399]

Dass die Ängste, die Sturm und Unwetter unter den Auswanderern hervorriefen, nicht unbegründet waren, beweisen die vielen Schiffsunglücke, die das gesamte 19. Jahrhundert durchziehen.[400] Zwar gab es in der zweiten Jahrhunderthälfte aufgrund der wachsenden Sicherheit der Dampfer, dem Einsatz von Funk usw. insgesamt weniger Vorfälle, diese waren aber umso dramatischer, da sich mehr Passagiere auf den Schiffen befanden und es bei Unglücken entsprechend mehr Tote gab. Da Unglücke immer großes Aufsehen in der Presse und somit der gesamten Öffentlichkeit hervorriefen, waren sie auch den Auswanderern wohl bekannt.

So strandete z. B. im April 1834 der bereits erwähnte Segler „Shenandoah" mit 192 Auswanderern an Bord auf Mellum Plate. Hierbei starben 31 Auswanderer, die meisten wohl durch Kälte, Hunger und Durst.

Auch der Bremer Dreimaster „Johanna" strandete 1854 vor der Insel Spiekeroog. Er hatte 216 Passagiere an Bord, nach dem Unglück wurden 80 Menschen vermisst, 28 davon trieben als Leichen ans Ufer. Die meisten waren durch das Wasser von Bord geschwemmt worden und ertrunken oder von Gegenständen wie abgebrochenen Masten an der Bordwand erschlagen worden.

---

[398] Macha, Jürgen: „Wir verlangen nicht mehr…", Joseph Grones (1890), S. 535
[399] Forschungsbibliothek Gotha: Benzler / Lorenz Degenhard (1834)
[400] Das Mitführen eines Rettungsbootes z. B. wurde erst seit 1849 vorgeschrieben, und auch erst ab einer Passagierzahl von 150 Personen.

Die „Deutschland" strandete Ende 1875 auf der Fahrt von Bremerhaven nach Southampton im Nebel in der Themse-Mündung. Bei dem Versuch frei zu kommen, brach die Schraube und das Schiff wurde gänzlich manövrierunfähig. Das Deck wurde durch die steigende Flut überschwemmt und die Passagiere mussten sich in die Wanten retten. Dort mussten sie 24 Stunden ausharren, bis die Notsignale bemerkt wurden. 173 Menschen wurden gerettet, 57 starben – die meisten erfroren.[401]

In den Auswandererbriefen ist regelmäßig von Unglücken die Rede, auch wenn viele Schreiber nur von ihnen hörten oder die Überreste eines solchen Unglücks auf ihrer Reise sahen:

> „als ich, noch in ziemlicher Entfernung etwas treiben sah was auf uns zukam! Ein Schiff war es nicht, denn es hatte keine Segel, ein Fisch war es nicht, denn es blieb stets auf dem Wasser. Jetzt war es dicht an uns, und trieb an der rechten Seite vorbei! Es war ein kleines Memento mori. Das Wrack eines gescheiterten Schiffes, das die Rippen recht kalt und schauerlich zum Himmel emporstreckte! An den Balken wo vielleicht vor nicht so gar sehr langer Zeit noch verzweifelnd die Mannschaft gehangen die ihren Todeskampf gekämpft hatten, hingen jetzt kleine Muscheln und Schnecken, es trieb rasch vorbei, aber der größte Theil der Mannschaft war doch bedeutend kleinlaut geworden!"[402]

> „Wir hatten ... schlechtes Wetter und ein Gewitter, in der Zeit ist ein Schiff, nicht weit von uns entfernt, mit 130 Paßagieren untergegangen. Ist das nicht unendlich traurig?! Welche Trauer wird diese Nachricht in viele Familien bringen! Es ist auch kein Mensch gerettet."[403]

> „Wie ich schon erwähnt, so war unsere Seereise von vielen Stürmen und Ungewittern begleitet, darunter auch sehr gefährliche. Besonders einige schwere Gewitterstürme als die gefährlichsten beschrieben, vorzüglich am 6. Mai, am 6. und 7. Juni, welch letztere uns schnell überraschten, hätten uns das größte Unglück bringen können, indem uns vorwärts zur rechten Seite ein Kaufmannsschiff zu Grunde ging, und niemand als der Kapitän und 4 Matrosen fand Rettung. Am 7ten Juni in dem nämlichen Platze, welcher der Golfstrom heißt, in dem da ein großer Strom

---

[401] Stölting, Dr. Wilhelm: Bremerhaven und die USA, S. 53

[402] Führer des deutschen Schiffahrtmuseums Nr. 5: Auf Auswandererseglern, Friedrich Gerstäcker (1837), S. 22

[403] Ebd., Minna Praetorius (1846), S. 64

durch das Meer zieht, in welchem wir auch zu gleicher Zeit waren, ging noch ein Passagierschiff zu Grunde; davon wurden 30 gerettet."[404]

In der Zeit der Segelschiffe gehörten Havarien und Schiffsbrände zu den normalen Gefahren. Kollisionen waren dafür selten mit schweren Schäden verbunden, da nur sehr starker Wind den Schiffen ausreichend Schwung für eine ernste gegenseitige Beschädigung verleihen konnte. In den Zeiten der Dampfschiffe hingegen konnte der Maschinenantrieb schwere Kollisionen hervorrufen, welche besonders im Nebel häufig waren. Dafür wiederum schützten die Maschinen vor gefährlichen Küsten und brachten die Schiffe sicher durch den Sturm.[405]

„Wir kamen nun in das sagen. Nebelloch, d. ist die Nähe bei Neufoundland. In dieser Gegend befindet sich das ganze Jahr hindurch Nebel, und so dicht daß man nur auf 10 Schritt Weite sehen kann u. die Maschiene muß alle halbe Minute pfeifen damit nicht etwa 2 Schiffe auf einander stoßen. Die Fahrt ging ziemlich, da auf einmal zerbrach die Maschiene, morgens 3 Uhr und das Schiff blieb still stehen. O weh!! Die Kolbenstange an der Maschiene war zerbrochen und wir saßen da, auf dem unsichern Element fast hülflos, gelähmt an dem Fasse welches uns weiter tragen sollte. Glücklicherweise hatten wir grade keinen Sturm, wir hätten sonst wer weiß wohin nach verschlagen werden können. Um 3-4 Uhr Nachmittags, war die Maschiene gesiegt und die Fahrt ging wieder weiter."[406]

„Namentlich war die Nacht, in welcher wir mit einem andern Schiffe zusammenrannten, wirklich furchtbar. Wir lagen Alle in tiefsten Schlafe, als uns plötzlich ein furchtbares Getöse erweckte. ‚Wir sund anseilt', rief der kleine Cajütsjunge mit kläglicher Stimme, auf unsere frage was da los sei. Ich gestehe Dir, ich war wie vernichtet, das Gefühl des nahen Todes stand in seiner ganzen furchtbarkeit vor mir, Jeden Augenblick glaubten wir Alle das entscheiden Wort zu hören, daß wir sänken. Einer nach dem Andern eilte auf Deck, und hier erfuhren wir dann, wie gnädig das Unglück noch von uns abgewandt sei. Die (??) beider Schiffe hatten sich bereits berührt, und nur durch die Geistesgegenwart unseres Capitains erhielt unser Schiff noch eine solche Richtung, daß es sich nicht an deren andere einer engl. Brigg, heischet; beide Schiffe liefen über 8 Meilen, Du kannst also denken, mit welch einer Vehemenz und Schnelligkeit- das alles vor sich ging."[407]

---

[404] Macha, Jürgen: „Wir verlangen nicht mehr…", Johann Bäuerlein (1848), S. 484

[405] Wall, Robert W.: Die goldene Zeit, S. 124

[406] Forschungsbibliothek Gotha: Vogt / unbekannter Schreiber (1859)

[407] Ebd., Bremen, UB / August Gildenmeister (1845)

Wählten die Kapitäne nicht die Route durch den englischen Kanal, sondern um England, Schottland und Irland herum, waren Eisberge eine zusätzliche Bedrohung. Gottlob Richard Hartmann erwähnt diese Strecke explizit: *„Auch sind wir nicht durch den Kanal, sondern um England, Schottland und Irland herum."*[408] Aber auch wenn die Schiffe in die Nähe Neufundlands kamen, konnten sie auf Eisberge treffen.

Der „Auswandererkapitän" Wieting, der auf all seinen Reisen nur ein einziges Schiff verlor und keine Toten zu verzeichnen hatte, überstand 1854 glücklich die Kollision mit einem Eisberg:

> „Ich hatte die 1ste Wache, & obgleich wir keine Schiffslänge zu sehen vermochten, so konnte mir doch nicht das geringste Geräusch entgehen & wenn es auch nur ein Seevogel oder Fisch war, der sich bisweilen hören ließ. Es war 10 Minuten 10 Uhr vorbei als ich ein Geräusch nach vorne hin vernahm, so fort ließ ich das Ruder St(euer)bord legen, das Schiff in den Wind kommen & hinten backholen doch ehe dieses mal geschehen, war der Gegenstand des Geräusches schon vor unserem Boog & sahennun als uns die Eisstücke auf den Verdeck fielen, mit welchem Gegner wir es zu thun hatten. Unter furchtbarem Gekrache zerbrachen unsere schönen Rundhölzer, Klüverbäume & Boogspriet als waren es Schwefelhölzer, doch zu unserem Heil mußten wir eben diese Stelle treffen, wo der Berg vom Seeschlach nach unten ausgehöhlt war, so daß das Unterschiff gar nicht ankam: wir fuhren so weit in die Höhlung hinein daß die Vockrah an dem überhängenden Eise zerbrach & in Enden von oben kam ..."[409]

Das Schiff blieb glücklicherweise dicht, und Wieting konnte, trotz schwerer Schäden an Mast und Segel, die Fahrt fortsetzen. In mehreren Briefen wird das Zusammentreffen mit den Giganten aus Eis erwähnt:

> „... den 8 ten August kamen wir bei die Insel Neufundland, die Nacht von 8 ten auf den 9 ten August bekamen wir dann den ersten Eisberg zur Sicht, ein Berg wie ein 3 stöckig Haus, es gab einen furchtbaren Tumult, wie der Wachhabende Matrose auf dem (?) rief, ein Eisberg, alles kam in Bewegung, den die Gefahr war groß, es war eine sehr nebelige Nacht und wir waren nur noch hundert Schritte davor und hätten wir verkehrten Wind gehabt so hätten wir alle mit Mann und Maus um das Leben kommen können, die Kälte war so groß wie bei Ihnen in Deutschland im Januar denn wir waren hoch im Norden, so sind wir vier Tage zwischen Eis-

---

[408] Ebd., Glitzenhirn / Gottlob Richard Hartmann (1854)
[409] Bullerdiek, Jörn: „Was ferner vorkömmt...", (1854), S. 205

bergen links und rechts gesegelt, der Jammer war groß wenn der Wind sich versterket und nebelich Wetter war, die ganze Nacht wurde das Horn geblaßen und die Glocke geläutet den 12 ten August hatten wir uns des Nachts verirrt, das der Kaptein so wie die Steuerleute nicht deß Morgens wußten wo wir waren, die Angst war groß, bei dem (??) Glück legte sich der Wind, die Sonne kam hervor so, daß wir gegen 10 Uhr Land in Sicht bekamen, die Freude war groß um 11 Uhr wurde ein Both ausgesetzt die Steuerleute und Matrosen mußten an Land schiffen und sich verständigen wo wir waren."[410]

„Am Freitag, dem 12. hatten wir Südwind, es war sehr nebelig, da haben wir einen großen Eisberg gesehen, der war gewiß 30 Fuß hoch. Wenn er aber 30 Fuß aus dem Wasser ragte, dann war er auch noch 60 Fuß tief im Wasser."[411]

„Am Morgen des 13 t April erblickten wir nämlich auf beiden Seiten prachtvolle Eisberge, bald kam jedoch eine Unzahl nach und gegen 9 Uhr hatten wir außerdem auch noch die furchtbarsten Eisfelder zu durchfahren. Drang das Schiff von gutem Winde getrieben durch ein Eisfeld so glich dies dem furchtbarsten Donner & die Stöße & Erschütterungen des Schiffes waren so groß daß man glaubte es müsse in Stücke zerbrechen. Glücklicherweise war dasselbe gut gebaut & die gütige Vorsehung bewahrte uns vor Sturm, sonst hatten wir N. nicht erreicht."[412]

In der 2. Jahrhunderthälfte hatte sich das Alltagsleben an Bord für die Zwischendeckler kaum verändert, wie Liborius Gerstenberger beschreibt:

„Zu wünschen ist nur den Zwischendeckspassagieren- mehr wie jedem anderen- daß sie schönes Wetter auf ihrer Fahrt haben; dann wimmelt es von ihnen auf dem Deck wie auf einem Jahrmarkt. Die farbigen Trachten der Frauen aus den Donauländern vermischen sich mit den dunklen Kleidern deutscher Auswanderer; die einen spielen, auf einem Krahnenfuß sitzend, Karten, andere umstehen einen Witzmacher; dort spielt einer Zieharmonika und munter drehen sich die Paare im Tanze in dem engen Raume, den ein paar Männer durch flottes Herumwalzen in der Menge der Zuschauer sich geschaffen haben. Vom Mitteldeck schauen blasierte Kajütspassagiere dem Treiben des munteren Völkleins zu; andere folgen ihrem mitleidigen Herzen und reichen den Kindern der Armen von den Überbleibseln ihrer reichen Mahlzeit Orangen, Nüsse und Zuckerwerk."[413]

Kajütspassagiere hingegen konnten sich die Zeit mit der Muße des Luxus vertreiben:

---

[410] Forschungsbibliothek Gotha: Stöver / unbekannter Schreiber (1869)
[411] Ebd., Wohlers / Meta Mannott (1868)
[412] Ebd., Bauer-Reinhardt / Johann Bauer (1854)
[413] Gerstenberger, Liborius: Vom Steinberg, S. 40

„Auf einem in den Badekabinen hängenden Plakate ist zu lesen: Rasieren 50 Pfennig, Friesieren und Haarschneiden 1 Mark usw. Also sogar ein Rasierer ist auf dem Schiffe! Er hat zur Ausübung seines Berufes eine eigene Rasierstube, oder vielmehr einen mit allen Neuerungen dieser Branche ausgestatteten Barbiersalon."[414]

Oder sich den vielfältigen Freizeitangeboten widmen:

„Nach dem Frühstück gehen wir ins Schreib- und Gesellschaftszimmer. Auf einer schönen, zweiseitigen Treppe, vorbei an einem großen Spiegel, steigen wir empor und gelangen auf zwei schmalen Gängen in das Schreibzimmer. Ein großer Bechsteinflügel bietet Musik- und Gesangskundigen Gelegenheit, andere zu erfreuen oder zu vertreiben, je nachdem! Eine kleine Bibliothek deutscher und englischer Romane und Erzählungen wird besonders von dem lesegeübteren Geschlecht fleißig benützt. Zwei Kästen mit Ansichtskarten und kleinen Andenken, Knöpfen und Bändern, Bechern und Fahnen unterstehen dem 2. Steward, der um Geld und gute Worte stets gefällig dieses Amtes und des eines Bibliothekars waltet."[415]

Oder aber einfach über das Deck flanieren:

„Bist du ein Freund vom Spazierengehen? Auf dem Schiffe hast Du Zeit und Gelegenheit dazu, wie nirgends. Freilich, große Ausflüge kann man nicht machen, ohne mit dem Wasser und einem dem Schiffe folgenden Haifische in zu nahe Berührung zu kommen. Aber ohne einen Schuh schmutzig zu machen, bei schönem, wie bei regnerischem Wetter, kannst Du laufen nach Herzenslust. Dort die beiden Herren laufen um die Wette zehnmal um das Promenadendeck nach jeder Mahlzeit, und legen somit einen Weg von zwei Kilometer zurück; (…)"[416]

Auch mit Spielen vertrieben sich die Kajütspassagiere gerne die Zeit:

„An verschiedenen stellen bemühen sich Herren, darunter sehr würdige mit grauem Barte, aus Weiden geflochtene Ringel so zu werfen, daß sie von einem langen hölzernen, auf dem Boden stehenden Dorne aufgefangen werden."[417]

Besonders in der ersten Jahrhunderthälfte gerieten die Auswanderer nach den wochenlangen Strapazen auf den Schiffen in gewaltige Aufregung, wenn am Rande des Horizonts endlich die amerikanische Küste auftauchte. Je nä-

---

[414] Ebd., S. 17/18
[415] Ebd., S. 21/22
[416] Ebd., S. 29/30
[417] Ebd., S. 30

her das Schiff dem Hafen kam und je deutlicher die Umrisse der Stadt wurden, desto unruhiger wurden die Menschen an Bord.

> „Klarer und klarer wurde das Land und um 4 Uhr Nachmittags lag die Küste von Amerika in ihrer ganzen Pracht vor unseren Augen! – Wo nehme ich nun die Feder her das zu beschreiben was wir sahen, das zu schildern was wir fühlten."[418]

Immer wieder gab es bei den Zwischendecklern ein typisches Ritual: Man entledigte sich der nicht mehr benötigten Sachen des alten Lebens. Nachttöpfe, Matratzen, verschlissene Kleidung u. ä. Dinge wurden im hohen Bogen über Bord geworfen, das „alte Leben" wurde entsorgt, nun erwartete man mit Spannung und Zuversicht das neue Leben.

---

[418] Führer des deutschen Schiffahrtmuseums Nr. 5: Auf Auswandererseglern, Friedrich Gerstäcker (1837), S. 42

6. Schluss

Bei der Untersuchung der Bedingungen auf Auswandererschiffen im 19. Jahrhundert, die von Bremerhaven nach Amerika fuhren, wurden verschiedene Aspekte betrachtet: die Unterbringung, die Ernährung, der Alltag, die Hygiene, die ärztliche Versorgung, Krankheit und Tod. Gefragt wurde nach der Entwicklung der Aspekte im Laufe des 19. Jahrhunderts, nach den Unterschieden der Bedingungen in den verschiedenen Reiseklassen und auf den verschiedenen Reiserouten. Darüber hinaus wurde untersucht, ob sich Unterschiede zwischen Schiffen verschiedener Nationen feststellen lassen, wobei nur von Bremerhaven abgehende Schiffe berücksichtigt wurden. Es gab natürlich gravierende Unterschiede in der Beförderung der Auswanderer durch verschiedene Häfen, ein solcher Vergleich wäre aber ein eigenes Untersuchungsthema gewesen. Die Berücksichtigung von Schiffen verschiedener Nationen, die von Bremerhaven abgingen, war aufgrund der Quellenlage und des doch eher geringen prozentualen Anteils nach nicht sehr ergiebig, bot aber, wo Vergleichsmöglichkeiten bestanden, interessante Momentaufnahmen.

Die Bedingungen auf den Schiffen erfuhren im Laufe des 19. Jahrhunderts eine deutliche Veränderung. Der wachsende Strom von Auswanderern zu Beginn des 19. Jahrhunderts brachte immer größere Profite und rückte ihren Transport in den Mittelpunkt des Reedereibetriebs. Die Schiffsbesatzungen gewannen zunehmend an Erfahrung im Umgang mit Passagieren und so fand ein Wandel statt vom Menschen als Frachtgut hin zum Menschen als Passagier. Fortschritte in Technik, Gesetzgebung und Entwicklung der Schiffe ließen aus der zu Beginn des Jahrhunderts nicht planbaren, strapaziösen und mit Risiken für Leib und Leben verbundenen Überfahrt zum Ende des 19. Jahrhunderts eine mehr oder weniger angenehme, zeitlich planbare Reise werden. Wie angenehm sich der Aufenthalt an Bord gestaltete, hing von der Reiseklasse ab, denn während die Kajütspassagiere aller Luxus eines erstklassigen Hotels erwartete, war die Unterbringung im Zwischendeck noch immer sehr einfach und beengt.

Die Unterscheidung der Reiseklassen wurde bei allen untersuchten Aspekten deutlich, denn schon früh begann die luxuriösere Versorgung der besser gestellten Kajütspassagiere im Gegensatz zu den Zwischendecklern, obwohl die Masse dieser Passagiere den eigentlichen Profit der Reeder ausmachte.

Zu Beginn des Jahrhunderts fand die Überfahrt auf Frachtseglern statt. Die Reisezeiten waren unkalkulierbar, Unterbringung und Behandlung der Zwischendeckspassagiere, die etwa 90 % der Auswanderer ausmachten, war die von Stückgut. Das Zwischendeck wurde nur provisorisch umgerüstet, einfache Holzverschläge mussten als Kojen dienen, und der Raum wurde zusätzlich durch Gepäck und Waren beengt. Bei schlechtem Wetter blieb das Zwischendeck oft tagelang ungelüftet und ohne Tageslicht, denn die Luken, die einzige Verbindung nach draußen, mussten dann geschlossen bleiben. Den Kajütspassagieren erging es etwas besser, sie wurden zunächst in den Räumen des Kapitäns untergebracht, bis schließlich eigene Kajütplätze an Deck errichtet wurden. Ihre Schlafstellen besaßen deutlich mehr Komfort, und die Kajüten mussten sich in der Regel nur 4-8 Menschen teilen. Sie hatten mit dem Aufenthaltsraum eine Rückzugsnische, die den Zwischendecklern verwehrt blieb, sowie die Möglichkeit, sich aus der Bibliothek des Kapitäns Bücher und Spiele auszuleihen. Gegessen wurde am Tisch des Kapitäns, während die Zwischendeckler ihre Mahlzeiten in ihrer Koje oder bei schönem Wetter an Deck einnehmen mussten.

Bremen hatte mit seiner Auswanderungsgesetzgebung den Reedern von Anfang an die Verantwortung für die Ernährung der Passagiere übertragen. Dennoch war die Quantität des Essen häufig mangelhaft, die langen Überfahrten und die unzureichenden Konservierungsmethoden erlaubten nur das Mitführen von Speck und Salzfleisch, das Brot wurde oft schimmelig und das Wasser brackig. Hunger und Durst waren in der ersten Jahrhunderthälfte eine ständige Bedrohung, sowohl für die Zwischendeckler als auch für die Kajütspassagiere, denn ihre Verpflegung unterschied sich zunächst nur durch die Güte, nicht durch Art und Umfang. Dennoch war die vorgeschriebene Verpflegung, die in der ersten Jahrhunderthälfte nur durch Bremen und die USA vorgegeben war, die sicherste Verpflegung. Die Selbstverpflegung in anderen Häfen nahm zwar mehr Rücksicht auf persönliche Vorlieben und bot die Möglichkeit, Geld einzusparen, führte aber allzu oft zur Fehleinschätzung des tatsächlichen Bedarfs und zu einem frühzeitigen Ausgehen der Nahrungsmittel.

Der wachsende Auswandererstrom führte zur Einrichtung von Liniendiensten und steigende Einnahmen zu ersten Investitionen. Die Einführung der Dampfschiffe sowie die fortlaufende Entwicklung ihres Antriebs brachten schließlich planbare und immer kürzere Fahrzeiten. 1874 hatten sie die Segelschiffe völlig aus dem Passagiertransport verdrängt. Die Dampfschiffe besaßen größere Ladekapazitäten und konnten nicht nur mehr Passagiere, sondern auch mehr Proviant transportieren. Kühlräume erlaubten die Unterbringung frischer Lebensmittel und ab 1868 konnte an Bord sogar geschlachtet und frisches Brot gebacken werden. Nach der Jahrhundertmitte gab es dann in der Regel auch nur noch Beschwerden über die Qualität des Essens im Zwischendeck, nicht mehr über die Quantität. Aus der Kajüte verstummten zu dieser Zeit bereits die Beschwerden, denn hier wurde die Verpflegung zunehmend vielfältiger und luxuriöser.

Das Zwischendeck erfuhr auch im Zeitalter der Dampfer und sogar zu Beginn der großen Luxusliner in seinem Aufbau und seiner Bemessung nur geringe Änderungen. Immerhin mussten seit 1849 zwei Laternen für ein Mindestmaß an Helligkeit während der Nacht sorgen, und ab 1868 wurde der Einbau von Ventilatoren zur Frischluftversorgung vorgeschrieben. Die Kajütspassagiere hingegen erwartete spätestens seit den 1880er Jahren der Komfort eines erstklassigen Hotels, Rauchsalons, Frisöre, Schreibzimmer und viele andere Räumlichkeiten erweiterten die Aufenthalts- und Beschäftigungsmöglichkeiten.

1890 fand ein Wechsel im Transatlantikverkehr statt, es wurde die Seereise als Urlaub und Erholung entdeckt. Die Kajütspassagiere bekamen alle nur erdenklichen Annehmlichkeiten, während sich die Passagiere des Zwischendecks mit dem „Luxus" eines eigenen Speisesaals und dem Vorhandensein von ausreichend Toiletten begnügen mussten. Außerdem bekamen sie seit 1891 auch das Bettzeug gestellt.

Die Verpflegung verbesserte sich ab 1891 noch einmal deutlich, und zwar für alle Reiseklassen, da ein beträchtlicher Rückgang der Auswandererzahlen nach 1885 zu einem härteren Konkurrenzdruck unter den Reedern führte. Die Verpflegung in der Kajüte nahm jetzt geradezu fantastische Züge an, die tägliche Auswahl an Gerichten entsprach der Speisekarte eines vornehmen Restaurants.

Gute und schlechte Verpflegung gab es auf allen Reiserouten, allerdings war sie auf dem Weg nach New York aufgrund der strengen Einfuhrbedingungen besonders gut, während es in den anderen Häfen weniger strenge Kontrollen gab. Verhältnismäßig viele Beschwerden gab es auf dem Weg nach Kanada.

Während die Reisekosten im Zwischendeck in der ersten Jahrhunderthälfte je nach Andrang großen Schwankungen unterlagen, waren sie in der Kajüte relativ stabil. Insgesamt lässt sich verallgemeinern, dass die Reise umso teurer wurde, je weiter südlich sie ging. Gerade für die unteren Schichten waren die Kosten generell sehr hoch und oftmals nur durch Veräußerung des gesamten Besitzes erschwinglich, denn es musste nicht nur die Reise mit allen anfallenden Kosten bezahlt werden, sondern es musste auch der Verdienstausfall für eine nicht genau planbare Zeit aufgefangen werden.

Erst mit der aufkommenden Dampferkonkurrenz fielen die Fahrpreise auf den Segelschiffen deutlich. Die Reisekosten auf den Dampfschiffen selbst waren zunächst noch erheblich teurer, doch schließlich sanken sie auch hier, und kürzere und planbare Reisezeiten ließen die Dampfer auch für die ärmeren Schichten immer interessanter werden, bis sie schließlich die Segelschiffe ganz aus dem Geschäft verdrängten.

Mit dem Aufkommen der Dampfschiffe begann für die Kajütspassagiere die Ära des Luxus, und entsprechend stiegen die Kosten nun erheblich an. Zu Beginn des 20. Jahrhunderts kostete die beste Kajüte des NDL etwa 52 Mal so viel wie ein Platz im Zwischendeck.

Zu Beginn des 19. Jahrhunderts konnten die Bedingungen im Zwischendeck der Segelschiffe heutige Hygienevorschriften bei weitem nicht erfüllen: Es herrschte ständige Feuchtigkeit, die Sauberhaltung des Schiffes wurde vernachlässigt, Urin, Erbrochenes, Unrat u. ä. sammelten sich vor allem bei schlechtem Wetter am Fußboden oder in der Bilge und boten ideale Bedingungen für Bakterien und Krankheitskeime. Auch auf die Körperhygiene wurde noch sehr wenig geachtet, außerdem war das Waschen des Körpers oder der Wäsche im Seewasser mit seiner fehlenden Seifenlösung wenig ergiebig. Je länger eine Reise dauerte, desto größer wurde das Krankheitsrisiko.

Die strengsten Hygienekontrollen fanden im Hafen von New York statt, und im Umkehrschluss waren Auswandererschiffe von hier besonders vorbildlich. Am schlimmsten hingegen waren die Bedingungen auf holländischen Schiffen. Allgemein war das Wissen um die Notwendigkeit von Hygiene und deren Fehlen als Ursache für viele Krankheiten noch sehr gering. Dies änderte sich um die Mitte des Jahrhunderts. Verschiedene Epidemien hatten erkennen lassen, welch wichtige Bedeutung Desinfektionsmitteln zukam. Ein Bremer Gutachten von 1868 wies dann bereits ausdrücklich auf die Wichtigkeit von vorbeugenden Maßnahmen hin. Außerdem ließen sich Dreck und Unrat nicht mit dem gerade entstehenden Luxus an Bord der Schiffe vereinbaren. Auch in diesem Bereich kam es zu einer bevorzugten Behandlung der Kajütplätze. Mit zunehmender Hygiene und Vorsorge sanken die Krankheits- und vor allem die Todesfälle an Bord erheblich.

Eine weitere Neuerung nach der Jahrhundertmitte war die Einstellung von Ärzten auf den Dampfern des Lloyd, die bisher aus Gründen der Effektivität, der Kosten und des mangelnden Interesses fehlten. Zu Beginn mussten die Kapitäne die Funktion des Arztes übernehmen, womit sie sehr oft überfordert waren. Gesetzlich vorgeschrieben wurde die Mitführung von Ärzten erst seit 1882 durch die USA.

Auch die Sorge um Medikamente blieb zunächst rein der Privatinitiative der Reeder überlassen. Eine Bremer Verordnung zur Mitführung bestimmter Medikamente in Form einer Apotheke erging erst 1866. Zur gleichen Zeit wurde dann auch die Einführung von Hospitalzimmern obligatorisch. Auf je 100 Passagiere hatten 4 Betten mit Bettzeug bereitgestellt zu werden, in einem vom übrigen Schiffsraum abgetrennten Bereich. Auf den Segelschiffen handelte es sich hierbei allerdings lediglich um abgeteilte Verschläge im Zwischendeck, während der NDL dann zum Ende des Jahrhunderts helle, freundliche, gut gelegene Zimmer mit Bade- und Klosettzimmer im Anschluss vorzuweisen hatte.

Diverse Krankheiten bedrohten das Wohl der Auswanderer. Die spezifischste war die Seekrankheit, von der die Mehrzahl der Auswanderer erfasst wurde. Obwohl an und für sich harmlos, stellte sie gerade zu Beginn des 19. Jahrhunderts durchaus eine ernste Bedrohung für die Passagiere dar. Tagelanges Erbrechen zusammen mit den schlechten hygienischen Bedingungen und den allgemeinen Strapazen vor allem im Zwischendeck konnten den Körper gefährlich auszehren und schwächen, so dass es durchaus zu Todesfällen kommen konnte. Häufige Erkrankungen waren auch die Skrofeln, der Skorbut, die Tuberkulose und das Fleckfieber. All diese Erkrankungen konnten schwere Verläufe nehmen und gefährliche Nachfolgen hervorrufen, verschwanden dann aber mit zunehmender Verbesserung der Hygiene und ordentlicher Ernährung. Allein beim Ausbruch von Tuberkulose konnte man nur eine Isolation der Betroffenen veranlassen.

Ein allgemeines Problem auf den Segelschiffen war das Ungeziefer, welches sich vor allem im Zwischendeck rasant verbreitete. Schlechte Körperpflege, nasse und dreckige Kleidung boten ideale Bedingungen, und die Enge führte zu einer schnellen Ausbreitung. Gefürchtet war das Ungeziefer nicht wegen der lästigen Folgen ihres Befalls wie Juckreiz, sondern weil Flöhe, Läuse u. ä. potentielle Überträger von gefährlichen Krankheitserregern waren, wie z. B. der Pest. Auch dieses Problem verschwand mit zunehmender Hygiene und der Benutzung von Desinfektionsmitteln.

Die gefährlichsten auftretenden Krankheiten waren die Cholera, der Typhus und die Blattern. Der Ausbruch einer solchen Epidemie war allseits gefürchtet, da sie zumeist hunderte von Toten zur Folge hatte. Cholera und Typhus traten durch Infektion über verschmutztes Trinkwasser oder verunreinigte Nahrung auf. Da Antibiotika zur Behandlung noch unbekannt waren, bot auch hier Hygiene den besten Schutz. Beim Ausbruch der Blattern bzw. Pocken konnte lange Zeit nichts getan werden, erst im 20. Jahrhundert konnten die Erreger durch ein konsequentes Impfprogramm ausgerottet werden.

Durch die schlechten hygienischen Bedingungen und die fehlende ärztliche Versorgung in der ersten Hälfte des 19. Jahrhunderts konnten aber auch „normale" Erkrankungen wie Lungenentzündung, Scharlach, Ruhr u. ä. lebensgefährlich werden. Wiederum waren hier die Zwischendeckler aufgrund der besonders schlechten hygienischen Zustände und der Enge deutlich gefährdeter als die Kajütspassagiere.

In der ersten Jahrhunderthälfte herrschte eine hohe Sterblichkeitsrate auf den Auswandererschiffen, von der besonders Kinder betroffen waren. Neben natürlichen Ursachen oder ansteckenden Krankheiten kam es durch Hunger, Durst, Kälte, Unfälle und sogar Ersticken zu Todesfällen. Der Tod durch Ersticken war eine Gefahr an Bord der Segelschiffe, und zwar nur im Zwischendeck. Bei schlechtem Wetter blieben die Luken oft tagelang geschlossen, die vielen Menschen verbrauchten aber schnell die Atemluft. Zusätzlich konnten Ladegüter z. B. durch Gärung oder Oxydation Luft verdrängen.

Tote durch Unfälle waren in der Regel entweder verursacht durch mangelnde Sicherheitsvorkehrungen oder, im Fall der Seeleute, durch fehlende Ausbildung, was wiederum nur ein Problem der ersten Jahrhunderthälfte war. Darüber hinaus kam es zu Knochenbrüchen, Wunden und Brandverletzungen infolge von hohem Seegang. Tote bekamen eine Seebestattung.

Erst in der 2. Jahrhunderthälfte nahm die Sterblichkeitsrate deutlich ab, die Dampfschiffe benötigten deutlich weniger Reisezeit, boten bessere Hygiene, adäquate ärztliche Versorgung und allgemein bessere Standards.

In der ersten Jahrhunderthälfte war die wochenlange Reise auf See eine große Belastung für viele Passagiere, besonders im Zwischendeck, wo Männer, Frauen und Kinder jeden Alters, unterschiedlicher Nationalität, Herkunft und Religion zusammengedrängt über Wochen ausharrten. Das Zwischendeck war ständig erfüllt von Lärm: Gesang, Streit, Unterhaltungen, Kinderge-schrei u. ä. ruhten nie. Enge und Langeweile führten oft zu Streit und Range-leien. Auch in der Kajüte gab es zwischenmenschliche Probleme, jedoch wa-ren diese weniger ausgeprägt, da eine viel geringere Belegungszahl vorhan-den war und den Kajütspassagieren zusätzlich der Aufenthaltsraum als Rückzugsnische blieb. Die Passagiere des Zwischendecks versuchten sich mit Tanz und Musik, Streichen, der Arbeit mit den Matrosen, Handarbeiten oder Kartenspielen die Zeit zu vertreiben. Den Kajütspassagieren blieb zusätzlich die Möglichkeit, sich Spiele oder Bücher aus der Bibliothek des Kapitäns aus-zuleihen.

Das Leben an Bord war eine Welt im Kleinen, die auf allen Reiserouten und auf den Schiffen aller Nationen ähnlich war. Man führte ein ganz alltäg-liches Miteinander, es gab Gespräche mit der Familie oder den Nachbarn, Freundschaften wurden geknüpft, es wurde sich verliebt, gemeinsam geges-sen, Feste wurden gefeiert, Wäsche gewaschen, Kinder geboren usw. Ebenso gehörten auch alle negativen Aspekte des Zusammenlebens dazu, es wurde gestohlen, allein reisende Frauen wurden belästigt, Tote bestattet usw.

Gemeinsam waren den unterschiedlichen Reiseklassen die oftmals überraschenden Tier- und Naturerlebnisse. Aber auch die Angst vor existen-tiellen Gefahren wie Sturm, Krankheit, Hunger usw. begleitete fast alle Aus-wanderer. Vor allem die das ganze Jahrhundert durchziehenden Schiffsun-glücke ängstigten viele. In der Zeit der Segelschiffe gehörten Havarien und Schiffsbrände zu den normalen Gefahren, in der Zeit der Dampfer hingegen waren es aufgrund des Maschinenantriebs Kollisionen, vor allem im Nebel.

Während sich der Alltag der Zwischendeckspassagiere auch in der 2. Jahrhunderthälfte kaum veränderte, hatten die Kajütspassagiere alle erdenk-lichen Freizeit- und Luxusangebote. Hierzu gehörten Besuche beim Frisör, Konzerte, Badekabinen, Bibliothek, das Flanieren auf Deck oder auch der Aufenthalt im Rauchzimmer.

Quellen und Literatur

Originalquellen

Staatsarchiv der Freien Hansestadt Bremen (StAB)

2-B.13.a

2-B.13.b

2-B.13.b.1.a.2.a.I.-III.

2-B.13.b.1.a.2.b.I.-II.

2-B.13.b.2

2-B.13.b.3

2-B.13.b.4

2-B.13.b.5

2-B.13.b.6

2-B.13.b.12

2-B.18

2-C.12.b.2.e.1

2-C.12.b.2.g

2-C.12.e.Nr.1a

2-D.18.O

2-M.6.b.4.d.4.a.2. Bd.1-3

2-M.6.b.4.d.4.b

2-M.6.b.4.d.4.e.1

2-M.6.e.9.a

2-P.8.B.8.a

2-P.8.B.8.b

2-P.8.B.8.c

2-Q.9-267

2-R.11.O.2.a

3-A.3.B.4 Nr. 29, 35

3-A.3.N.3 Nr. 18, 89

3-A.4 Nr. 36, 39, 41, 75a, 77, 107, 108, 109, 111, 119a, 119b, 121b, 160, 166, 176, 199, 281, 300a

4,21-502 bis 503

6,40-C.1 Nr. 23

6,40-K.2.b.3 Nr. 26

Forschungsbibliothek Gotha, Briefschreiber

Anschütz, Friedrich (1853), (Einsender Haseney)

Bachmann, Justine (1853), (Einsender Piehler)

Bauer, Johann (1854), (Einsender Bauer-Reinhardt)

Baumann, Käthe (1889), (Einsender Gauss)

Blümner, Carl Theodor Bernhard Daniel (1832), (Einsender Brandt)

Boensel, Christian (1862), (Einsender Tavenrath)

Christoph, E. E. (1884), (Einsender Christoph)

Cronemeyer, Hermann (1834), (Einsender Cronemeyer)

Degenhard, Lorenz (1834), (Einsender Benzler)

Drechsler, Max (1882-1895, Tagebuch), (Einsender Meinecke)

Dreseler, A. (1854), (Einsender Dettmold, NRW Staatsarchiv)

Dünnebacke, Johannes (1836), (Einsender Thiemann)

Dugge, Carl-Heinrich (1836), (Einsender Dugge)

Dugge, Georg Friedrich (1834), (Einsender Dugge)

Dugge, Dr. Hans Friedrich (1836), (Einsender Dugge)

Dugge, Joachim Christian (1834-1852, Chronik), (Einsender Dugge)

Dunker, August (1860), (Einsender Buck)

Dunker, Fred (1858), (Einsender Buck)

Dunker, Heinrich (undatiert), (Einsender Buck)

Erdmann, L. (1854), (Einsender Ebbeskotte)

Erlemann, Fritz (1870), (Einsender Brüne)

Erlemann, Wilhelm (1871), (Einsender Brüne)

Förschler, Maria (1868), (Einsender Höfl)

Führer, J. (1850), (Einsender Focken)

Gatzmeier, August (1852), (Einsender Hünseler)

Gildenmeister, August (1845), (Einsender Bremen UB)

Grau, Johann Heinrich Adam (1853), (Einsender Räbel)

Haecker, Karl August (1847), (Einsender Haecker)

Hartmann, Gottlob Richard (1854), (Einsender Glitzenhirn)

Hassfurther, Mathaeus (1840), (Einsender Krapf)

Hillenkamp, Franz Christopherus (1843), (Einsender Hartmann)

Hillers, Albert (1857), (Einsender Wohlers)

Hübsch, Wilhelm (1833), (Einsender Hübsch)

Jöckel, Heinrich (1862), (Einsender Tavenrath)

Kleene, Bina und Carl (1873), (Einsender Bekker)

Kleihauer, Ihnke (1854), (Einsender Wohlers)

Köhn, Julie Auguste Sophie Marie (1857), (Einsender Krause)

Köhn, W. (1860), (Einsender Peek)

Köster, Johannes (1859), (Einsender Köster)

Krieger, Ferdinand (1864), (Einsender Kaper)

Kruse, J. H. (1873), (Einsender Cloppenburg Museumsdorf)

Lennen, August (1850), (Einsender Hilgenberg)

Lohmann, Heinrich (1870), (Einsender Oberdiek)

Luther, Johann Georg (1858), (Einsender Döbling)

Mannott, Folkert Janssen (1868), (Einsender Wohlers)

Mannott, Meta (1868), (Einsender Wohlers)

Meister, Jakob (1869), (Einsender Schandl)

Metz, K. W. (1862), (Einsender Metz)

Meyer, Carl August (1846), (Einsender Meyer)

Müller, Friedrich (1853), (Einsender Krützfeld)

Müller, Heinrich (1857), (Einsender Ohle)

Neumeier, Friederike (1900), (Einsender Schnare)

Oeveste, Johann Heinrich zur (sen.) (1843), (Einsender Holtmann)

Petasch, Paul (1861), (Einsender Voermanek)

Pieper, Stephan Heinrich (1834), (Einsender Diepenbroich)

Pfüller, M. (undatiert, Tagebuch), (Einsender Müller)

Pötzsch, Carl Hermann (1883), (Einsender Pötzsch)

Potthast, Joseph (1858), (Einsender Brakel, Stadtarchiv)

Prang, Robert (1887), (Einsender Prang)

Putzer, Julius (1854), (Einsender Chamier)

Rahmann, Heinrich Gerdes (1847), (Einsender Wohlers)

Reiche, C. G. (1848-49, Tagebuch), (Einsender Kerner)

Reichenbach, Friedrich W. (1871), (Einsender Sachsenweger)

Rogosch, August (1865), (Einsender Gauss)

Rondorf, Hilarius (1856), (Einsender Barth)

Rondorf, Maria (1856), (Einsender Barth)

Schenk, Johann G. (1854), (Einsender Fritz)

Schipper, Johann (1865), (Einsender Arndt)

Schücking, Paulus Modestus (1838), (Einsender Schücking)

Schwarting, Georg Wilhelm (undatiert), (Einsender Neidhöfer)

Schwarz, Johann Jakob (1854), (Einsender Schwarz)

Senne, A. W. (undatiert, nach September 1848), (Einsender Gebhardt)

Seveking, C. (1854), (Einsender Dettmold, NRW Staatsarchiv)

Sleutel, Jan (1884), (Einsender Eimer)

Sönnefeld, Franz (1833), (Einsender Diepenbroich)

Spannagel, Joh. Hermann (1837), (Einsender Engstfeld)

Stockebrand, Theodor (1878), (Einsender Pauly)

Stötzner, Hermann (1852), (Einsender Klaus)

Stolze, Paul (1872), (Einsender Kuthe)

Suppes, H. (1833), (Einsender Conradi)

Thumann, Anna (vor 1849), (Einsender Quakenbrück Staatsarchiv)

Thumann, Hermann (vor 1849), (Einsender Quakenbrück Staatsarchiv)

Tieck, Katharina (1868), (Einsender Höfl)

Unbekannt (1882), (Einsender Wehrmann)

Unbekannt (1859), (Einsender Vogt)

Unbekannt (1869), (Einsender Stöver)

Unbekannt weiblich (undatiert, ca. 1850), (Einsender Norden)

Vogt, Anton (1852), (Einsender Hoffmeister)

Wendt, Pauline (1889), (Einsender Gauss)

Wieboldt, Wilhelm A. (1881), (Einsender Skowron)

Wiethoff, Daniel (1842), (Einsender Wiethoff)

Willig, Gotthelf (1852), (Einsender Kuntze)

Windel, J. F. W. (1836), (Einsender Schütte)

Witte, Bernhard Nicolaus (1845), (Einsender Meyer)

Weber, Ludwig (1881), (Einsender Hager)

Zimmermann, Wilhelm (1859), (Einsender Engstfeld)

Gedruckte Quellen

Abfahrten von Auswandererschiffen 1834, 1839-1874, StAB, Bremen 1987

Auf Auswandererseglern. Berichte von Zwischendecks- und Kajütpassagieren. Führer des deutschen Schiffahrtsmuseums Nr. 5, Werbedruck Bremen, Bremerhaven 1976

Brenning, Dr. M. / Dr. E. H. Oppenheimer: Der Schiffsarzt. Leitfaden für Aerzte und Kandidaten der Medizin. Verlag August Hirschwald, Berlin 1914

Bullerdiek, Jörn / Daniel Tilgner: „Was ferner vorkömmt werde ich prompt berichten". Der Auswanderer-Kapitän Heinrich Wieting. Briefe 1847-1856. Edition Temmen, Bremen 2008

Der hafenärztliche Dienst. Auswandererschiffe. Beschreibung des Desinfektor. Leopold Voss, Hamburg 1907

Förderverein Deutsches Auswanderermuseum Bremerhaven (Hrsg.): Leb' wohl Deutschland. Tagebuch der Auswanderung des Frederick Faust 1877 nach Amerika. Worpsweder Verlag 1992

Gerstenberger, Liborius: Vom Steinberg zum Felsengebirg. Ein Ausflug in die neue Welt im Jahre der Weltausstellung von St. Louis 1904. Kommissionsverlag der Buchhandlung D. Bauch, Würzburg 1905

Gillhoff, Johannes: Jürnjakob Swehn. Der Amerikafahrer. Gebrüder Weiss, Berlin

Hansen-Rollfing, Louisa Christina: Lebenserinnerungen einer Auswanderin. Boyens & Co, Heide in Holstein 1982

Helbich, J. Wolfgang: „Alle Menschen sind dort gleich...". Die deutsche Amerika-Auswanderung im 19. und 20. Jahrhundert. Historisches Seminar Bd. 10, Hrsg. Armin Reese und Uwe Uffelmann. Pädagogischer Verlag Schwann-Bagel GmbH, Düsseldorf 1988

Helbich, Wolfgang / Walter D. Kamphoefner / Ulrike Sommer (Hrsg.): Briefe aus Amerika. Deutsche Auswanderer schreiben aus der Neuen Welt 1830-1930. Verlag C. H. Beck, München 1988

Kammeier, Heinz-Ulrich: „Ach, wie schön ist es in diesem gelobten Amerika". Auswandererbriefe aus dem Kreis Lübbecke und Umgebung 1890-1952. Quellen und Schrifttum zur Kulturgeschichte des Wiehengebirgsraumes. Reihe A, Bd. 3. Verlag Marie Leidorf, Espelkamp 1995

Kammeier, Heinz-Ulrich: „Halleluja, jetzt sehen wir Amerika". Auswandererbriefe aus dem Kreis Lübbecke und Umgebung 1836-1889. Quellen und Schrifttum zur Kulturgeschichte des Wiehengebirgsraumes. Reihe A, Bd. 2. Verlag Marie Leidorf, Espelkamp 1994

Lindemann, Moritz: Gesetzgebung und Einrichtungen im Interesse des Auswanderungswesens in Bremen; in: Dr. E. von Philippovich, Auswanderung und Auswanderungspolitik in Deutschland. Schriften des Vereins für Socialpolitik, Bd. LII. Verlag Duncker und Humblot, Leipzig 1892, S. 415-431

Macha, Jürgen / Marlene Nikolay-Panter / Wolfgang Herborn (Hrsg.): Wir verlangen nicht mehr nach Deutschland. Auswandererbriefe und Dokumente der Sammlung Joseph Scheben (1825-1938), in: Sprachgeschichte des Deutschen in Nordamerika. Quellen und Studien, Hrsg. Jürgen Macha / Joseph C. Salmons, Veröffentlichung des Instituts für Geschichtliche Landeskunde der Rheinlande der Universität Bonn, Bd. 2, Peter Lang Europäischer Verlag der Wissenschaften, Frankfurt a. M. 2003

Maltitz, R. v.: Hand- und Reisebuch für Auswanderer nach den Vereinigten Staaten von Nord-Amerika. Verlag Schünemann, Bremen 1843

Pohl-Weber, Dr. Rosemarie (Hrsg.): Mit dem Paketsegler 1853 nach Texas. Reisebericht der Christiane Haun. Hefte des Focke-Museums Nr. 54. Bremen 1980

Schelbert, Leo / Hedwig Rappolt: Alles ist ganz anders hier. Auswandererschicksale in Briefen aus zwei Jahrhunderten. Walter-Verlag, Olten und Freiburg im Breisgau 1977

Schütter, Silke (Hrsg.): Ein Auswanderinnenschicksal in Briefen und Dokumenten. Ein Beitrag zur Geschichte der westfälischen Amerikaauswanderung im 19. Jahrhundert (1827-1899). Quellen und Forschungen zur Geschichte des Kreises Warendorf Bd. 21. Archiv des Kreises Warendorf 1989

Ueber Auswanderung. Von einem Kaufmanne in Bremen. In Commission bei A. D. Geisler, Bremen 1842

Literatur

Armgort, Arno: Bremen-Bremerhaven-New York 1683-1960. Geschichte der Auswanderung über die Bremischen Häfen. Bremen Verlags- und Buchhandelsgesellschaft mbH & Co, Bremen 1991

Auswanderung Bremen-USA. Führer des deutschen Schiffahrtsmuseums Nr. 4. Werbedruck Bremen, Bremerhaven 1976

Bade, Klaus J.: Europa in Bewegung. Migration vom späten 18. Jahrhundert bis zur Gegenwart. Verlag C. H. Beck, München 2002

Benscheidt, Anja / Alfred Kube (Hrsg.): Brücke nach Übersee. Auswanderung über Bremerhaven 1830-1974. Geschichte in Bildern Bd. 4. Wirtschaftsverlag NW, Verlag für neue Wissenschaften GmbH, Bremerhaven 2006

Bessell, Georg: Norddeutscher Lloyd 1857-1957. Geschichte einer bremischen Reederei. Verlag Carl Schünemann, Bremen

Bremen-Bremerhaven-New York. Aufbruch in die Fremde. Europäische Auswanderung in die USA über Bremen und Bremerhaven. Magazin zur Ausstellung der Freien Hansestadt Bremen 1992. Verlag Albers & Pölking, Bremen 1992

Brück-Winkelmann, Heike: Die kirchliche Betreuung evangelischer Auswanderer nach Nordamerika im 19. Jahrhundert. Universität Hannover, Fachbereich Erziehungswissenschaften I, Dissertation 1992

Deggim, Christina / Christiane Harzig: Deutschland im Gepäck. Deutsche Auswanderung zwischen 1875 und 1880, dokumentiert in Berichten und Grafiken aus „Frank Leslie's Illustrirter Zeitung". Wirtschaftsverlag NW, Bremerhaven 1987

Deutsches Auswandererhaus Bremerhaven: Das Buch zum Deutschen Auswandererhaus. Wirtschaftsverlag NW, Verlag für neue Wissenschaft GmbH, Bremerhaven 2006

Engelsing, Rolf: Bremen als Auswandererhafen 1683-1880. Veröffentlichungen aus dem Staatsarchiv der Freien Hansestadt Bremen, Heft 29, Hrsg. Karl H. Schwebel. Carl Schünemann Verlag, Bremen 1961

Flügel, Dr. H.: Der Seehafen Bremen. Musterbetriebe Deutscher Wirtschaft, Bd. 26. Organisation Verlagsgesellschaft mbH, Berlin 1931

Gelberg, Birgit: Auswanderung nach Übersee. Soziale Probleme der Auswandererbeförderung in Hamburg und Bremen von der Mitte des 19. Jahrhunderts bis zum Ersten Weltkrieg. Beiträge zur Geschichte Hamburgs, Hrsg. vom Verein für Hamburgische Geschichte, Bd. 10. Hans Christians Verlag, Hamburg 1973

Genealogie und Auswanderung. Deutscher Genealogentag 54, 2002 in Bremen. Papierflieger, Clausthal-Zellerfeld 2002

Gerstenberger, Heide / Ulrich Welke: Vom Wind zum Dampf. Sozialgeschichte der deutschen Handelsschiffahrt im Zeitalter der Industrialisierung. Verlag Westfälisches Dampfboot, Münster 1996

Günther, Markus: Auf dem Weg in die Neue Welt. Die Atlantiküberquerung im Zeitalter der Massenauswanderung 1818-1914. Wißner-Verlag, Augsburg 2005

Hamm, Margot / Michael Henker / Evamaria Brockhoff: Good Bye Bayern – Grüß Gott America. Auswanderung aus Bayern nach Amerika seit 1683. Kessler Verlagsdruckerei, Augsburg 2004

Heinemann, Stephan: „Es ist aber ganz anders leben hier wie bei euch". Auswanderung aus dem Gebiet der Hohen Heide zwischen 1848 und 1918. Druckcenter Walsrode, Walsrode 1998

Hoerder, Dirk / Diethelm Knauf (Hrsg.): Aufbruch in die Fremde. Europäische Auswanderung nach Übersee. Edition Temmen, Bremen 1992

IMIS-Beiträge 20/2002, Hrsg. vom Vorstand des Instituts für Migrationsforschung und Interkulturelle Studien der Universität Osnabrück. Themenheft: Migration in der europäischen Geschichte seit dem späten Mittelalter. Vorträge auf dem Deutschen Historikertag in Halle a. d. Saale, 11. September 2003, Hrsg. von Klaus J. Bade

Kellenbenz, Hermann: Die Auswanderung nach Lateinamerika und die deutschen Kaufleute (vornehmlich am Beispiel Brasilien), in: Maritime Aspects of Migration, Hrsg. Klaus Friedland, Böhlau Verlag, Köln, Wien 1989, S. 215-241

Konecny, Lawrence H. / Clinton Machann: German and Czech Immigration to Texas: The Bremen to Galveston Route, 1880-1886, in: Nebraska History, Fall / Winter 1993, Vol. 74

Laudi, Gisela: Justina Tubbe. Der weite Weg einer Brandenburgerin vom Oderbruch nach Texas. Westkreuz Verlag, Bad Münstereifel 2000

Marschalck, Peter: Deutsche Überseewanderung im 19. Jahrhundert. Industrielle Welt, Schriftenreihe des Arbeitskreises für moderne Sozialgeschichte, Hrsg. Werner Conze, Bd. 14. Ernst Klett Verlag, Stuttgart 1973

Marschalck, Peter: Social and economic conditions of European emigration to South America in the 19th and 20th centuries, in: Jahrbuch für Geschichte von Staat, Wirtschaft und Gesellschaft Lateinamerikas, Hrsg. Richard Konetzke und Hermann Kellenbenz, Bd. 13. Böhlau Verlag, Wien 1976, S. 11-19

Maddocks, Melvin: Die grossen Passagierschiffe. Time-Life Bücher, 2. Auflage, Amsterdam 1980

Mai, Gottfried: Evangelisch-kirchliche Auswandererfürsorge in Bremen und Nordamerika in der zweiten Hälfte des 19. Jahrhunderts, in: Hospitium Ecclesiae Bd. 8, Hrsg. Bodo Heyne. Carl Schünemann Verlag, Bremen 1973, S. 126-150

Maxtone-Graham, John: Der Weg über den Atlantik. Die einzige Verbindung zwischen Europa und Amerika. Wilhelm Heyne Verlag, München 2000

Meyer-Deepen, Johannes: Schiffstragödie vor Spiekeroog. Die Strandung des Auswandererschiffes „Johanne" am 6. November 1854, Jever 1979

Mönckmeier, W.: Die deutsche überseeische Auswanderung. Ein Beitrag zur deutschen Wanderungsgeschichte. Verlag von Gustav Fischer, Jena 1912

Moltmann, Günter: Das Risiko der Seereise. Auswanderungsbedingungen im Europa-Amerika-Verkehr um die Mitte des 19. Jahrhunderts, in: Heinz Duchardt / Manfred Schlenke (Hrsg.), Festschrift für Eberhard Kessel zum 75. Geburtstag, Wilhelm Finke Verlag, München 1982, S. 182-211

Neumann, Gerson Roberto: Brasilien ist nicht weit von hier! Die Thematik der deutschen Auswanderung nach Brasilien in der deutschen Literatur im 19. Jahrhundert (1800-1871). Europäische Hochschulschriften Reihe I, Deutsche Sprache und Literatur. Peter Lang Europäischer Verlag der Wissenschaften, Frankfurt a. M. 2005

Nipperdey, Thomas: Deutsche Geschichte 1800-1866. Bürgerwelt und starker Staat. Verlag C. H. Beck, München

Riechmann, Wolfgang: „Vivat Amerika". Auswanderung aus dem Kreis Minden 1816-1933. Mindener Beiträge 25. Verlag J. C. C. Bruns, Minden 1933

Rössler, Horst: Hollandgänger, Sträflinge und Migranten. Bremen und Bremerhaven als Wanderungsraum. Hrsg. vom Förderverein Deutsches Auswanderermuseum e.V. Bremerhaven. Edition Temmen, Bremen 2000

Rürup, Reinhard: Deutschland im 19. Jahrhundert 1815-1871. Deutsche Geschichte Bd. 8, Hrsg. Joachim Leuschner. Vandenhoeck & Ruprecht, Göttingen

Schniedewind, Karen: Begrenzter Aufenthalt im Land der unbegrenzten Möglichkeiten. Bremer Rückwanderer aus Amerika 1850-1914. Von Deutschland nach Amerika. Zur Sozialgeschichte der Auswanderung im 19. und 20. Jahrhundert Bd. 8, Hrsg. Günter Moltmann. Franz Steiner Verlag, Stuttgart 1994

Schottelius, Herbert: Mittelamerika als Schauplatz deutscher Kolonisationsversuche 1840-1865. Hans Christians Druckerei und Verlag, Hamburg
1936

Schulz, Karin (Hrsg.): Hoffnung Amerika. Europäische Auswanderung in die
Neue Welt. NWD-Verlag, Bremerhaven 1994

Spengemann, Friedrich: Die Reisen der Segelfregatten „Isabella", „Pauline",
„Meta" und „Uhland" nach Nordamerika. Nach Kapitän Jürgen Meyers
Bordbuch. Buchdruckerei Vahland & Co, Bremen 1937

Steinhardt, Friedrich (Hrsg.): Windstärke 8. Das Auswandererschiff. Appl,
Wemding 2005

Stölting, Dr. Wilhelm: Bremerhaven und die USA. Nordwestdeutscher Verlag
Ditzen & Co, Bremerhaven 1966

Strohbusch, Erwin: Deutscher Seeschiffbau im 19. und 20. Jhd. Führer des
deutschen Schiffahrtsmuseums Nr. 2. Werbedruck Bremen, Bremerhaven 1975

Sudhaus, Fritz: Deutschland und die Auswanderung nach Brasilien im 19.
Jahrhundert. Verlag Christians, Hamburg 1940

Volbehr, Klaus: Gesundheit an Bord. Kleine Geschichte der Hygiene und
Arzneimittelversorgung auf Schiffen. Führer des Deutschen Schiffahrtsmuseums Nr. 11. Ditzen Druck und Verlags-GmbH, Bremerhaven
1979

Wätjen, Hermann: Aus der Frühzeit des Nord-Atlantik-Verkehrs. Studien zur
Geschichte der deutschen Schiffahrt und deutschen Auswanderung
nach den Vereinigten Staaten bis zum Ende des amerikanischen Bürgerkriegs. Felix Meiner Verlag, Leipzig 1932

Wätjen, Hermann: Die deutsche Auswanderung nach Brasilien in den Jahren 1820-1870, in: Weltwirtschaftliches Archiv, Bd. 19, 1923 S. 595-609

Wätjen, Hermann: Die Hansestädte und Brasilien 1820-1870. Eine Wirtschaftsgeschichtliche Studie, in: Weltwirtschaftliches Archiv, Bd. 22, 1925, S. 221-250

Wall, Robert W.: Die goldene Zeit der Ozeanriesen. Bertelsmann Lexikon-Verlag, Gütersloh 1977

ibidem-Verlag

Melchiorstr. 15

D-70439 Stuttgart

info@ibidem-verlag.de

www.ibidem-verlag.de
www.ibidem.eu
www.edition-noema.de
www.autorenbetreuung.de